백문백답

| 예언서 |

백문백답
예언서

지은이 | 양진일
초판 발행 | 2025.3.13

등록번호 | 제 2022-000023호
펴낸이 | 이현걸
펴낸곳 | 미션앤컬처

주소 | 서울시 동작구 여의대방로 22길 121
전화 | 02-877-5613, 010-3539-3613
팩스 | 02-877-5613
E-mail | missionlhg@naver.com

표지 디자인 | 이시우
내지 디자인 | 정영수
인쇄 | (주)한솔에이팩스

책 값은 뒤표지에 있습니다.
ISBN 979-11-988636-9-0

ⓒ 미션앤컬처 2025
무단 전재와 무단 복제, 무단 사용을 할 수 없습니다.

백문백답

| 예언서 |

> 프롤로그

　매서운 칼바람 속에도 봄의 따스한 향기가 담겨 있고 봄날의 따스함 속에도 태양 빛의 강렬함이 담겨 있습니다. 이 좋은 날에 「백문백답」 예언서를 출간하게 되었습니다. 예언서는 구약에서 가장 많은 분량을 차지하는 장르입니다. 이사야부터 말라기까지 총 17개 본문을 예언서로 분류합니다. 구약 39개 본문 가운데 17개를 차지하는 예언서의 말씀들이 중요한 의미를 담고 있음에도 그동안 한국 교회에서는 신약에서 성취된 몇몇 성경 구절들을 제외하고는 늘 봉인된 상태로 존재해 왔습니다.

　신앙생활을 오래 하신 분들조차도 예언서 읽기를 주저하는데 그 이유는 예언서 안에 있는 죄에 대한 책망과 심판에 대한 경고 등으로 인해 예언서의 분위기가 어둡다고 생각하는 편견을 가지고 있기 때문입니다. 하지만 예언서는 대부분 회복에 대한 소망으로 마무리되고 있습니다. 이는 심판조차도 회복과 갱신을 위한 디딤돌이기 때문입니다.

　성경이 말하는 예언은 하나님께서 맡겨주신 말씀을 가감 없이 선포하는 것입니다. 이렇게 정의하면 오늘날 목회자들의 설교도 예언 행위 중 하나라고 할 수 있는데 예언의 말씀을 제대로 이해하기 위해서는 그 말씀이 선포된 역사적 배경과 일차 청중이 누구인가를 올바로 아는 것이 아주 중요합니다. 「백문백답」 예언서는 예언의 말씀을 이해하는데 도움을 드리고자 출간한 제 성경 강의 열 번째 책입니다.

올해 85세이신 어머니는 아들의 책을 가장 열렬히 애독하고 계신 독자입니다. 인생의 마지막 시간을 성경 읽기로 채우시는 어머니께서는 그동안 제가 출간한 책들을 읽으시면서 많은 도전을 받으신다고 하십니다. 이번에 출간한 「백문백답」예서도 어머니의 마음을 시원하게 해드리는 책이 될 수 있기를 소망합니다.

<길벗 모임>을 통해 저의 성경 연구를 지속적으로 격려해주시고 응원해주시는 동역자들, 허심탄회하게 속마음을 나눌 수 있는 친구들, 저의 성경 선생이신 김회권 교수님, 한국 교회 방방곡곡에서 함께 말씀을 나눌 수 있도록 기회를 주신 목사님들, 멋진 신앙의 걸음을 함께 내딛는 공동체 식구들, 한결 같은 마음으로 책을 출간해 준 미션앤컬처 이현걸 대표께도 감사드립니다. 고단하고 힘겨운 인생의 여정을 홀로 걷지 아니하고 좋은 길벗을 허락해주신 하나님께 진정으로 감사를 올려드립니다. 모든 영광을 우리 주님께!

2025년 3월 13일
양진일 목사

목차

프롤로그 4

제 1강 | 이사야 9
제 2강 | 예레미야 41
제 3강 | 에스겔 81
제 4강 | 다니엘 101

제 5강 | 호세아, 요엘 135
    5-1 호세아 135
    5-2 요엘 153

제 6강 | 아모스, 오바댜, 요나 165
    6-1 아모스 165
    6-2 오바댜 194
    6-3 요나 197

제7강 | 미가, 나훔, 하박국, 스바냐   **213**

    7-1   미가   **213**

    7-2   나훔   **234**

    7-3   하박국   **239**

    7-4   스바냐   **244**

제8강 | 학개, 스가랴, 말라기   **249**

    8-1   학개   **249**

    8-2   스가랴   **255**

    8-3   말라기   **265**

백문백답 예언서 **1**

이사야

01 구약 성경에서 이사야부터 말라기까지를 예언서로 알고 있습니다. 성경이 말하는 예언의 정확한 의미가 무엇인지 알고 싶습니다.

A 구약 성경은 장르상 네 개로 구분할 수 있습니다. 창세기부터 신명기까지를 토라, 즉 율법서, 여호수아부터 에스더까지를 역사서, 욥기부터 아가까지를 시가서, 이사야부터 말라기까지를 예언서라고 합니다. 구약은 총 39권으로 토라가 5권, 역사서가 12권, 시가서가 5권, 예언서가 17권입니다. 구약 본문 가운데 가장 많은 권수를 가지고 있는 장르가 바로 예언서입니다. 예언서에서 기억해야 할 것은 성경이 말하는 예언과 세상이 말하는 예언의 의미가 조금 다르다는 것입니다. 세상이 말하는 예언은 미래에 일어날 일에 대해 미리 말하는 것을 의미합니다. 그래서 미리 예(豫)자를 사용합니다. 그러나 성경이 말하는 예언은 하나님께서 맡겨주신 말씀을 있는 그대로 선포하는 것입니다. 그래서 맡길 예(預)자를 사용합니다. 성경에 기록된 예언은 하나님께서 인간 예언자에게 맡겨주신 말씀입니다. 예언자는

무얼 하는 존재입니까? 하나님께서 맡겨주신 말씀을 있는 그대로 가감 없이 선포해야 하는 존재입니다. 중요한 것은 하나님께서 맡겨주신 말씀 가운데 일부만이 미래에 일어날 일에 대한 내용이라는 것입니다. 보통 예언이라는 단어를 떠올리다 보면 세상에서 말하는 것처럼 미래에 일어날 일을 미리 말하는 것이라고 생각하기 쉽습니다. 성경의 예언서도 그렇게 이해하는 분들이 많습니다. 그러나 성경에 기록된 대다수의 예언들은 예언의 말씀이 선포되던 당대에 일차적 의미를 갖습니다. 미래에 일어날 일을 말하는 것은 일부분에 불과합니다. 성경이 말하는 예언은 일차적으로 하나님께서 맡겨주신 말씀을 있는 그대로 선포하는 것임을 기억하셔야 합니다.

구약에서 예언자의 표상으로 말할 수 있는 인물이 모세입니다. 신명기 5장 5절을 보겠습니다.

그 때에 너희가 불을 두려워하여 산에 오르지 못하므로 내가 여호와와 너희 중간에 서서 여호와의 말씀을 너희에게 전하였노라 여호와께서 이르시되.

모세는 하나님과 이스라엘 백성 중간에 서서 하나님께서 맡기신 말씀을 이스라엘 백성들에게 그대로 선포했습니다. 하나님이 맡겨주신 말씀을 가감 없이 선포한 것입니다. 이것이 성경이 말하는 예언자의 가장 온전한 모습입니다. 또 하나 기억하셔야 할 것은 예언의 중요한 특징이 청중의 반응 여하에 따라 얼마든지 예언의 내용이 변경 가능하다는 것입니다. 예를 들면 심판에 대한 예언의 말씀을 생각해 보십시오. 예언자가 청중들을 향해 지금의 죄 된 삶을 지속하게 되면 곧 하나님의 심판을 받게 될 것이라고 경고할 때 청중들이 그 예언의 말씀을 듣고 죄 된 삶에서 돌이키게 되면 심판의 예언은 철회됩니다. 이유가 무엇입니까? 청중들이 죄 된 삶에서 돌이켰기 때문입니다. 이처럼 예언은 청중이 어떤 반응을 보이느냐에 따라서 그대로 성취가 되기도 하고 청중의 반응에 따라 변경 가능하기도 합니다. 그런 의미에서 아무리 무서운 심판의 경고라고 하더라도 하나님께서 예언자를 보내셨다는 것 자체가 청중들을 사랑하시는 증거라고 할 수 있습니다. 청중들을 심판하기만을 원하셨다면 굳이 예언자를 보내실 필요가 없었을 것입니다. 그러나 청중들이 죄 된 삶에서 돌이켜 하나님의 심판으로부터 구원받기를 바라시는 그 마음 때문에 하나님께서 예언자를 보내십니다. 이스라엘이 오랜 세월 동안 하나님의 사랑을 받은 가장 중요한 증거는 하나님께서 매 시대마다 예언자를 보내셨다는 것입니다. 청중의 반응 여하에 따라 얼마든지 변경 가능한 것이 예언의 말씀임을 기억하셨으면 좋겠습니다.

02 성경에는 무수하게 많은 예언자들이 등장하고 있습니다. 구약 시대에 사역했던 예언자들이 정확히 어떤 사람이었는지에 대해 알고 싶습니다.

A 여호수아 사후부터 이스라엘 초대 왕 사울이 등극하기 전까지를 사사 시대라고 합니다. 구약 사사기에는 대사사 6명과 소사사 6명이 등장하는데 사사는 평상시에는 백성들을 위한 재판을 담당하고 국가 위기 상황에서는 전쟁을 진두지휘하였습니다. 이 사사 제도가 분

화되어 왕과 선지자 제도로 나뉘어졌다고 봅니다. 사사의 행정적, 정치적 역할은 왕에게 계승되고 여기에 세습적인 면이 추가됩니다. 그리고 하나님의 뜻을 선포하는 일은 선지자에게 위임됩니다. 제사장과 왕 제도가 모두 세습 직이었기 때문에 그들의 부패와 타락을 막을 장치로써 선지자 제도를 허락하신 것으로 볼 수 있습니다. 선지자 제도의 최종 목표는 이스라엘이 하나님의 백성으로 온전히 남아 있도록 하는 것입니다.

구약 시대에 기름 부음 받은 세 부류의 사람들이 있습니다. 왕, 제사장, 선지자입니다. 왕은 기름 부음을 받게 되면 정치 권력을 잡게 되고, 제사장은 기름 부음을 받게 되면 종교 권력을 잡게 됩니다. 그러나 예언자는 기름 부음을 받고 사역을 시작하는 순간부터 죽음으로 초대 받습니다. 하나님이 맡겨주신 사역을 감당하다가 사람들에게 미움을 받아 죽음으로 초대 받는 존재, 그들이 바로 예언자들입니다. 예언자는 하나님의 어전회의에 참석하는 정회원입니다. 무엇보다 세상을 바라보시는 하나님의 마음에 전적으로 공감된 존재입니다. 사람들이 볼 때는 아무런 문제가 없어 보이는 것도 하늘의 눈으로 바라볼 때는 많은 문제가 드러납니다. 그래서 예언자는 그 문제를 지적하지 않을 수 없었습니다. 예언자는 하늘의 눈으로 세상을 바라보고 하나님의 시각으로 세상을 판단했습니다. 거짓 예언자들이 먹고 살기 위하여 사사로운 개인들을 위하여 예언활동을 했던 반면 참 예언자들은 고객 중심이 아닌 자신들을 예언자로 파송하신 하나님 중심의 사역을 행하였습니다(암 7:12~15).

03 이사야의 주인공인 예언자 이사야가 어떤 인물이었는지 궁금합니다.

🅐 이사야 1장 1절을 보겠습니다.

> 유다 왕 웃시야와 요담과 아하스와 히스기야 시대에 아모스의 아들 이사야가 유다와 예루살렘에 관하여 본 계시라.

이사야가 사역했던 시기는 유다 왕 웃시야부터 히스기야 시대까지인 주전 8세기 후반기입니다. 이사야의 아버지는 아모스입니다. 아모스를 주전 8세기 중반에 북이스라엘에서 예언 사역을 했던 아모스라고 생각하는 분들도 계신데 그렇지 않습니다. 한글 성경에는 아모스라고 동일하게 음역했지만 주전 8세기 예언자는 아모스고, 이사야의 아버지는 히브리어로 아모츠입니다. 이사야는 아모츠의 아들입니다. 이사야는 세계 정치와 정세에 대한 예리한 관찰자로서 그의 신분은 왕족 또는 귀족이었을 것으로 봅니다. 이사야는 웃시야 왕과 히스기야 왕의 서기관으로서 왕의 행적을 기록할 만큼 왕 가까이에서 활동한 인물입니다(대하 26:22; 32:32). 그는 왕족의 일원이거나 높은 가문 출신이었을 것입니다. 탈무드에 따르면 이사야는 웃시야의 사촌이거나 아마샤 왕의 조카입니다. 이사야의 승천이라는 위경에 따르면 이사야는 므낫세 시절 박해를 피해 고목나무 속에 숨어 있다가 므낫세의 군사들이 나무를 톱으로 썰어 죽게 되었다고 기록하고 있습니다. 히브리서 11장에 나오는 믿음의 인물 가운데 "톱으로 켜서"(히 11:37) 죽임을 당한 사람이 바로 이사야입니다.

이사야가 사역하던 시기에 고대 근동에서 가장 강력한 힘을 가진 나라는 앗수르였습니다. 이사야는 유다의 군사적 무장이나 외국과의 동맹외교를 통하여 안전 보장을 획책하는 것은 하나님의 도우심을 거절하는 불신앙의 행위라고 보았습니다. 그래서 이사야는 국가 위기 상황에서 이방 강대국에 의존하는 정책이 아닌 하나님을 더욱 신뢰하고 하나님의 도우심을 더욱 간절히 간구해야 함을 강조했습니다. 무엇보다 남유다 사회가 하나님이 원하시는 순종 공동체로 거듭나야 할 것을 촉구했습니다. 남유다가 하나님과의 언약에 충실한 사회, 공평과 정의에 입각한 공동체를 창조해 낼 때 하나님의 돌보심이 임할 것으로 믿었습니다. 이사야에게는 세 명의 아들이 있었습니다. 첫째는 스알야숩으로 그 이름의 뜻은 '남은 자만 돌아가리라'입니다. 둘째는 임마누엘로 '우리와 함께하시는 하나님'이라는 뜻입니다. 셋째는 마헬살랄하스바스로 '노략이 급속하게 임하고 약탈이 임박하게 이뤄질 것이다'라는 뜻입니다. 세 아들의 이름은 남유다의 위기 상황에서 하나님의 말씀을 대언하는 징조와 예표로서의 역할을 하고 있습니다(8:18).

04 이사야 앞부분을 이해할 수 있는 고대 근동의 역사적 배경에 대해 알고 싶습니다.

A 이사야가 사역했던 주전 8세기 후반기는 앗수르가 고대 근동의 패권을 장악하던 시기입니다. 특별히 중요한 인물이 앗수르 제국의 정복 군주였던 디글랏 빌레셀 3세입니다. 그는 주전 740~738

년경에 북시리아 지역에 소왕국들을 대부분 정복하여 앗수르를 제국으로 성장시킵니다. 이사야가 사역하던 시기 앗수르 왕들과 그들의 통치 연도를 보면 디글랏 빌레셀 3세(주전 745~727), 살만에셀 5세(주전 727~722), 사르곤 2세(주전 722~705), 산헤립(주전 705~681)입니다. 살만에셀 5세는 북이스라엘을 침략하여 3년간 사마리아를 포위하였고, 그의 아들 사르곤 2세는 사마리아를 함락시키고 북이스라엘의 수많은 백성들을 포로로 잡아갔습니다. 이때가 주전 722년입니다. 주전 705년에 사르곤 2세가 죽자 앗수르의 지배 가운데 있던 나라들이 연대하여 반앗수르 봉기를 일으킵니다. 이때 유다 왕 히스기야가 반앗수르 봉기의 선봉장이 됩니다. 이사야 앞부분과 관련해서 주목해야 할 사건은 주전 735~732년에 있었던 시리아 에브라임 전쟁입니다.

시리아 에브라임 전쟁이라고 하면 시리아와 에브라임이 전쟁을 한 것으로 생각하기 쉬운데 그렇지 않습니다. 시리아는 아람을 가리키고 에브라임은 북이스라엘을 가리킵니다. 이 두 나라가 힘을 합쳐서 앗수르에 저항하고자 하면서 주변 국가들에게도 반앗수르 연합에 동참할 것을 요청합니다. 시리아와 에브라임 동맹군은 유다 아하스 왕에게도 반앗수르 연합에 동참할 것을 요청했는데 아하스가 이 요청을 단호하게 거절합니다. 그래서 시리아와 에브라임이 앗수르와 전쟁을 하기 전에 남유다를 먼저 공격하여 아하스를 폐위시키고 시리아의 한 왕자를 남유다 왕으로 세워 반앗수르 전쟁에 참여시키기로 계획을 세웁니다. 그리고 남유다를 공격하게 되는데 이것이 시리아 에브라임 전쟁입니다. 이때 남유다를 다스리던 왕이 아하스였습니다. 이사야의 아들 이름들은 모두 시리아 에브라임 전쟁과 연관된 것으로 유다가 앗수르의 도움을 요청하지 않아도 되는 이유를 암시하는 구조 예언입니다. 이사야는 아들의 이름을 통하여 아하스 왕에게 앗수르가 아닌 하나님을 전적으로 신뢰할 것을 촉구합니다. 그러나 아하스는 이사야의 메시지를 거부하고 앗수르 왕에게 도움을 요청합니다. 이사야는 아하스에게 처음에는 구원자요 해방자로 찾아온 앗수르가 결국은 불신앙에 빠진 유다를 약탈할 것임을 경고합니다. 하나님에 대한 경외와 분별력을 상실한 아하스는 끝내 이사야의 말을 경청하지 않고 앗수르에게 도움을 요청하게 됩니다.

05 이사야의 저작 시기와 관련하여 보수 신학과 진보 신학의 입장이 다른 것으로 알고 있습니다. 이사야의 저작 시기와 관련하여 우리는 어떤 입장을 가져야 하는지 궁금합니다.

A 성경을 바라보는 관점이나 연대 규정과 관련하여 보수 신학과 진보 신학에는 차이가 존재합니다. 이스라엘 공동체 탄생과 직결된 출애굽의 연대와 관련해서도 보수 신학은 주전 15세기에 일어난 사건으로 보고, 진보 신학은 주전 13세기에 일어난 사건으로 봅니다. 이사야의 저작 시기와 관련해서도 서로 입장이 다릅니다. 보수 신학은 주전 8세기에 사역했던 예언자 이사야가 이사야서 전체를 기술했다고 보는 입장입니다. 그렇게 되면 이사야의 저술 시기는 주전 8세기가 됩니다. 진보 신학은 예언자 이사야와 그의 제자들이 이사야 전체를 기술했다고 봅니다. 이사야의 저자를 두 명 또는 세 명으로 보고 고레스 칙령으로 가나안 땅으로 귀환한 이후에 이사야 전체가 완성

되었다고 봅니다. 이렇게 되면 이사야가 최종 완성된 시점은 빨라도 주전 6세기말이나 5세기가 됩니다. 이처럼 보수 신학과 진보 신학 사이에는 이사야 저자의 숫자와 저술 시기에 대한 입장 차이가 있습니다.

둠(B. Duhm)은 자신의 주석에서 "이사야는 역사적으로 독립적이고 저자가 다른 세 권의 책들이 우연히 합해져서 형성된 책"이라고 했습니다. 그러면서 이사야 1~39장을 제1이사야, 이사야 40~55장을 제2이사야, 이사야 56~66장을 제3이사야라고 불렀습니다. 둠의 주장처럼 이사야를 기술한 사람이 여러 명인지에 대해서는 알 수가 없습니다. 그러나 보수 신학과 진보 신학 모두가 동의하는 견해가 있습니다. 그것은 이사야의 저자를 한 명으로 보건, 두 명이나 세 명으로 보건 그것과 상관없이 현재의 이사야 전체는 적어도 세 시기를 반영하거나 전제하고 있다는 것입니다. 이사야 본문을 자세히 보시게 되면 이사야가 선포하는 말씀을 듣는 대상이 확연히 구분된다는 것을 알 수 있습니다. 예를 들면 이사야 1~39장은 주전 8세기 이사야 당대의 청중들에게 겨냥된 예언입니다. 북이스라엘의 멸망을 목격하고 남유다도 동일한 위기 상황 가운데 놓여 있음을 경고한 메시지입니다. 이사야 40~55장은 고레스 칙령 전후의 유다 포로들을 청중으로 삼고 선포하는 예언입니다. 1~39장이 심판에 대한 경고의 메시지라면 40장부터는 위로의 메시지로 급전환됩니다. 이사야 40장 1~2절을 보겠습니다.

너희의 하나님이 이르시되 너희는 위로하라 내 백성을 위로하라 너희는 예루살렘의 마음에 닿도록 말하며 그것에게 외치라 그 노역의 때가 끝났고 그 죄악이 사함을 받았느니라 그의 모든 죄로 말미암아 여호와의 손에서 벌을 배나 받았느니라 할지니라 하시니라.

심판에 대한 경고의 말씀으로 가득했던 1~39장과 달리 40장은 시작과 동시에 이스라엘 백성들을 위로하라는 말씀이 나옵니다. 그렇다면 이스라엘 백성들이 위로를 받아야 하는 이유는 무엇입니까? 그들의 노역의 때가 끝났기 때문입니다. 여기서 말하는 노역의 때는 바벨론 포로의 삶이라고 할 수 있습니다. 이사야 56~66장은 귀환 포로들이 직면한 문제들을 염두에 두고 선포된 예언들입니다. 56~66장은 이방 외세의 영향 아래 혼합 종교를 받아들인 가나안 땅에 남아 있던 사람들과 바벨론에서 돌아와 순수 여호와 신앙의 전통을 재건하고자 하는 사람들과의 갈등, 제2성전을 건축했음에도 불구하고 제2이사야의 예언이 실현되지 않는 현실에서 백성들이 느끼는 회의와 절망이 본문의 배경을 이루고 있습니다.

진보 신학이 말하는 것처럼 이사야의 저자가 여러 명이라고 했을 때 가장 큰 문제는 이사야가 삼등분이 되어 서로 연관성이 없는 책으로 취급되어져 버린다는 것입니다. 역사 비평학의 가장 큰 문제가 바로 본문의 파편화입니다. 또 하나의 질문은 오바댜와 같이 적은 분량의 예언서도 그 책을 기술한 선지자가 자기 이름으로 책을 남겼는데 이사야 40~66장의 저자는 왜 자기 이름으로 예언서를 남기지 않았느냐는 것입니다. 최근 학계 동향은 이사야의 독립성보다는 통일성과 각 책의 상호의존성을 강조합니다. 차일즈는 비록 주전 8세기에 사역했던 이사야 예언자가 이사야 전체를 기록하지 않았다 하더라도 정경은 이사야를 마치 이사야 예언자가 전체를 기록한 것처럼 취급하고 있으며 무엇보다 신앙공동체가 전통적으로 이사야를 그와 같은 맥락에서 읽고 있었음을 주목합니다. 따라서 신앙공동체에서 여전히 정경으로 받아들여지고 있는 전제로 이사야의 신학에 집중해야 한다고 주장합니다.

06 이사야에 평화 종말론의 모습이 있다고 들었습니다. 평화 종말론은 무엇이며 그 모습이 이사야에서 어떻게 드러나고 있는지 궁금합니다.

A 종말이란 두 가지 의미가 있습니다. 하나는 세상의 마지막 모습이라는 의미이고, 다른 하나는 하나님의 뜻이 온전히 실현되어졌다는 의미입니다. 신앙인들이 기대하는 종말의 모습은 지금의 죄악으로 충만한 세상이 끝장나고 하나님이 통치하시는 하나님의 나라가 현실로 실현되는 것입니다. 이런 종말을 이룸에 있어서 성경은 두 가지의 모습을 우리에게 보여줍니다. 하나는 평화롭게 그 모든 일이 일어나는 것으로 이것을 평화 종말론이라고 부릅니다. 다른 하나는 지금의 하늘과 땅이 완전히 새로운 것으로 전환되는 파국적인 모습으로 그것을 파국 종말론이라고 부릅니다. 이사야에서 평화 종말론의 모습이 두 본문에서 드러납니다. 먼저 이사야 2장 1~4절입니다.

> 아모스의 아들 이사야가 받은 바 유다와 예루살렘에 관한 말씀이라 말일에 여호와의 전의 산이 모든 산 꼭대기에 굳게 설 것이요 모든 작은 산 위에 뛰어나리니 만방이 그리로 모여들 것이라 많은 백성이 가며 이르기를 오라 우리가 여호와의 산에 오르며 야곱의 하나님의 전에 이르자 그

가 그의 길을 우리에게 가르치실 것이라 우리가 그 길로 행하리라 하리니 이는 율법이 시온에서부터 나올 것이요 여호와의 말씀이 예루살렘에서부터 나올 것임이니라 그가 열방 사이에 판단하시며 많은 백성을 판결하시리니 무리가 그들의 칼을 쳐서 보습을 만들고 그들의 창을 쳐서 낫을 만들 것이며 이 나라와 저 나라가 다시는 칼을 들고 서로 치지 아니하며 다시는 전쟁을 연습하지 아니하리라.

본문은 마지막 날에 이루어질 새로운 세계의 모습을 보여줍니다. 시온은 토라 공부의 중심지가 되고 열방 백성들의 순례지가 될 것입니다. 전 세계의 모든 민족이 하나님의 율법을 배우기 위해서 하나님의 통치가 구현되고 있는 예루살렘을 찾아오게 됩니다. 그리고 하나님의 말씀을 배운 결과 살상용 무기들을 생산용 농기구로 전환시켜 내는 회개의 모습을 보여줍니다. 전쟁이 종결되고 샬롬의 세상이 펼쳐지는 것입니다.

다른 하나의 본문은 이사야 11장 6~9절입니다.

그 때에 이리가 어린 양과 함께 살며 표범이 어린 염소와 함께 누우며 송아지와 어린 사자와 살진 짐승이 함께 있어 어린 아이에게 끌리며 암소와 곰이 함께 먹으며 그것들의 새끼가 함께 엎드리며 사자가 소처럼 풀을 먹을 것이며 젖 먹는 아이가 독사의 구멍에서 장난하며 젖 뗀 어린 아이가 독사의 굴에 손을 넣을 것이라 내 거룩한 산 모든 곳에서 해 됨도 없고 상함도 없을 것이니 이는 물이 바다를 덮음 같이 여호와를 아는 지식이 세상에 충만할 것임이니라.

본문은 지상 위에 펼쳐지는 하나님 나라의 모습을 보여줍니다. 한 마디로 강자와 약자가 함께 어울려 사는 공동체의 모습입니다. 강자와 약자가 함께 어울려 사는 공동체가 실현되기 위해서는 사자와 같은 강자의 체질변화가 요청됩니다. 체질변화 속에서 사자는 소가 먹는 풀을 먹고도 행복해 합니다. 그래서 소는 사자와 함께 함에도 불구하고 두려워 떨지 않습니다. 이것이 바로 이 땅 위에 구현되는 하나님 나라의 아름다운 모습입니다. 서로에 대한 살상이 종결된 샬롬의 세상을 잘 보여주고 있습니다.

07 이사야의 주제가 무엇인지 궁금합니다.

A 이사야의 주제 성구는 2장 22절입니다.

> 너희는 인생을 의지하지 말라 그의 호흡은 코에 있나니 셈할 가치가 어디 있느냐.

여기 인생에는 강대국, 돈, 권력, 군사력과 경제력이 다 포함됩니다. 인간 의지적, 인간 의존적 삶에 대해 질타하고 있는 것입니다. 이스라엘은 시내산에서 하나님과 언약을 체결하면서 하나님만을 믿는 신앙공동체가 되기로 결단하였습니다. 그러나 이스라엘은 하나님만을 믿지 못했습니다. 자기들에게 도움이 된다면 하나님뿐만 아니라 이방의 무수한 우상들도 겸하여 섬겼습니다. 입으로는 하나님을 믿고 신뢰한다고 고백은 하면서도 정작 중요한 순간에는 하나님을 믿지 못하고 눈에 보이는 강한 것들을 의존하며 살았습니다. 의지해야 할 대상에게 의지하지 아니하고 인간이 만들어낸 것들에 의지하는 모습을 보인 것입니다. 이사야는 '누구를 의지하는 것이 구원의 길인가' 라는 질문을 던지면서 삶의 중요한 순간마다 하나님을 절대 신뢰하고 의지할 것을 촉구합니다.

이사야 6장을 보시면 웃시야 왕이 죽던 해에 이사야는 환상 체험을 합니다. 웃시야는 52년간의 재위를 통해 유다의 번영을 주도한 강력한 왕이었습니다. 그는 블레셋 지역과 에시온게벨이라는 항구를 장악하고 국제 무역을 통해 많은 이익을 얻었습니다. 그리고 유다의 산간지대를 개간하여 농업을 크게 장려한 왕이기도 합니다(대하 26:10). 이런 웃시야 왕이 죽었을 때 남유다 백성들은 큰 절망감에 사로잡히게 됩니다. 이때 이사야는 환상 체험을 통하여 웃시야 왕은 죽었지만 여전히 하나님은 높은 보좌 위에 앉아 계시며 온 우주 만물을 통치하고 계심을 목격하게 됩니다. 세속 국가의 왕이 죽고 나서야 우주의 진정한 왕을 만나게 된 것입니다. 이사야의 환상 체험처럼 그동안 의지하고 의존하던 것들이 소멸된 이후에야 하나님을 참되게 만나게 되는 경우들이 있습니다. 이사야는 고백만 하지 말고 삶의 중요한 순간마다 하나님을 참되게 의지하고 의존할 것을 촉구합니다.

08 예언자 이사야가 사역했을 당시에 남유다 공동체의 모습이 어떠했는지 궁금합니다.

A 이사야가 사역했던 당시에 남유다의 모습을 잘 보여주는 본문이 이사야 5장 7절입니다.

> 무릇 만군의 여호와의 포도원은 이스라엘 족속이요 그가 기뻐하시는 나무는 유다 사람이라 그들에게 정의를 바라셨더니 도리어 포학이요 그들에게 공의를 바라셨더니 도리어 부르짖음이었도다.

본문은 하나님께서 남유다 공동체에 기대하셨던 모든 것이 완전히 어그러진 상태를 말장난을 통해 극명하게 표현하고 있습니다. 하나님께서는 남유다 공동체가 정의가 넘치는 공의로운 사회가 되기를 바라셨습니다. 그러나 실제 남유다 백성들이 만든 세상은 폭력이 난무하는 무법천지였습니다. 본문에 '정의'로 번역된 히브리어는 '미쉬파트'이고 '포학'으로 번역된 히브리어는 '미쉬파흐'입니다. 미쉬파트와 미쉬파흐는 자음 하나가 다르지만 그 의미의 차이는 엄청나게 큽니다. 또한 하나님은 남유다 공동체에 공의를 바라셨습니다. 공의는 히브리어로 '체다카'로 관계에 책임을 다하는 의로운 삶을 말합니다. 하지만 남유다 공동체는 하나님이 기대하신 체다카의 삶이 아닌 약자들의 부르짖는 소리가 난무하는 '체아카'의 사회를 만들었습니다. 하나님의 기대와 정반대의 사회를 건설해 낸 것입니다.

이사야 5장 7절은 땅 신학의 맥락에서 이해하셔야 합니다. 남유다 공동체는 하나님께 성실하게 임대료를 납부하지 않았습니다. 출애굽의 궁극적인 목적을 망각한 채 또 하나의 애굽을 가나안에 세운 것입니다. 하나님이 원하시는 미쉬파트와 체다카가 넘치는 사회가 아닌 미쉬파흐와 체아카가 넘치는 사회를 만들었습니다. 하나님이 허락하신 땅에서 하나님의 통치가 온전히 구현되는 하나님 나라를 건설하지 못하고 그 땅을 온갖 죄악으로 더럽힌 것입니다. 그 땅을 더럽히게 되면 오염된 땅은 땅을 더럽힌 사람들을 토해냅니다(레 18:28). 그래서 결국 남유다 백성들은 그 땅으로부터 토해냄을 당하게 된 것입니다. 이것이 남유다가 경험하게 된 위기의 본질입니다. 남유다를 위기에 빠트린 위기의 본질은 이방의 제국이 아닙니다. 구원의 목적을 상실하고 이방과 동일한 사회인 공의와 정의가 파괴된 공동체를 만든 것이 위기의 본질입니다.

09 하나님은 심판 중에서도 남은 자들을 남겨 두시고 그들을 통해서 새로운 역사를 행하신다고 들어왔습니다. 그렇다면 이사야에 나오는 남은 자는 누구이며 남은 자들의 특징이 무엇인지 알고 싶습니다.

A 하나님께서 오랜 시간 예언자들을 보내셔서 이스라엘이 죄 된 삶에서 돌이키기를 바라셨지만 이스라엘은 끝내 하나님의 외침을 거부했습니다. 그 결과 하나님의 심판을 받게 됩니다. 그러나 하나님께서 심판을 행하시는 목적은 완전한 파멸에 있지 아니하고 정화와 갱신과 회복에 있습니다. 즉 심판의 시간을 통하여 지금까지 자신들의 삶을 돌아보고 하나님께로 다시 돌이키기를 기대하시는 것입니다. 북이스라엘이 주전 722년에 멸망하고 남유다가 주전 586년에 멸망했을 때 이스라엘 공동체에서는 중요한 질문이 생겨나게 됩니다. 이스라엘의 멸망과 함께 하나님께서 믿음의 족장들에게 주신 약속은

폐기되었는가? 하나님께서 믿음의 조상인 아브라함에게 세 가지 약속을 주셨습니다. 첫째는 후손들의 번성에 대한 약속이고, 둘째는 가나안 땅을 주시겠다는 약속이고, 셋째는 이스라엘을 통하여 세계 만민을 복되게 하시겠다는 약속이었습니다. 그런데 하나님의 약속을 성취하고 누려야 할 이스라엘 공동체가 무너진 상황에서 족장에게 주신 약속은 어떻게 되는가 라는 질문이 제기된 것입니다. 이 질문에 대한 신학적 대답으로 나온 것이 바로 남은 자 사상입니다(4:2~6; 10:20~23; 28:5~6).

남은 자 사상의 핵심은 남은 자가 족장 약속의 상속자가 된다는 것입니다. 즉 남은 자가 참 이스라엘이라는 것입니다. 남은 자의 특징을 몇 가지로 정리할 수 있는데, 첫째는 남은 자는 하나님의 심판의 불가피성을 인정하고 그 거룩한 심판의 불길을 통과한 자들입니다. 둘째는 남은 자는 하나님의 성취되지 않은 약속의 상속자들입니다. 셋째는 남은 자는 하나님과 함께 엮어 갈 미래의 구속사를 위하여 부단히 회개의 길로 초대받은 사람들입니다. 남은 자 의식을 갖는다는 것은 하나님의 구속 역사의 동반자로서 소명감을 갖는 것을 의미합니다. 남은 자 사상은 정치적 혈통적 실체로서의 이스라엘 대신 신학적 실체로서의 이스라엘 개념을 참 이스라엘로 등장시키는 과도기적 신학 사상이라고 할 수 있습니다(겔 37:15~17). 누가 참 이스라엘입니까? 하나님께 순종하는 자가 참 이스라엘입니다. 하나님과 함께 새로운 시대를 열어나가는 자가 참 이스라엘입니다. 성경은 우리에게 죄악으로 충만했던 한 세대는 심판받을 수 있지만 이스라엘 자체는 남은 자들을 통해 영원히 지속됨을 강조하고 있습니다.

10 목사님의 강의를 통해 이사야 7장이 시리아 에브라임 전쟁을 배경으로 한다는 말씀을 들었습니다. 이사야 7장의 배경을 이루고 있는 시리아 에브라임 전쟁을 좀 더 자세하게 알고 싶습니다.

A 이사야 7장부터 12장은 남유다 왕 아하스 통치기를 배경으로 하고 있습니다. 아하스 왕 통치기에 남유다는 바알 우상을 도입하고 어린 아이를 희생 제물로 드렸으며 산당과 푸른 나무 아래서 제사를 드렸습니다(대하 28:1~4; 왕하 16:3~4). 하나님에 대한 절대 신앙이 완전히 왜곡된 시기가 바로 아하스 왕 통치기입니다. 아하스 왕 때 아람 왕 르신과 이스라엘 왕 베가가 남유다를 공격합니다. 이것을 시리아 에브라임 전쟁(주전 735~732년)이라고 합니다. 시리아 에브라임 전쟁이라고 하면 시리아와 에브라임이 전쟁을 한 것으로 생각하기 쉬운데 사실 두 나라가 전쟁을 한 것이 아닙니다. 시리아와 에브라임이 힘을 합쳐 남유다를 공격한 것입니다. 시리아는 아람을 가리키고 에브라임은 북이스라엘을 가리킵니다. 이 시기에 고대 근동의 절대 강자는 앗수르 제국이었습니다. 앗수르 제국은 자신들이 가진 강력한 힘으로 주변에 있는 나라들을 하나씩 정복하면서 강력한 제국으로 몸집을 키웠으며 식민지 백성들에게 폭압적인 통치를 시행했습니다. 그 결과 앗수르 제국의 폭압적인 식민 지배에 불만을 가진 작은 나라들이 연대하기 시작했습니다. 각자의 힘으로 앗수르 제국으로부터 해방되는 것은 불가능하였기에 서로 힘을 모아 앗수르에 저항한 것입니다.

주전 735년에 시리아와 에브라임이 반앗수르 동맹을 주도하게 됩니다. 이때 대부분의 나라들이 반앗수르 동맹에 참여했는데 남유다의 왕이었던 아하스는 이 동맹에 참여하지 않았습니다. 이로 인해 시리아와 에브라임은 앗수르에 저항하고자 한 계획에 큰 차질을 빚게 됩니다. 자신들이 앗수르와 전쟁을 하기 위해 군사들을 출병시켰을 때 남유다가 북이스라엘과 시리아를 공격하면 어떻게 되겠습니까? 그래서 시리아와 에브라임은 이 동맹에 동참하지 않은 남유다를 먼저 공격하여 아하스 왕을 폐위시키고 남유다의 왕으로 다브엘의 아들을 세운 후에 남유다까지 반앗수르 전쟁에 동참케 하고자 계획을 세웁니다. 그리고 남유다를 공격합니다. 이것이 바로 시리아 에브라임 전쟁입니다.

 이 전쟁은 주전 735년에 시작되었는데 두 나라가 남유다를 공격하는 상황에서 이사야가 아하스 왕에게 하나님의 신탁을 전달해주는 이야기가 이사야 7장에 나옵니다. 이사야는 하나님의 도우심을 신뢰하고 앗수르 왕에게 도움을 요청하지 말 것을 왕에게 말했는데 아하스는 예언자의 말을 무시하고 앗수르 왕에게 도움을 요청하게 됩니다. 결과적으로 반앗수르 동맹을 주도했던 시리아와 에브라임은 앗수르의 공격으로 인해 전 국토가 초토화됩니다. 시리아를 뜻하는 아람은 다메섹이 정복되고 르신은 살해당했으며 모든 영토가 앗수르에 귀속되었고 에브라임으로 대표되는 북이스라엘은 왕이었던 베가가 폐위되고 친앗수르파인 호세아가 새로운 왕으로 등극하게 됩니다.

11
이사야 7장 3절에 이사야의 아들 스알야숩이 등장합니다. 스알야숩의 이름의 뜻이 무엇이며 이것이 말하고자 하는 의미가 무엇인지를 정확하게 알고 싶습니다.

Ⓐ 이사야 7장과 8장에는 이사야 아들들의 이름이 나옵니다. 이사야 아들들의 이름은 시리아 에브라임 전쟁이라는 상황에서 하나님의 신탁을 전달하는 중요한 도구로서의 기능을 하고 있습니다. 이사야 7장 3절을 보겠습니다.

> 그 때에 여호와께서 이사야에게 이르시되 너와 네 아들 스알야숩은 윗못 수도 끝 세탁자의 밭 큰 길에 나가서 아하스를 만나.

여기에 나오는 스알야숩은 이사야의 첫째 아들입니다. 그 이름의 뜻은 '남은 자가 돌아오리라' 는 것입니다. 남은 자가 돌아온다고 할 때 남은 자가 누구를 가리키는 것인지에 대해서 크게 두 가지 해석이 있습니다. 하나는 남유다 백성들이고, 다른 하나는 남유다를 공격하는 시리아와 에브라임의 군사들로 보는 것입니다. 만약 여기 남은 자를 남유다 백성으로 본다면 '남은 자는 돌아오리라, 남은 자는 돌이키리라' 는 뜻이 됩니다. 앗수르를 의지하지 말고 여호와만을 신뢰하는 남은 자가 될 것을 촉구하는 예언으로 받아들일 수 있습니다. 그러나 이사야의 셋째 아들인 마헬살랄하스바스처럼 북이스라엘과 아람에 대한 예언으로 본다면 '소수의 남은 자들만 돌아갈 것' 이라는 의미가 됩니다. 남유다를 정복하고자 한 두 나라의 계획이 실패하여 궁극적으로는 소수만이 자기 나라로 돌아갈 것임을 말하는 것입니다. 두 가지 모두 가능한 해석이지만 전쟁 상황에서 남은 자는 항상 전쟁에서 살아남은 자를 가리킨다는 의미에서 후자가 더 설득력이 있다고 볼 수 있습니다.

12 한국 교회는 이사야 7장 14절을 동정녀를 통한 메시아 탄생 예언으로 이해하고 있습니다. 그런데 일차적으로 이 말씀을 이사야 당대의 맥락에서 해석해야 한다는 이야기도 있다고 들었습니다. 이 말씀을 어떻게 이해하는 것이 올바른 것인지에 대해 알고 싶습니다.

🅐 이사야 7장 14절 말씀은 13절부터 16절까지의 맥락에서 이해해야 합니다. 반앗수르 동맹을 주도했던 시리아와 에브라임이 연합하여 남유다를 공격하는 상황에서 이 신탁의 말씀이 주어지고 있습니다. 핵심은 하나님의 도우심을 신뢰하라는 것입니다. 하나님의 도우심을 신뢰하지 못하는 아하스 왕에게 하나님께서 하나의 징조를 보여주시겠다고 하십니다. 이사야 7장 13~16절을 보겠습니다.

> 이사야가 이르되 다윗의 집이여 원하건대 들을지어다 너희가 사람을 괴롭히고서 그것을 작은 일로 여겨 또 나의 하나님을 괴롭히려 하느냐 그러므로 주께서 친히 징조를 너희에게 주실 것이라 보라 처녀가 잉태하여 아들을 낳을 것이요 그의 이름을 임마누엘이라 하리라 그가 악을 버리며 선을 택할 줄 알 때가 되면 엉긴 젖과 꿀을 먹을 것이라 대저 이 아이가 악을 버리며 선을 택할 줄 알기 전에 네가 미워하는 두 왕의 땅이 황폐하게 되리라.

앗수르 제국을 의지하지 말고 하나님을 신뢰하고 의지해야 하는 징조로 하나님께서 약속하신 것이 무엇입니까? 임마누엘이라는 이름을 가진 한 아이의 탄생과 그 아이가 선악을 분별하기 전에 남유다를 공격한 두 나라가 하나님의 심판을 받게 될 것이라는 것입니다.

14절에 '처녀'는 히브리어 '알마'로 임신이 가능한 '젊은 여자'를 가리킵니다. 히브리어 원문으로는 '그 여자가 잉태하여 아들을 낳을 것이다'라고 번역해야 합니다. 이사야 7~8장에서 아들을 낳고 예언적 이름을 짓는 사람은 이사야이고, 임마누엘의 이름은 그 아들을 낳은 여인이 지으므로 임마누엘은 이사야의 둘째 아들로 보아야 합니다. 중요한 것은 14절이 말하는 것처럼 한 여인이 아이를 출산할 것이고 그 아이의 이름이 임마누엘이 될 것이라는 것이 아닙니다. 이 표징의 핵심은 16절에 있습니다. 임마누엘이라는 아이가 태어난다는 것보다 중요한 것은 그 아이가 선과 악에 대한 도덕적 판단을 갖추기 전에 남유다를 공격한 두 나라가 심판을 받을 것이라는 것입니다. 남유다를 공격하는 두 나라의 임박한 패배와 영토 상실이 징조의 핵심인 것입니다. 7장에서 이 징조의 말씀은 8장 1~4절과 연결됩니다. 본문을 보겠습니다.

> 여호와께서 내게 이르시되 너는 큰 서판을 가지고 그 위에 통용 문자로 마헬살랄하스바스라 쓰라 내가 진실한 증인 제사장 우리야와 여베레기야의 아들 스가랴를 불러 증언하게 하리라 하시더니 내가 내 아내를 가까이 하매 그가 임신하여 아들을 낳은지라 여호와께서 내게 이르시되 그의 이름을 마헬살랄하스바스라 하라 이는 이 아이가 내 아빠, 내 엄마라 부를 줄 알기 전에 다메섹의 재물과 사마리아의 노략물이 앗수르 왕 앞에 옮겨질 것임이라 하시니라.

본문을 보시면 이사야와 그의 아내 사이에 마헬살랄하스바스라는 아들이 태어납니다. 마헬살랄하스바스의 뜻은 '노략과 약탈이 속히

온다'는 것입니다. 앗수르에 의해 아람과 북이스라엘 두 나라가 멸망할 것에 대한 예언입니다. 중요한 것은 4절입니다. 두 나라가 멸망하는 때가 언제입니까? 마헬살랄하스바스가 엄마 아빠를 부르기 전입니다. 남유다를 공격한 아람과 북이스라엘이 하나님의 심판을 받는 시점이 7장의 임마누엘 예언에서는 아이가 선악을 판단하기 전이라고 말하고 있고, 8장의 마헬살랄하스바스 예언에서는 엄마 아빠를 부르기 전이라고 말하고 있습니다. 아이가 선악을 판단하는 시점은 3~4살쯤이고 엄마 아빠를 부르는 시점은 1~2살쯤입니다. 그렇다면 이사야의 둘째 아들인 임마누엘이 3~4살이고, 셋째 아들인 마헬살랄하스바스가 1~2살이기에 사실상 같은 시점이라고 할 수 있습니다. 이처럼 이사야 7~8장의 이름 예언은 길어야 5년 안에 성취되는 사건에 대한 예언임을 알 수 있습니다.

성경 예언의 중요한 특징은 예언의 말씀이 선포되는 당대에 일차적 의미를 갖는다는 것입니다. 예언의 말씀이 선포되는 당시에는 어떠한 의미도 갖지 못하고 수백 년 후에 의미를 갖는 말씀은 예언이라기보다는 묵시에 가깝습니다. 성경에 기록된 예언의 말씀은 예언의 말씀이 선포되는 당대에 일차적 의미를 갖습니다. 그 예언의 말씀을 듣는 청중들에게 유의미한 말씀인 것입니다. 예언의 또 다른 중요한 특징은 한번 선포되고 현실이 된 예언의 말씀은 용도 폐기되지 아니하고 동일한 상황 속에서 제2의 적용, 제3의 적용이 가능하다는 것입니다. 이것을 우리는 열린 예언이라고 합니다. 이사야 7장 14절의 말씀도 그렇게 이해해야 합니다. 이 말씀은 예언의 말씀이 선포되던 이사야 당대에 일차적 의미를 갖습니다. 그러나 한번 선포되고 적용되었다고 해서 용도 폐기되지 아니하고 아기 예수의 탄생에서 제2의

적용이 이루어진 것입니다.

13 신천지가 강조하는 말씀의 짝 교리의 근거 본문이 이사야 34장 16절인 것으로 알고 있습니다. 본문의 말씀이 진짜 말씀에는 짝이 있다는 의미인지 궁금합니다.

A 이사야 34장 16절을 보겠습니다.

> 너희는 여호와의 책에서 찾아 읽어보라 이것들 가운데서 빠진 것이 하나도 없고 제 짝이 없는 것이 없으리니 이는 여호와의 입이 이를 명령하셨고 그의 영이 이것들을 모으셨음이라.

한글 성경을 읽게 되면 여호와의 책에 제 짝이 없는 것이 없다는 것으로 읽히는 것이 사실입니다. 그래서 신천지는 본문의 말씀에 근거하여 말씀에는 짝이 있다는 짝 교리를 내세웁니다. 그러나 본문을 히브리어 원문으로 읽게 되면 그런 의미가 아님을 알 수 있습니다. '여호와의 책'은 히브리어로 남성형입니다. 여호와의 책 다음에 나오는 '이것들 가운데서 빠진 것이 하나도 없고'에서 '이것들'은 여성형입니다. 따라서 이것들은 남성형인 여호와의 책을 가리키는 것이 아님을 알 수 있습니다. 그렇다면 이것들은 무엇을 가리키는 것일까요? 그것은 34장 16절 앞부분에 나오는 여러 동물들을 가리키는 것입니다.

이사야 34장 11~15절을 보겠습니다.

당아새와 고슴도치가 그 땅을 차지하며 부엉이와 까마귀가 거기에 살 것이라 여호와께서 그 위에 혼란의 줄과 공허의 추를 드리우실 것인즉 그들이 국가를 이으려 하여 귀인들을 부르되 아무도 없겠고 그 모든 방백도 없게 될 것이요 그 궁궐에는 가시나무가 나며 그 견고한 성에는 엉겅퀴와 새품이 자라서 승냥이의 굴과 타조의 처소가 될 것이니 들짐승이 이리와 만나며 숫염소가 그 동류를 부르며 올빼미가 거기에 살면서 쉬는 처소로 삼으며 부엉이가 거기에 깃들이고 알을 낳아 까서 그 그늘에 모으며 솔개들도 각각 제 짝과 함께 거기에 모이리라.

16절에서 '이것들'은 여러 동물들을 가리키는 것이고 '제 짝이 없는 것이 없다'는 말은 여러 동물들에게서 수컷과 암컷이라는 짝이 없는 것이 없다는 의미입니다. 이것을 보다 분명하게 알 수 있는 말씀이 이사야 34장 17절입니다.

여호와께서 그것들을 위하여 제비를 뽑으시며 그의 손으로 줄을 띠어 그 땅을 그것들에게 나누어 주셨으니 그들이 영원히 차지하며 대대로 거기에 살리라.

여기서 '그것들'은 앞부분에 나오는 여러 동물들을 가리키는 것입니다. 이사야 34장은 에돔의 멸망에 관한 예언의 말씀입니다. 핵심은 에돔이 멸망당한 후에 황폐화된 에돔 땅에서 짐승들이 번성할 것을 말하는 것입니다.

14. 바사 왕 고레스를 하나님의 목자, 메시아로 불렀는데 어떻게 이방 왕이 하나님의 목자나 메시아가 될 수 있는지 궁금합니다.

A 이사야 44장 28절을 보겠습니다.

> 고레스에 대하여는 이르기를 내 목자라 그가 나의 모든 기쁨을 성취하리라 하며 예루살렘에 대하여는 이르기를 중건되리라 하며 성전에 대하여는 네 기초가 놓여지리라 하는 자니라.

하나님께서 고레스를 '내 목자'라고 말씀하십니다. 목자는 메시아와 같은 의미입니다. 즉 고레스는 하나님이 세우신 메시아로서 하나님의 뜻을 성취하는 일을 하게 될 것임을 말하고 있습니다. 실제 고레스는 바벨론 포로민들을 선대했을 뿐만 아니라 그들이 고국으로 돌아가서 야웨의 성전을 짓도록 허락했고 바벨론이 빼앗아 간 성전의 기구들을 귀환하는 포로민들에게 돌려주기도 했습니다. 이사야 45장 1절을 보겠습니다.

> 여호와께서 그의 기름 부음을 받은 고레스에게 이같이 말씀하시되 내가 그의 오른손을 붙들고 그 앞에 열국을 항복하게 하며 내가 왕들의 허리를 풀어 그 앞에 문들을 열고 성문들이 닫히지 못하게 하리라.

본문은 좀 더 명확하게 고레스가 하나님에 의해 기름 부음을 받은 메시아임을 강조하고 있습니다. 메시아는 하나님의 지상 대리자로서 하나님의 일을 수행하는 자를 가리킵니다. 이처럼 이사야 44장 28절에는 고레스를 하나님의 목자로, 이사야 45장 1절에는 하나님이 기름 부으신 메시아라고 말하고 있습니다. 그러면 고레스가 하나님을 잘 믿었던 사람일까요? 그렇지 않습니다. 이사야 45장 4절입니다.

> 내가 나의 종 야곱, 내가 택한 자 이스라엘 곧 너를 위하여 네 이름을 불러 너는 나를 알지 못하였을지라도 네게 칭호를 주었노라.

고레스는 하나님을 알지도 못했습니다. 당연히 하나님에 대한 존경과 신뢰와 믿음도 없었습니다. 고레스는 자신도 모르는 사이에 하나님의 도구로서의 역할을 감당한 것입니다. 그렇다면 왜 하나님께서 고레스를 사용하셨을까요? '이스라엘을 위하여' 입니다. 고레스를 일으키시고 사용하신 하나님의 목적은 이스라엘의 회복에 있었습니다. 하나님의 이러한 계획은 고레스의 제국 통치 계획과 맞아 떨어졌습니다. 변방 이스라엘이 페르시아에 대한 우호적 충성심을 유지함을 통해 이집트를 견제하고자 한 것이 고레스의 정책이었습니다. 고레스가 이스라엘 포로민들을 우대한 이유는 페르시아 제국의 입장에서 이스라엘이 특별 우대 지역이었기 때문입니다. 페르시아 제국의 가장 변방인 이스라엘, 무엇보다 페르시아를 위협할 수 있는 이집트와 가장 가까이 있는 이스라엘이 페르시아에 대한 우호적인 입장을 견지하는 것이 고레스에게는 너무나 중요했습니다. 그래서 고레스는 자신의 제국 통치를 원활하게 하기 위한 목적으로 이스라엘을 우대했습니다. 그런데 이것이 하나님의 뜻을 이루는 도구가 되었습니다. 자신도 모르는 사이에 하나님의 도구로서의 역할을 고레스가 한 것입니다. 이처럼 자기는 자신의 역할에 충실했을 뿐인데 자신도 모르는 사이에 하나님의 계획을 이루는 도구로 사용되는 경우가 있습니다. 열왕기하 5장 1절에 나오는 나아만도 그렇습니다.

> 아람 왕의 군대 장관 나아만은 그의 주인 앞에서 크고 존귀한 자니 이는 여호와께서 전에 그에게 아람을 구원하게 하셨음이라 그는 큰 용사이나 나병환자더라.

본문에 나아만은 엘리사 선지자를 만나기 이전입니다. 이때 나아만은 하나님을 알지도 못하고 믿지도 않았던 때입니다. 그런데 하나님께서 나아만을 사용하셔서 아람을 구원하셨습니다. 자신도 모르는 사이에 하나님의 계획의 도구로 사용되어진 것입니다.

15 이사야 45장 15절에 하나님은 '스스로 숨어 계시는 분'이라고 말하고 있습니다. 이 표현의 정확한 의미가 무엇인지 궁금합니다.

🅐 이사야 45장 15절을 보겠습니다.

> 구원자 이스라엘의 하나님이여 진실로 주는 스스로 숨어 계시는 하나님 이시니이다.

이사야는 구원자 이스라엘의 하나님을 스스로 숨어 계시는 하나님이라고 말하고 있습니다. 여기 '스스로 숨어 계신다'는 것은 무엇을 의미하는 것일까요? 민수기를 공부하면서 광야는 하나님의 임재와 부재가 혼재된 공간이라고 말씀드렸습니다. 하나님의 임재는 무엇입니까? 하나님께서 우리와 함께하시고 우리의 필요를 채워주시며 우리의 기도에 응답하심을 온몸으로 느끼는 때가 하나님의 임재의 순간입니다. 그 반대의 경우가 하나님 부재의 순간입니다. 하나님께서 우리를 떠나신 것 같고 이제는 우리에 대해서 그 어떠한 관심도 기울이지 않으시는 것 같은 순간이 하나님 부재의 때입니다. 광야는 하나님의 임재와 부재가 혼재된 공간입니다. 매일 하늘의 양식인 만나를 통해 이스라엘을 돌보시는 하나님, 구름 기둥과 불기둥을 통해 이스라엘을 지키시는 하나님을 경험했을 뿐만 아니라 매순간 길이 험난하고 목마르며 이방의 공격으로 인해 괴로워하며 탄식하기도 했던 곳이 광야입니다.

출애굽 1세대가 경험했던 광야는 오늘날 우리 인생의 여정이라고 할 수 있습니다. 우리의 인생길에는 하나님의 돌보심과 은혜를 온전히 경험하는 시점도 있고 우리가 기대하는 하나님의 은혜를 누리지 못하고 하나님께 버림받은 것 같은 순간을 경험하는 때도 있습니다. 이것을 다른 말로 역사의 썰물기과 밀물기라고 합니다. 물이 밀려오는 밀물기는 하나님의 임재에 대한 다른 표현이고, 물이 쏙 빠져나가는 썰물기는 하나님의 부재에 대한 다른 표현입니다. 역사의 썰물기에 하나님은 스스로 숨어 계시는 분처럼 인식됩니다. 우리 눈에 보이지 않고 존재하지 않는 것처럼 생각되어지는 것입니다. 이것을 다른 표현으로 하나님 일식 경험이라고 합니다. 하나님 부재의 상황, 역사의 썰물기, 스스로 숨어 계시는 하나님, 하나님 일식 경험은 용어는 다르지만 같은 의미를 가지고 있습니다. 하나님이 우리를 떠나신 것 같은 이 순간에 우리의 믿음을 지켜내기 위해서는 하나님께서 그동안 우리에게 베푸셨던 은혜를 기억하면서 모든 것을 합력하여 선을 이루게 하실 하나님을 소망해야 합니다. 하나님의 뜻을 알 수 없는 그 순간에도 하나님에 대한 신뢰를 포기하지 않는 참된 믿음이 필요합니다. 고난의 때일수록 신앙의 지조를 지키는 것이 무엇보다 중요합니다.

16 이사야 58장 6~7절을 보면 하나님께서 원하시는 금식이 나오는데 그동안 곡기를 끊으며 기도하는 것을 금식이라고 배워왔는데 이사야의 말씀과는 큰 차이가 나는 것 같습니다. 하나님께서 원하시는 금식의 의미에 대해 알고 싶습니다.

A 한국 교회에는 맹목적으로 금식을 추앙하는 경향이 있습니다. 한마디로 금식 지상주의라고 할 수 있습니다. 누가 40일 금식을 몇 번 했다고 하면 그 사람을 준신격화하기도 합니다. 무엇인가 간절히 구해야 할 것이 있을 때 금식을 통하여 하나님과 한판 승부를 보고자 하는 모습도 발견할 수 있습니다. 이러한 경향은 하나님께서 금식 행위 자체를 중요시한다는 인식 속에서 발생하는 일들입니다. 우리가 곡기를 끊어가면서 하나님께 무엇인가를 간절히 부르짖게 될 때 하나님께서 그것을 들어주실 것이라는 생각이 과연 성경적일까요? 결론부터 말씀드리면 이스라엘이 사랑과 정의의 공동체를 이루지 못하고 행하는 금식을 하나님께서는 원하시지도 않고 기뻐하시지도 않으십니다. 이사야 58장 6~7절을 보겠습니다.

내가 기뻐하는 금식은 흉악의 결박을 풀어 주며 멍에의 줄을 끌러 주며 압제 당하는 자를 자유하게 하며 모든 멍에를 꺾는 것이 아니겠느냐 또 주린 자에게 네 양식을 나누어 주며 유리하는 빈민을 집에 들이며 헐벗은 자를 보면 입히며 또 네 골육을 피하여 스스로 숨지 아니하는 것이 아니겠느냐.

본문은 하나님이 원하시는 금식이 무엇인가를 잘 보여주고 있습니다. 우리는 밥을 굶는 것을 금식이라고 생각하지만 하나님이 기뻐하시는 금식은 그런 것이 아닙니다. 도리어 자기를 희생하여 고통 가운데 있는 이웃에게 사랑을 베푸는 것이 진정한 금식입니다. 인간다운 삶을 누리지 못하는 자들에게 인간다운 삶을 베푸는 것이 올바른 금식의 첫 번째 조건으로 강조되고 있습니다. 여기서 무엇을 알 수 있습니까? 참된 금식은 개인적인 행위가 아니라 관계 안에서 이루어지는 사랑을 나누는 행위라는 것입니다. 내가 밥을 굶는 것이 금식이 아니라 굶주린 자를 먹이는 것이 금식입니다. 자신의 소원성취를 위해 자신의 고통을 이용하여 하나님을 협박하는 식의 금식 행위는 지양되어야 합니다. 무엇을 얻어내기 위한 수단으로서의 이기적 금식은 지양되어야 합니다. 대신 하나님의 심판을 초래하였던 자신들의 잘못을 회개하는 것이 금식의 핵심이 되어야 합니다. 나의 행위를 통하여 그 누군가를 유익하게 하는 것이 하나님이 원하시는 신앙의 핵심임을 기억하셔야 합니다. 그리하여 이웃에 대한 온전한 사랑을 실천하는 참된 금식의 삶을 살아내야 하겠습니다.

백문백답 예언서 **2** 강

예레미야

01 예레미야가 사역했을 당시 역사적 상황에 대해서 알고 싶습니다.

A 예레미야는 남유다가 패망하는 과정 속에서 사역했던 예언자입니다. 예레미야가 처음 사역을 시작한 때는 요시야 13년인 주전 627년입니다. 이때까지 고대 근동의 절대 강자는 앗수르였습니다. 그런데 예레미야가 예언자로 사역을 시작한지 1~2년 지난 후에 신바벨론 제국이 등장하게 됩니다. 그때까지 바벨론이라는 도시 국가는 앗수르의 식민 지배를 받고 있었습니다. 그러다 주전 625년에 나보폴라살은 바벨론이 앗수르로부터 독립했음을 선포하면서 옛 바벨론 제국의 영광을 재현하는 신바벨론 제국이 출범하였음을 선포합니다. 그리고 주전 614년에 도시 앗수르가 메데에 점령을 당합니다. 주전 612년에는 앗수르가 바벨론과 교전할 때 메데가 앗수르 수도였던 니느웨를 점령하고 약탈합니다. 결국 앗수르는 바벨론과 메데의 연합군에게 패배하게 됩니다. 이 전쟁에서 앗수르 왕이었던 신샤이쉬

쿤이 사망하게 됩니다. 수도도 함락되고 왕도 죽임을 당했으니 주전 609년에 앗수르 제국은 몰락했다고 볼 수 있습니다. 그런데 앗수르 왕이 죽은 다음에 우발리트 장군이 앗수르 왕임을 자처하면서 일단의 군사들을 이끌고 하란으로 도주합니다. 그리고 바벨론에 대한 결사 항전을 선포합니다. 이때 우발리트는 하란으로 이동하면서 바벨론 군대와 맞서 싸우기 위해서 이집트에 긴급 도움을 요청하게 됩니다.

우발리트의 도움 요청을 받고 이집트 왕 바로 느고는 군대를 이끌고 하란으로 이동합니다. 그런데 남유다 왕 요시야가 므깃도에서 이집트 군대의 길을 막아서게 됩니다. 결국 길을 막은 남유다와 하란으로 이동하려는 이집트 사이에 전투가 벌어지게 되었고 이 전투에서 요시야가 전사하게 됩니다. 남유다 군대를 물리친 이집트 군대는 하란으로 이동하여 앗수르 군대와 힘을 합쳐 바벨론과 전쟁을 벌였지만 패하게 됩니다. 이 전쟁의 패배로 인해 앗수르는 역사 무대에서 사라지게 됩니다. 바벨론과의 전쟁에서 패한 이집트는 본국으로 돌아가지 않고 예루살렘을 경유합니다. 그리고 요시야를 이어 왕이 된 여호아하스를 포로로 잡아가고 자기들에게 충성을 맹세한 여호야김을 새로운 왕으로 세우게 됩니다. 자기 나라로 돌아간 이집트 군대는 바벨론에 대한 복수를 다짐하면서 군사력을 증강시킵니다. 그리고 마침내 이집트가 바벨론을 무찌를 절호의 기회가 주전 605년에 찾아왔습니다.

주전 605년 신바벨론 제국을 건설한 용맹스러운 나보폴라살이 죽습니다. 그리고 나보폴라살의 아들인 느부갓네살이 바벨론 왕으로 등극하게 됩니다. 이집트는 이때가 자신들이 바벨론 군대에 복수할 수 있는 절호의 기회라고 생각했습니다. 이때는 왕의 능력을 군사적 능력으로 판단하던 시대였습니다. 나보폴라살은 오랜 세월 전쟁터에서 자신이 얼마나 능력 있는 왕인지를 입증했습니다. 그러나 그의 아들 느부갓네살은 이제 막 왕이 되었으니 그의 군사적 능력에 대해 알 길이 없었습니다. 이집트 입장에서는 지금이 바벨론에게 복수할 수 있는 절호의 기회라고 생각하고 갈그미스에서 바벨론 군대와 일전을 치루게 됩니다. 그런데 이 전투에서도 바벨론 군대가 승리하게 됩니다. 바벨론은 이 전투로 자신들이 고대 근동의 절대 강자임을 다시 한 번 입증하게 되었고 이때부터 남유다도 바벨론 제국의 봉신이 됩니다. 그러다 주전 601년 바벨론이 이집트를 침공했는데 이때는 이집트가 바벨론의 공격을 잘 방어했습니다. 이것을 보고 남유다 여호야김 왕은 바벨론에 바치던 조공을 중단해 버립니다(왕하 24:1). 바벨론 입장에서 남유다가 반역을 일으킨 것입니다. 주전 597년에 바벨론은 반역한 남유다를 공격합니다. 재미있는 것은 바벨론 군대가 출병하는 과정에서 여호야김이 죽고 그의 아들 여호야긴이 새로운 왕으로 등극하게 됩니다. 바벨론 군대가 예루살렘에 도착했을 때 여호야긴이 왕이 된 지 3개월이 되었을 때입니다. 이때 여호야긴과 그의 어머니와 아내들, 수천의 관리들과 기술자들이 바벨론에 포로로 잡혀가게 됩니다(왕하 24:10~16). 이때가 주전 597년입니다. 바벨론은 여호야긴을 포로로 끌고가면서 그의 삼촌 시드기야를 남유다 왕으로 등극시킵니다. 시드기야가 남유다 마지막 왕입니다. 그러다 주전 587년에 시드기야는 이집트 왕의 유혹에 넘어가 바벨론을 반역하게 되고 이 일로 인해 느부갓네살이 남유다를 공격하여 예루살렘은 멸망하게 됩니다(주전 586년). 주전 609년 요시야 왕이 므깃도에서 전사한 이후 남유다는 몰락의 길을 걷게 됩니다. 여호아하스, 여호야김, 야호야긴, 시드기야 등 4명의 왕이 등장했지만 여호아하스는 애굽으로, 여호야긴은 바벨론으로 끌려가게 되었고, 이집트에 의해 세워진 여호야김과 바벨론에 의해 세워진 시드기야는 강대국에 끌려 다니는 정치를 할 수밖에 없었습니다. 이렇게 남유다가 몰락하는 과정을 온전히 목격했던 예언자가 바로 예레미야입니다.

02 예레미야 선지자 하면 눈물의 선지자라는 별명이 떠오릅니다. 예레미야가 어떤 사람이었는지에 대해 좀 더 자세하게 알고 싶습니다.

A 예레미야는 원래 아나돗이라는 지방의 제사장입니다. 제사장인 예레미야를 하나님께서 예언자로 부르셨습니다. 제사장과 예언자는 둘 다 하나님의 말씀을 백성에게 가르치고 전해주는 신분이라는 점에서는 동일합니다. 그러나 제사장은 성전이나 지방 성소를 중심으로 제사를 집례하며 율법을 가르치는 것이 주된 임무이고, 예언자는 때를 따라 그에게 주어지는 말씀을 백성에게 선포하여 알려주는 사명이 주된 임무입니다. 제사장이 성전을 찾아오는 사람들에게 말씀을 전하는 수동적 메신저라면 예언자는 하나님이 명하시는 모든 곳으로 나아가 말씀을 선포하는 능동적인 메신저라고 할 수 있습니다. 예레미야는 요시야 13년(주전 627)에 예언 활동을 시작하여 여호아하스(주전 609), 여호야김(주전 609~597), 여호야긴(주전 597), 시드기야(주전 597~586) 치세 때 활동했습니다. 그의 예언 사역기는 고대 근동 사회에서 앗수르가 몰락하고 바벨론이 발흥하는 시기

였습니다. 예레미야는 주전 627년부터 예언 활동을 시작하여 남유다가 패망하던 시드기야 11년인 주전 586년까지지만 이집트로 끌려갔던 주전 582년까지 예언 사역을 지속했다고 볼 수 있습니다. 그는 예루살렘의 함락과 총독 그달랴의 암살을 지켜보았으며 이집트로 망명하는 자들에 의해 강제로 이집트로 끌려가 그곳에서 마지막 설교를 한 후(44장) 예언 활동을 마감합니다.

예레미야의 사역 기간은 최소 40년 이상으로 구약에 나오는 예언자 가운데 가장 온전한 예언 사역을 감당한 인물이라고 볼 수 있습니다. 예레미야는 남유다 공동체가 몰락하는 시기에 활동한 예언자로 고난을 가장 처절하게 경험한 인물입니다. 그가 경험한 고난은 크게 외적 고난과 내적 고난으로 구분할 수 있습니다. 외적 고난은 예레미야가 경험한 육체적, 사회적 고난으로 육체적 핍박과 사회적 배척으로 드러났습니다. 그가 겪은 내적 고난은 예레미야가 겪은 감정적인 상처이며 아픔입니다. 그가 당한 육체적 고난으로는 살해의 위협을 받은 것(11:19; 18:18~23; 38:4), 매를 맞고 투옥됨(20:2), 제사장들과 선지자들, 백성들로부터 죽임을 당할 위험에 처함(26:8~15), 왕의 시위대 뜰에 갇힘(32:1~5), 반역죄로 매를 맞고 웅덩이에 던져짐(37:11~16), 예루살렘이 멸망할 때까지 감옥 뜰에 감금됨(37:21; 38:28), 감옥 뜰에 있는 진흙 구덩이에 던져짐(38:6~10), 상징적 예언으로 목에 멍에를 메고 생활함(28:10), 사슬에 묶여 포로들과 함께 끌려감(40:1~4), 이집트에서 유대인들에게 죽임을 당함 등이 있습니다. 예레미야가 당한 육체적 고난은 이스라엘 공동체가 앞으로 당하게 될 심판을 그가 앞서 경험함으로써 이스라엘 백성들에게 보여주는 미래에 대한 행위 예언이라고 할 수 있습니다. 예레미야가 경험한 사회적 배척도 다양한 모습으로 드러납니다. 예레미야의 가족들도 그를 속이고 배신하였으며(12:6), 그가 속한 사회로부터 조롱과 멸시를 받았고(20:7), 성전 제사 참여도 금지 당했으며(36:5), 예레미야의 친구들은 예레미야가 죽기를 간구하며 복수를 계획합니다(20:10).

예레미야는 일평생 가족이 없는 독신의 삶을 명령받습니다(16:2). 결혼뿐 아니라 죽은 자를 위해 애도하는 것도 허락되지 않았고(16:5), 잔칫집에 가는 것도 금지 당합니다(16:8). 예레미야는 이스라엘 역사 가운데 가장 어려운 시기에 등장하여 사람들이 생각하지 못하는 관점에서 역사를 해석한 예언자입니다. 탈무드에는 예레미야를 열왕기 저자로 보기도 합니다. 예레미야는 예언자로서 가장 많은 고난을 경험하였지만 그는 무수한 고난 속에서도 결코 굴하지 않고 끝까지 하나님께서 맡겨주신 말씀을 담대하게 선포하며 예언자로서의 사역을 가장 신실하게 감당한 인물이라고 할 수 있습니다.

03 예레미야는 오랜 세월 동안 예루살렘 거민들에게 무시를 당하고 배척을 당했다고 알고 있습니다. 예레미야가 예루살렘 거민들에게 부정적인 대우를 받게 된 이유가 무엇인지 궁금합니다.

A 예레미야 1장 1절은 예레미야를 이렇게 소개합니다.

> 베냐민 땅 아나돗의 제사장들 중 힐기야의 아들 예레미야의 말이라.

예레미야는 베냐민 땅 아나돗의 제사장 힐기야의 아들입니다. 그의 조상을 거슬러 올라가게 되면 다윗 시대 때 대제사장으로 사역했던 아비아달이 있습니다. 아비아달은 대제사장이었고 그의 후손이 예레미야라고 한다면 아비아달의 후손인 예레미야는 당연히 예루살렘에 있는 성전에서 사역을 해야 하는 것 아닙니까. 그런데 어떻게 예레미야 집안이 베냐민 땅에 있는 아나돗 성소에서 사역하게 되었을까요? 다윗의 신하들은 크게 두 그룹으로 하나는 헤브론파이고, 다른 하나는 예루살렘파입니다. 다윗 노년에 다윗의 왕권을 누가 이어받을 것인가에 대한 갈등 상황 속에서 헤브론파와 예루살렘파가 정면충돌하게 됩니다. 이때 아비아달은 헤브론파로 학깃의 아들 아도니야를 왕으로 추대합니다. 그런데 헤브론파와 예루살렘파의 갈등 상황 속에서 예루살렘파가 승리하게 되었고 예루살렘파가 지지한 솔로몬이 왕위에 오르게 됩니다. 그리고 자연스럽게 헤브론파는 몰락하게 됩니다.

솔로몬이 왕이 된 이후에 헤브론파였던 대제사장 아비아달은 중앙 성소에서 쫓겨나게 되었고 아나돗 지방으로 유배를 떠나게 됩니다. 그렇게 쫓겨 난 아비아달의 후손이 예레미야입니다. 예레미야는 아나돗이라는 지방 성소에서 사역하던 제사장입니다. 중앙 성소인 예루살렘과 멀리 떨어져 있었기에 누구보다 예루살렘에 대한 객관적인 시각을 소유할 수 있었습니다. 그러나 예레미야가 아나돗 출신이라는 것과 아비아달의 후손이라는 것, 그리고 그가 연소하였다는 것과 예루살렘 성전에 대해서 비판적인 주장을 했다는 것으로 인해 당시 예루살렘 거민들은 예레미야를 배척했습니다. 무엇보다 예루살렘 성전에 대한 비판과 멸망을 예언한 것이 배척당한 가장 큰 이유라고 할 수 있겠습니다.

04 구약의 예언서를 보면 예언자를 소개하는 다양한 유형이 있는 것 같습니다. 예언자들을 소개하는 다양한 유형에 대해 설명 부탁드립니다.

A 예언서에는 다양한 모습의 예언자들을 소개하는데 크게 여섯 가지 유형입니다. 첫째는 예언자가 사역했던 역사적 배경으로 왕들을 소개하는 유형입니다. 이사야, 호세아, 아모스, 미가, 에스겔, 다니엘, 예레미야, 스바냐, 학개, 스가랴가 여기에 해당됩니다. 이사야 1장 1절을 보겠습니다.

> 유다 왕 웃시야와 요담과 아하스와 히스기야 시대에 아모스의 아들 이사야가 유다와 예루살렘에 관하여 본 계시라.

이사야가 사역한 시기에 남유다는 웃시야, 요담, 아하스, 히스기야가 통치하고 있었음을 말해주고 있습니다.

둘째는 예언자의 출신 지역만 소개하는 유형입니다. 모레셋 사람 미가, 엘고스 사람 나훔이 여기에 해당됩니다. 나훔 1장 1절입니다. 나훔을 소개함에 있어 그가 어느 지역 출신인지만을 말하고 있습니다.

> 니느웨에 대한 경고 곧 엘고스 사람 나훔의 묵시의 글이라.

셋째는 출신 가계를 소개하는 유형입니다. 아모스의 아들 이사야, 브두엘의 아들 요엘, 부시의 아들 에스겔, 잇도의 손자 베레갸의 아들 스가랴, 아밋대의 아들 요나, 히스기야의 현손이요 구시의 아들인 스바냐, 왕족과 귀족 중에서 뽑힌 다니엘이 여기에 해당됩니다. 요나 1장 1절을 보겠습니다.

여호와의 말씀이 아밋대의 아들 요나에게 임하니라 이르시되.

요나에 대한 소개에 있어 그의 아버지가 아밋대라는 것만을 기록하고 있습니다.
넷째는 출신 가계도 지역도 없이 등장하는 유형입니다. 오바댜, 말라기가 여기에 해당됩니다. 오바댜 1장 1절입니다.

오바댜의 묵시라.

오바댜에 대한 어떤 소개도 없이 그가 선포하는 메시지로 바로 들어가고 있습니다.
다섯째는 출신 지역 및 가계와 신분을 소개하는 유형입니다. 예레미야가 여기에 해당됩니다. 예레미야 1장 1절입니다.

베냐민 땅 아나돗의 제사장들 중 힐기야의 아들 예레미야의 말이라.

예레미야는 아나돗이라는 출신 지역도 나오고 아버지인 힐기야의 이름도 나오고 제사장이라는 신분도 소개가 됩니다.
여섯째는 예언자의 사회적 신분을 밝히는 유형입니다. 제사장 에스겔, 제사장 예레미야, 목자 아모스가 여기에 해당됩니다. 아모스 1장 1절입니다.

유다 왕 웃시야의 시대 곧 이스라엘 왕 요아스의 아들 여로보암의 시대 지진 전 이년에 드고아 목자 중 아모스가 이스라엘에 대하여 이상으로 받은 말씀이라.

아모스를 드고아의 목자로 소개하고 있습니다. 이처럼 예언서에는 예언자에 대한 다양한 소개 유형이 등장합니다. 위에서 살펴본 것처럼 예언자 가운데 가장 많은 정보를 제공하고 있는 예언자는 예레미야입니다. 그는 아나돗이라는 출신 지역도 나오고 힐기야의 아들이라는 그의 가계도 나오고 제사장이라는 그의 신분도 소개하고 있습니다.

05 대예언서에는 예언자들이 하나님으로부터 예언자로 부름 받는 이야기가 나오는데 소예언서에는 그러한 이야기가 나오지 않는 것 같습니다. 이런 차이가 발생하게 된 이유가 무엇인지 궁금합니다.

🅐 예언서는 크게 대예언서와 소예언서로 나눌 수 있습니다. 대예언서와 소예언서의 구분 기준은 분량의 차이입니다. 분량이 많으면 대예언서이고 분량이 적으면 소예언서입니다. 대예언서에는 이사야, 예레미야, 에스겔이 있습니다. 소예언서에는 호세아부터 말라기까지 12권이 있습니다. 질문하신 것처럼 대예언서에는 예언자의 소명 기사가 나옵니다. 예레미야 1장 4~10절이 예레미야의 소명 기사입니다.

여호와의 말씀이 내게 임하니라 이르시되 내가 너를 모태에 짓기 전에 너를 알았고 네가 배에서 나오기 전에 너를 성별하였고 너를 여러 나라의 선지자로 세웠노라 하시기로 내가 이르되 슬프도소이다 주 여호와여 보소서 나는 아이라 말할 줄을 알지 못하나이다 하니 여호와께서 내게 이르시되 너는 아이라 말하지 말고 내가 너를 누구에게 보내든지 너는 가며 내가 네게 무엇을 명령하든지 너는 말할지니라 너는 그들 때문에 두려워하지 말라 내가 너와 함께 하여 너를 구원하리라 나 여호와의 말이니라 하시고 여호와께서 그의 손을 내밀어 내 입에 대시며 여호와께서 내게 이르시되 보라 내가 내 말을 네 입에 두었노라 보라 내가 오늘 너를 여러 나라와 여러 왕국 위에 세워 네가 그것들을 뽑고 파괴하며 파멸하고 넘어뜨리며 건설하고 심게 하였느니라 하시니라.

이사야의 소명 기사는 이사야 6장에 나오고, 에스겔의 소명 기사는 에스겔 2장에 나옵니다. 이와 같이 대예언서에는 예언자의 소명 기사가 기록되어 있습니다. 그런데 소예언서에는 예언자의 소명 기사가 나오지 않습니다. 그 이유가 무엇일까요? 그 이유는 12권의 소예언서들이 이후에 한 권의 책으로 편집되었기 때문입니다. 12권의 소예언서가 한 권의 책으로 편집되다 보니 책의 서론으로 예언자의 소명 기사를 각각 기록하는 것이 불가능하게 되었습니다. 그래서 소예언서에는 예언자의 소명 기사가 등장하지 않는 것입니다.

06 이스라엘 백성들은 왜곡된 신학을 붙잡음으로 인해 예언자들의 경고를 무시한 것으로 알고 있습니다. 구약 시대 이스라엘 백성들이

붙잡았던 왜곡된 신학에는 어떤 것이 있는지 알고 싶습니다.

🅐 하나님께서는 오랜 세월 동안 이스라엘 백성들의 회개를 촉구하시면서 예언자들을 파송하셨습니다. 그런데 이스라엘 백성들은 예언자의 경고를 듣고도 돌이키지 않았습니다. 도리어 회개를 촉구하는 예언자들을 핍박하였습니다. 예언서에 나오는 이런 이야기를 읽을 때마다 우리는 이런 질문을 하게 됩니다. 왜 이스라엘 백성들은 하나님께서 파견하신 예언자들의 음성을 듣고 돌이키지 않았을까요? 자신들이 무엇을 잘못하고 있는지를 깨닫지 못하고 회개하지 않는 이스라엘 백성들의 모습을 보면서 그들이 너무나 완고하고 고집이 세다는 느낌을 갖지 않을 수 없습니다. 그렇다면 왜 이스라엘 백성들은 피를 토하는 예언자들의 경고의 메시지를 경청하지 않았을까요? 그 이유는 그들이 가진 왜곡된 신학 때문입니다. 왜곡된 신학적 이해를 가지고 있으면 자신이 무엇을 잘못하고 있는지를 분별하기 어렵습니다. 왜곡된 신학이 자신들의 왜곡된 신앙 행위들을 정당화시켜주기 때문입니다.

당시 이스라엘 백성들이 가지고 있던 왜곡된 신학의 대표적인 것이 성전 신학, 시온 신학, 왕정 신학입니다. 성전 신학은 성전이 곧 하나님의 집이라는 사고에서 형성된 신학입니다. 성전 신학은 성전은 하나님의 집이다, 하나님의 집이 무너지는 것은 하나님이 무너지는 것과 똑같다, 그러나 하나님은 절대 무너지지 않는다, 따라서 하나님의 집인 성전도 결코 무너지지 않는다는 것이 성전 신학의 내용입니다. 시온 신학은 예루살렘이 하나님의 도성이라는 사고에서 형성된 신학입니다. 시온 신학은 예루살렘은 하나님의 도성이다, 하나님의 도성이 무너지는 것은 하나님이 무너지는 것과 똑같다, 그러나 하나님은 절대 무너지지 않는다, 따라서 하나님의 도성인 예루살렘도 결코 무너지지 않는다는 것이 시온 신학의 내용입니다. 시온은 하나님이 택하시고 거주하시는 장소이기 때문에 이방 나라가 공격해도 절대로 무너지지 않는다는 것입니다(시 132:13~14). 왕정 신학은 다윗 왕조가 하나님의 지상 대리자라는 사고에서 형성된 신학입니다. 왕정 신학은 하나님께서 다윗 왕조라는 지상 대리자를 통하여 이 땅을 다스리고 계신다, 다윗 왕조가 무너지게 되면 하나님의 세계 통치도 종결되게 된다, 그러나 하나님의 세계 통치는 영원무궁하다, 따라서 다윗 왕조도 영원무궁하다는 것이 왕정 신학의 내용입니다(삼하 7:12~16).

남유다 백성들은 북이스라엘이 패망하는 것을 보면서 그것을 자신들의 승리라고 착각했습니다. 남유다에는 하나님의 집인 성전이 있고, 하나님의 도성인 예루살렘이 있으며, 무엇보다 하나님의 지상 대리자인 다윗의 후손들이 통치하고 있기 때문에 하나님께서는 그 어떤 상황 속에서도 남유다를 지켜주실 것이라고 자신만만했습니다. 북이스라엘이 멸망하는 사건을 목도하면서 자신들의 죄를 뉘우치고 돌이키는 기회로 삼았어야 했는데 도리어 성전 신학, 왕정 신학, 시온 신학을 강화시키는 계기로 이용한 것입니다. 죄악으로 충만한 백성들이 회개하지 못하는 가장 중요한 이유 중 하나는 거짓 신학이 던져주는 그릇된 확신 때문입니다. 시온 신학, 성전 신학, 왕정 신학에 대한 그릇된 확신이 고난의 때를 감지하는 분별력을 상실하게 만듭니다. 남유다의 지도자들은 성전과 예루살렘과 왕을 신성불가침의 영역으로 규정하며 모든 비판을 봉쇄해 버렸습니다. 자신들이 만든 거짓 신념에 스스로 속아 넘어간 것입니다. 그 결과 그들은 성전이 파괴되고 예루살렘 성벽이 무너지고 다윗 왕조가 몰락하는 멸망의 사건을 경험하게 되었습니다.

07 예레미야 5장 13절을 보면 '바람'이라는 표현이 나옵니다. 여기에서 바람이 무엇을 가리키는지가 궁금합니다.

A 예레미야 5장 13절을 보겠습니다.

> 선지자들은 바람이라 말씀이 그들의 속에 있지 아니한즉 그같이 그들이 당하리라 하느니라.

본문을 보면 하나님의 말씀을 전하는 선지자들을 '바람'이라고 말하고 있습니다. 여기서 바람은 '쓸모없는 존재'라는 뜻입니다. 즉 선지자에 대해 비판하고 있는 것입니다. 그렇다면 누가 선지자에 대해 이런 비판을 하고 있는 것일까요? 예레미야 당시 남유다 백성들입니다. 그들은 하나님께서 보내신 참 예언자를 쓸모없는 존재로 규정하고 배척하고 핍박했습니다. 도리어 하나님이 보내시지 않은 거짓 예언자들을 사랑하고 존경했습니다. 이처럼 참 선지자의 배척당함은 하나님의 하나님 되심을 거부하고 배척하는 사건입니다. 진짜 하나님이 아닌 자신들이 원하는 하나님 상을 만들어낸 인간들의 죄의 결과가 진짜 하나님에 대한 거부입니다. 죄에 빠진 사람들은 하나님의 말씀을 있는 그대로 듣는 것을 힘들어합니다. 자기들이 원하는 메시지를 선포하는 자들에게만 환호하고 그들을 추종합니다. 자신의 욕망을 신의 이름으로 정당화시켜주는 거짓 예언자들을 사랑합니다. 디모데후서 4장 3~4절은 하나님을 떠난 자들이 어떤 삶을 살아내고 있는지를 잘 보여주고 있습니다.

> 때가 이르리니 사람이 바른 교훈을 받지 아니하며 귀가 가려워서 자기의 사욕을 따를 스승을 많이 두고 또 그 귀를 진리에서 돌이켜 허탄한 이야기를 따르리라.

안타깝게도 남유다가 몰락하기 전의 상황이 바로 그러했음을 알 수 있습니다.

08 하나님의 언약 백성인 남유다가 하나님의 심판을 받을 수밖에 없었던 이유가 무엇인지 궁금합니다.

A 신앙인들이 착각하는 것 가운데 하나가 하나님의 언약 백성은 하나님의 심판으로부터 면제될 것이라는 생각입니다. 그들의 생각처럼 하나님과 언약만 체결하게 되면 하나님의 심판으로부터 면제될 수 있는 것인가요? 결코 그렇지 않습니다. 하나님의 백성이 되겠다고 다짐하고 결단하며 언약을 체결하는 것보다 더 중요한 것이 그 언약을 신실하게 지켜내는 것입니다. 언약을 신실하게 지켜내지 못하게 되면 그 언약은 무효화됩니다. 남유다 백성들은 하나님과의 언약에 신실하지 못했습니다. 그 결과 하나님과의 언약이 무효화 되어버렸습

니다. 예언자들은 남유다 백성들에게 다시 언약으로 돌아갈 것을 요청했습니다. 그러나 대다수의 남유다 백성들은 예언자의 경고를 경청하지 않았습니다. 그러면서도 자신들은 언약 백성이기 때문에 하나님의 심판이 결코 자신들에게는 임하지 않을 것이라고 자신만만 하였습니다. 남유다가 하나님의 심판을 받을 수밖에 없었던 이유에 대해 예레미야 5장 30~31절은 이렇게 말하고 있습니다.

> 이 땅에 무섭고 놀라운 일이 있도다 선지자들은 거짓을 예언하며 제사장들은 자기 권력으로 다스리며 내 백성은 그것을 좋게 여기니 마지막에는 너희가 어찌하려느냐.

한마디로 당시 남유다는 총체적 난국 상황이었습니다. 어느 누구 하나 하나님께서 위임하신 고유한 역할에 충실한 자가 없었습니다. 남유다의 모든 자들이 하나님이 기대하신 모습으로부터 어긋나 버렸습니다. 선지자들은 하나님께서 맡겨주신 말씀을 있는 그대로 선포하는 자입니다. 그러나 당시의 선지자들은 하나님께서 맡겨주신 말씀은 선포하지 아니하고 거짓을 선포했습니다. 제사장들은 거룩의 위계질서에서 가장 최상위에 있는 자로서 하나님의 거룩함, 진실함, 정직함을 몸소 삶을 통해 모범적으로 살아내야 하는 자들입니다. 그러나 당시의 제사장들은 제사장이라는 자신의 직분을 권력으로 이해하며 백성들 위에 군림하였습니다. 문제는 선지자들과 제사장들이 이렇게 잘못된 길을 걸어가고 있었음에도 불구하고 백성들이 그것을 좋게 여겼다는 것입니다. 백성들은 잘못된 길을 걸어가는 자들을 향해 비판하기는커녕 도리어 그런 모습을 사랑했습니다. 거짓 선지자들과 분별없는 백성들의 협력이 남유다의 총체적 타락을 만들어 낸 것입니다.

그렇다면 예언자들의 거짓말을 백성들이 좋아한 이유는 무엇이었을까요? 거짓 예언자들이 선포한 예언의 메시지가 백성들이 듣기 원하는 메시지였기 때문입니다. '거짓을 예언했다'는 것은 '백성들이 선호하는'의 다른 표현입니다. 이것이 거짓 예언자들의 특징입니다. 그들은 자신들을 예언자로 세워주신 하나님 중심의 사역이 아닌 소비자 중심의 예언 사역을 행했습니다. 하나님이 맡겨주신 말씀을 가감 없이 선포하지 아니하고 백성들이 듣기 원하는 메시지를 선포하며 백성들로부터 환대와 사랑을 받았던 것입니다. 그런 모습을 잘 보여주는 말씀이 예레미야 6장 14절입니다.

> 그들이 내 백성의 상처를 가볍게 여기면서 말하기를 평강하다 평강하다 하나 평강이 없도다.

거짓 예언자들은 심각한 위기 상황에서도 평강을 외쳤습니다. 백성들의 죄를 질타하며 회개를 촉구하지 않았습니다. 그러한 메시지는 백성들로부터 사랑받기 어려운 내용이기 때문입 니다. 이것이 거짓 예언자들과 타락한 제사장들의 특징입니다. 그들은 백성들이 듣기 원하는 메시지를 끊임없이 선포했습니다. 심판을 말하고 회개를 촉구해야 할 순간에도 그들은 평안을 선포함으로써 백성들을 그릇된 길로 인도하였고 그러한 타락한 종교인들을 백성들은 사랑했습니다. 누구 하나 깨어 있지 못한 총체적 타락으로 인해 남유다는 하나님의 심판을 받을 수밖에 없었던 것입니다.

09 예레미야 7장을 보면 타락한 성전에 대한 예레미야의 비판이 나옵니다. 성전을 성전 되게 하는 핵심이 무엇인지가 궁금합니다.

A 예레미야가 남유다 백성들에게 미움을 받은 이유 중 하나는 성전에 대한 비판 때문입니다. 당시 남유다 백성들에게 성전은 신성불가침의 대상이었습니다. 성전을 하나님의 집으로 이해한 남유다 백성들에게 성전에 대한 비판은 곧 하나님에 대한 비판으로 인식되었습니다. 예레미야는 제사를 드리기 위해 성전으로 들어가는 사람들을 향해 성전 입구에 서서 이렇게 외쳤습니다. 예레미야 7장 4절입니다.

> 너희는 이것이 여호와의 성전이라, 여호와의 성전이라, 여호와의 성전이라 하는 거짓말을 믿지 말라.

누구나 다 여호와의 성전이라고 생각하고 있는 그곳을 향해 예레미야는 그곳을 여호와의 성전이라고 말하는 것은 거짓말이라고 선언하고 있습니다. 예레미야가 볼 때 그곳은 성전이 아니었던 것입니다. 그렇다면 왜 예레미야는 사람들이 성전이라고 부르는 그곳을 성전이 아니라고 했을까요? 예레미야가 볼 때 성전을 성전 되게 하는 핵심은 하나님과의 신실한 관계입니다. 성전 자체가 하나님의 집 됨을 담보하는 것이 아닙니다. 건물로서의 성전은 거룩한 하나님의 집과 도둑의 소굴이라는 경계 가운데 위치합니다. 예레미야가 볼 때 당시의 성전은 이미 도둑의 소굴로 추락한 상태입니다. 예레미야 7장 11절입니다.

내 이름으로 일컬음을 받는 이 집이 너희 눈에는 도둑의 소굴로 보이느냐 보라 나 곧 내가 그것을 보았노라 여호와의 말씀이니라.

사람들이 성전이라고 생각하는 그곳을 예레미야는 도둑의 소굴이라고 주장합니다. 이것은 예레미야의 판단 이전에 하나님의 판단입니다. 당시의 성전은 도둑들이 모여서 죄를 짓고도 자신들은 구원을 얻었다고 선포하며 자신 있게 더욱 가증한 죄를 짓고 있는 도둑의 소굴이 되어버렸습니다. 이처럼 타락한 종교는 죄악을 경고하고 책망하는 본질적 사명을 망각하고 도리어 제사 행위를 통해 사람들이 일상에서 저지르는 온갖 죄악들에 면죄부를 제공했습니다. 교회는 죄인들의 모임이라는 말을 사용하면서 교회 안에서 발생하는 온갖 죄악들을 당연시하는 말들을 주의해야 합니다. 교회는 죄인들의 모임으로 출발하지만 그리스도를 통해 새로워진 피조물들의 모임으로 발전해 가야 합니다. 일상의 삶에서 하나님의 뜻을 살아내지 못하는 신앙은 그 자체가 죽은 신앙입니다. 삶을 통해 드러나는 것만이 참된 신앙임을 기억해야 합니다.

10 예레미야 16장 2절을 보면 하나님께서는 예레미야에게 결혼하지 말 것을 명령하셨습니다. 예레미야에게 이런 명령을 내리신 특별한 이유가 있는지 궁금합니다.

A 결혼은 창조 때부터 세워진 은총의 질서 중 하나입니다(창 1:28; 2:24; 신 7:14). '생육하고 번성하라'는 말씀을 중시했던 이스라엘

사회에서 독신은 아주 예외적인 것이고 자녀를 갖지 못하는 것은 큰 불행이나 징계로 이해했습니다(창 30:1; 삼상 1:5~6; 사 47:9; 호 9:14). 그런데 하나님께서 예레미야에게 결혼하지 말고 자녀를 두지 말라고 명령하셨습니다. 예레미야 16장 2절입니다.

> 너는 이 땅에서 아내를 맞이하지 말며 자녀를 두지 말지니라.

왜 하나님께서 예레미야에게 결혼하지 말고 자녀도 두지 말라고 명령하셨을까요? 그 이유는 하나님의 심판이 곧 임할 것이기 때문입니다. 바벨론을 도구로 사용하시는 하나님의 심판이 임하게 되면 바벨론 군대에 의해서 온 가족이 전멸하게 될 것입니다. 그 과정에서 사랑하는 어린 자녀들을 잃게 되는 비극도 마주해야 합니다. 앞으로 닥치게 될 엄중한 심판의 상황을 알리고자 하나님께서는 예레미야에게 결혼하지 말 것을 명령하신 것입니다. 이것을 행위 예언이라고 합니다. 이스라엘 공동체 안에서 결혼하지 않는 것은 매우 낯선 일이자 하나님의 복을 받지 못한 저주받은 자의 모습으로 인식되었습니다. 아나돗의 제사장인 예레미야가 결혼하지 않는 상황이 지속되게 되면 사람들은 예레미야에게 왜 결혼하지 않는지에 대해 질문할 것입니다. 이때 자신에게 질문한 자들에게 왜 자신이 결혼하지 않는지를 말하면서 다가올 하나님의 심판을 경고하는 것, 이것이 행위 예언의 목적입니다. 예언자는 하나님과 그의 백성 사이에서 소통의 도구로 부름 받은 존재입니다. 이때 예언자는 그의 말뿐만 아니라 그의 행위를 통해서도 하나님의 뜻을 백성들에게 전달합니다. 행위를 통해 하나님의 뜻을 전달하는 것을 행위 예언이라고 합니다. 예레미야는 결혼하지 않음으로써 백성들의 운명을 예견하는 행위 예언을 했습니다. 이러한 그의 행위는 곧 다가올 비극적인 유다 역사의 선취입니다. 하나님의 심판으로 인해 남유다의 많은 사람들이 자신의 아내를 잃고 자녀를 잃게 될 것입니다. 예레미야는 결혼하지 않는 행위 예언을 통해서 하나님의 심판이 곧 실현될 것을 경고하고 있는 것입니다.

11 예레미야를 읽다 보면 여호야김 4년이라는 표현이 자주 나옵니다. 이때가 어떤 중요성을 가진 해인지가 궁금합니다.

A 예레미야에서 가장 중요한 시점이 언제인가를 묻는다면 그 해답은 여호야김 4년이라고 할 수 있습니다. 예레미야에서 여호야김 4년에 일어난 일을 여러 번 나누어 기록하고 있습니다(25:1; 36:1; 45:1; 46:2). 예레미야 25장 1절을 보겠습니다.

> 유다의 왕 요시야의 아들 여호야김 넷째 해 곧 바벨론의 왕 느부갓네살 원년에 유다의 모든 백성에 관한 말씀이 예레미야에게 임하니라.

여호야김 4년은 주전 605년입니다. 이때는 바벨론 왕 느부갓네살이 등극한 원년입니다. 주전 605년 바벨론은 이집트와 전쟁에서 승리함으로써 고대 근동의 패권을 장악하게 됩니다. 그때까지 이집트의 봉신으로 존재하던 남유다는 이집트가 바벨론에게 패망하자 주전 605년부터 바벨론의 봉신이 됩니다. 남유다가 바벨론의 봉신이 되었음을 증거하는 1차 포로들이 바벨론으로 끌려가게 되는데 이때 끌려간 대표적인 인물들이 다니엘과 세 친구입니다. 무엇보다 여호야김 4년인 주전 605년은 예레미야가 바룩에게 예언의 내용을 두루마리에 받아쓰게 한 해이자 여호야김이 그 두루마리를 찢어 불사른 해입니다(36:1). 남유다 왕인 여호야김이 말씀의 두루마리를 찢어 불사른 이 사건 이후에 예레미야는 유다가 바벨론에 의해 멸망할 것이라고 선포합니다. 그동안 주어진 회개의 기회를 모두 거부하였기에 이제는 하나님의 심판을 필연적으로 받을 수밖에 없음을 선포한 것입니다. 주전 605년 여호야김 4년부터 예레미야는 더 이상 회개를 촉구하지 않습니다. 도리어 하나님의 심판을 받아들여야 할 것을 선포합니다. 회개할 수 있는 기회가 지나가 버린 것입니다. 우리 하나님은 인간의 죄에 대해 오래 참으시는 분이시지만 영원히 참으시는 분은 아니십니다. 회개할 수 있는 기회가 있을 때 그 기회를 붙잡는 것이 중요합니다. 안타깝게도 예레미야 당시 남유다 지도자들은 그 회개의 기회를 놓쳐 버렸습니다. 그때가 바로 여호야김 4년입니다.

12

예레미야 선지자를 핍박한 왕들로 여호야김과 시드기야가 있습니다. 이 두 사람을 예언자를 박해한 같은 부류의 왕으로 이해하면 되는 것인지요? 여호야김과 시드기야의 차별성이 있다면 그것이 무엇인지 알고 싶습니다.

A 여호야김과 시드기야는 남유다가 몰락하는 과정에서 둘 다 11년간 통치했던 왕입니다. 여호야김은 남유다의 몰락을 재촉한 왕이

고 시드기야는 남유다가 멸망하는 것을 자신의 눈으로 목격하고 이후에는 두 눈이 뽑힌 채 바벨론에 포로로 끌려간 비운의 왕입니다. 예레미야에서 여호야김과 시드기야는 두 가지 다른 종류의 불순종의 형태를 보여줍니다. 여호야김이 적의에 가득 차서 능동적이고 적극적으로 여호와의 말씀을 거역하는 인물이라면 시드기야는 여호와의 말씀을 들으려고 하면서도 전혀 반응하지 않는 수동적인 무반응의 소유자라고 할 수 있습니다. 먼저 여호야김에 대해 살펴보겠습니다. 예레미야 36장 22~23절입니다.

> 그 때는 아홉째 달이라 왕이 겨울 궁전에 앉았고 그 앞에는 불 피운 화로가 있더라 여후디가 서너 쪽을 낭독하면 왕이 칼로 그것을 연하여 베어 화로 불에 던져서 두루마리를 모두 태웠더라.

여호야김은 기록되어진 하나님의 말씀에 적대적인 반응을 보입니다. 하나님의 말씀을 경청하고 그 말씀 앞에 무릎 꿇지 아니하고 도리어 하나님의 말씀이 적힌 두루마리를 칼로 베고 불로 태워버렸습니다. 하나님의 말씀에 대한 그의 태도, 하나님에 대한 그의 경외 부재의 모습을 여기서 볼 수 있습니다. 여호야김이 보여주고 있는 말씀에 대한 단호한 거부는 인간이 저지를 수 있는 최고의 죄악이라고 할 수 있습니다.

다음으로 시드기야에 대해 살펴보겠습니다. 예레미야 38장 24~28절입니다.

> 시드기야가 예레미야에게 이르되 너는 이 말을 어느 사람에게도 알리

지 말라 그리하면 네가 죽지 아니하리라 만일 고관들이 내가 너와 말하였다 함을 듣고 와서 네게 말하기를 네가 왕에게 말씀한 것을 우리에게 전하라 우리에게 숨기지 말라 그리하면 우리가 너를 죽이지 아니하리라 또 왕이 네게 말씀한 것을 전하라 하거든 그들에게 대답하되 내가 왕 앞에 간구하기를 나를 요나단의 집으로 되돌려 보내지 마소서 그리하여 거기서 죽지 않게 하옵소서 하였다 하라 하니라 모든 고관이 예레미야에게 와서 물으매 그가 왕이 명령한 모든 말대로 대답하였으므로 일이 탄로되지 아니하였고 그들은 그와 더불어 말하기를 그쳤더라 예레미야가 예루살렘이 함락되는 날까지 감옥 뜰에 머물렀더라.

시드기야는 하나님보다 유다 방백들을 두려워했습니다. 예레미야와 비밀회동을 아무에게도 말하지 말 것을 명령합니다. 예레미야는 왕의 말대로 행합니다. 이제는 시드기야가 선택해야 하는 시간입니다. 방백들이 두려워 바벨론과 전쟁을 불사할 것인지 아니면 예레미야를 통해 주신 하나님의 말씀대로 바벨론에게 투항할 것인지를 선택해야 합니다. 예레미야는 예루살렘이 함락되는 날까지 시위대 뜰에 투옥되었습니다(렘 38:28). 예레미야는 시드기야의 도움으로 생명은 보존할 수 있었지만 방백들의 강력한 요구로 인해 계속 수감생활을 한 것입니다. 예레미야에 대한 시드기야의 태도는 세례 요한에 대한 헤롯의 태도와 아주 유사합니다. 여호야김이 예레미야에 대해 살기를 띠고 그를 죽이고자 하였다면 시드기야는 예레미야가 하나님의 사람임을 인정합니다. 예레미야를 통해 들려오는 하나님의 음성을 듣고자 하는 간절한 열망도 있었습니다. 그러나 하나님께서 예레미야를 통해 말씀하신 내용에 순종하지는 않습니다. 하나님의 말씀을 듣기는 하였지만 자신이 원하는 내용이 아니었기에 순종하지 않았던 것입니다. 예레미야에서 두 종류의 악인을 만나게 됩니다. 하나는 하나님에 대한 경외가 전혀 없고 하나님의 말씀 앞에 적대적인 반응을 보였던 여호야김과 같은 악인이고, 다른 하나는 하나님의 뜻을 알고자 하는 간절한 열망은 있었지만 자신이 원하는 바와 다른 내용이 선포될 경우에는 단호하게 그것을 거부하는 시드기야와 같은 악인입니다. 둘 중에 누가 그나마 더 나은 존재인지를 우리가 판단하기 어렵습니다. 둘 다 하나님의 말씀 앞에 순종하지 않았다는 측면에서 두 사람 모두 악인이라고 볼 수밖에 없습니다.

13 예레미야에 장기 유배설과 단기 유배설이 있다고 들었습니다. 그것의 정확한 의미를 알고 싶습니다.

A 유배는 남유다 백성들이 저지른 죄악으로 인해 하나님의 심판을 받아 남유다 백성들이 바벨론으로 강제로 끌려가는 것을 의미합니다. 처음에는 예레미야를 통해 선포된 남유다의 멸망과 바벨론 포로 생활에 대해 많은 남유다 백성들은 비웃었습니다. 그들이 가진 성전 신학, 시온 신학, 왕정 신학으로 인해 남유다가 하나님의 심판을 받아 멸망한다는 것을 도저히 받아들이지 않았습니다. 그러다 주전 605년에 남유다가 바벨론의 봉신이 되면서 1차 포로가 바벨론으로 유배를 떠나게 됩니다. 이때 끌려간 대표적인 인물이 다니엘과 세 친구입니다. 그리고 주전 597년에 여호야긴 왕과 만 명의 사람들이 바벨론에 포로로 끌려가게 됩니다. 이 사건을 경험하면서 그동안 예레

미야의 말을 무시했던 남유다 백성들은 예레미야가 선포한 말씀을 새롭게 인식하게 됩니다. 그런데 남유다 백성들이 바벨론에 포로로 끌려가는 이 사건을 경험하면서 끌려간 포로들이 언제 돌아올 것인가에 대해서 예레미야와 하나냐의 주장이 갈라서게 됩니다.

먼저 예레미야의 주장을 보겠습니다. 예레미야 25장 11절입니다.

> 이 모든 땅이 폐허가 되어 놀랄 일이 될 것이며 이 민족들은 칠십 년 동안 바벨론의 왕을 섬기리라.

예레미야는 하나님을 저버린 남유다가 70년 동안 바벨론 왕을 섬길 것이라고 주장합니다. 이때 처음으로 '칠십'이라는 숫자가 언급됩니다. 이것을 장기 유배설이라고 합니다. 70년이라는 포로 기한은 하나님의 엄중한 심판의 결과이면서 동시에 포로의 끝을 기대하게 만드는 희망의 근거가 됩니다. 바벨론이 영구적으로 남유다를 지배하는 것이 아니라 그들은 70년간 남유다 백성들을 지배하는 한시적 통치자일 뿐임을 여기서 강조하고 있습니다. 이것에 반박하는 주장이 단기 유배설입니다. 예레미야 28장 2~4절입니다.

> 만군의 여호와 이스라엘의 하나님이 이같이 일러 말씀하시기를 내가 바벨론의 왕의 멍에를 꺾었느니라 내가 바벨론의 왕 느부갓네살이 이곳에서 빼앗아 바벨론으로 옮겨 간 여호와의 성전 모든 기구를 이 년 안에 다시 이곳으로 되돌려 오리라 내가 또 유다의 왕 여호야김의 아들 여고니야와 바벨론으로 간 유다 모든 포로를 다시 이 곳으로 돌아오게 하리니 이는 내가 바벨론의 왕의 멍에를 꺾을 것임이라 여호와의 말씀이니라 하니라.

단기 유배설을 주장한 사람은 거짓 예언자 하나냐입니다. 그는 하나님께서 자신에게 두 해가 차기 전에 모든 것들이 회복될 것을 말씀하셨다고 주장했습니다. 예레미야 28장 11절입니다.

> 모든 백성 앞에서 하나냐가 말하여 이르되 여호와께서 이와 같이 말씀하시니라 내가 이 년 안에 모든 민족의 목에서 바벨론의 왕 느부갓네살의 멍에를 이와 같이 꺾어 버리리라 하셨느니라 하매 선지자 예레미야가 자기의 길을 가니라.

하나냐는 남유다가 바벨론의 압제로부터 이년 내로 해방을 맞이할 것이라고 주장합니다. 예레미야가 말한 70년에 맞서는 주장을 펼친 것입니다. 하나냐는 주전 597년의 포로 사건으로 인해 심판은 이미 지나갔고 바벨론 함락과 더불어 회복이 시작될 것이라고 주장했습니다. 이에 반해 예레미야는 더 철저한 심판이 기다리고 있을 것이며 회복은 즉시 이루어지는 것이 아니라 죄악이 정화되기까지 70년의 기간이 필요하다고 주장했습니다. 이처럼 예레미야는 70년이라는 장기 유배설을 말하고 하나냐는 2년이라는 단기 유배설을 주장할 때 백성들은 누구의 주장을 더욱 믿고 싶었을까요? 당연히 하나냐의 주장입니다. 하나냐의 주장은 백성들의 환호를 자아내는 소리였습니다. 이것으로 인해 하나냐는 국민 예언자로 열광적인 지지를 받았을 것입니다. 청중들의 필요에 민감하게 반응하는 거짓 예언자의 모습을 우리는 여기서 볼 수 있습니다. 바벨론으로 끌려간 자들이 2년 내로 돌아올 것이라고 말한 하나냐는 그동안 남유다 백성들이 저질렀던 언약 불순종에 대한 죄악을 너무나 가볍게 여기고 있었던 것입니다.

하나냐의 말을 경청했던 포로들은 자신들이 2년 내로 남유다로 돌아갈 것을 기대했습니다. 이런 상황에서 예레미야는 바벨론 포로들에게 편지를 보냅니다. 그 편지의 내용이 예레미야 29장 5~7절입니다.

> 너희는 집을 짓고 거기에 살며 텃밭을 만들고 그 열매를 먹으라 아내를 맞이하여 자녀를 낳으며 너희 아들이 아내를 맞이하며 너희 딸이 남편을 맞아 그들로 자녀를 낳게 하여 너희가 거기에서 번성하고 줄어들지 아니하게 하라 너희는 내가 사로잡혀 가게 한 그 성읍의 평안을 구하고 그를 위하여 여호와께 기도하라 이는 그 성읍이 평안함으로 너희도 평안할 것임이라.

예레미야는 편지를 통해 바벨론 포로 생활을 잠시 머물다 떠나게 될 임시체류의 시간이 아닌 정착의 시간으로 보낼 것을 촉구합니다. 결혼을 하고 자녀를 낳고 집을 짓고 농사를 짓고 바벨론의 평안을 위해 기도할 것을 명령합니다. 금방 돌아올 것이라고 기대하지 말고 그 땅에서 잘 살아갈 것을 마음먹으라는 것입니다. 바벨론 포로들은 강제로 이주를 당하여 개척이 필요한 황무지에서 생활하게 되었습니다. 그러나 나름대로 그곳에서 자치적인 생활을 영위할 수 있었습니다. 재산 소유권도 있었고 노비도 소유할 수 있었고 상업 활동도 할 수 있었고 공직에 진출도 하였습니다. 당시에 상업 활동과 관련된 무라슈 토판에 보면 유대인들의 이름이 약 8%를 차지합니다. 무라슈 토판을 통해서 유대인들이 당시 예레미야의 말을 듣고 포로로 끌려간 그 땅에서 상업 활동에 적극적으로 참여하였음을 알 수 있습니다.

14. 예레미야 26장 18절이 말하는 의미를 정확하게 알고 싶습니다.

A 예레미야 26장 18절을 보겠습니다.

유다의 왕 히스기야 시대에 모레셋 사람 미가가 유다의 모든 백성에게 예언하여 이르되 만군의 여호와께서 이와 같이 말씀하셨느니라 시온은 밭 같이 경작지가 될 것이며 예루살렘은 돌 무더기가 되며 이 성전의 산은 산당의 숲과 같이 되리라 하였으나.

본문은 미가 3장 12절을 인용한 것입니다.

이러므로 너희로 말미암아 시온은 갈아엎은 밭이 되고 예루살렘은 무더기가 되고 성전의 산은 수풀의 높은 곳이 되리라.

미가는 주전 8세기 후반에 남유다에서 사역했던 예언자입니다. 그는 예루살렘의 멸망과 성전의 몰락을 처음으로 외쳤던 인물입니다. 미가가 외친 메시지를 100년 후에 그대로 외쳤던 예언자가 예레미야입니다. 미가와 예레미야는 둘 다 예루살렘에 대한 파괴적 심판을 선포하였다는 것, 동시대인들의 안전 의식의 근거가 된 시온 신학을 거부하고 비판했다는 것, 타락한 성전에 대한 비판과 남유다 백성들의 불순종의 삶을 비판했다는 점에서는 동일합니다. 다행스러운 것은 미가의 비판적 메시지를 듣고 히스기야 왕은 종교 개혁 운동을 일으킵니다. 그로 인해 미가가 경고했던 예루살렘의 멸망은 유보될 수 있었습니다. 예레미야 당대의 거짓 예언자들은 히스기야 때에 예루살렘이 구원받은 것을 시온 신학에 대한 옳음을 증거하는 사건으로 해석했습니다. 예루살렘이 하나님의 도성이기 때문에 구원받은 것처럼 인식한 것입니다. 이에 반해 예레미야는 예루살렘이 구원받은 것은 미가가 선포한 예루살렘 멸망 예언을 듣고 히스기야 왕이 진심으로 회개하였기 때문에 가능한 것이었다고 지적합니다. 예루살렘이 구원받은 동일한 사건에 대해서 거짓 예언자들과 참 예언자 예레미야의 해석이 달랐던 것입니다.

15 예레미야는 사역 내내 고난과 고초를 겪은 것으로 알고 있습니다. 예레미야가 당대 유대인들에게 적대적인 미움을 받게 된 이유가 무엇인지 궁금합니다.

A 예레미야가 남유다 백성들에게 미움을 받은 이유는 크게 네 가지로 말할 수 있습니다. 첫째는 그가 신성불가침의 대상인 성전을 비판했기 때문입니다. 예레미야 7장 4절입니다.

> 너희는 이것이 여호와의 성전이라, 여호와의 성전이라, 여호와의 성전이라 하는 거짓말을 믿지 말라.

당시 남유다 백성들에게 성전은 하나님의 집이었습니다. 따라서 하나님의 집인 성전을 비판하는 것은 하나님을 비판하는 것으로 인식되어졌습니다. 누구도 비판할 수 없었던 성전에 대해 예레미야는 과감하게 비판하였고 그것으로 인해 남유다 백성들에게 미움을 받았습니다.

둘째는 예레미야가 이방 왕인 느부갓네살을 하나님의 종으로 칭하였기 때문입니다. 예레미야 43장 10절입니다.

그리고 너는 그들에게 말하기를 만군의 여호와 이스라엘의 하나님께서 이와 같이 말씀하시되 보라 내가 내 종 바벨론의 느부갓네살 왕을 불러 오리니 그가 그의 왕좌를 내가 감추게 한 이 돌들 위에 놓고 또 그 화려한 큰 장막을 그 위에 치리라.

남유다 백성들에게 바벨론 왕 느부갓네살은 원수 중의 원수였습니다. 그런데 예레미야는 느부갓네살을 하나님의 종이라고 불렀습니다. 이로 인해 유대 민족주의자들에게 예레미야는 친바벨론 매국노라는 비판을 받게 되었습니다.

셋째는 두 번째와 연결되는데 예레미야가 바벨론에 항복할 것을 주장하였기 때문입니다. 예레미야 27장 12~15절을 보겠습니다.

내가 이 모든 말씀대로 유다의 왕 시드기야에게 전하여 이르되 왕과 백성은 바벨론 왕의 멍에를 목에 메고 그와 그의 백성을 섬기소서 그리하면 사시리라 어찌하여 당신과 당신의 백성이 여호와께서 바벨론의 왕을 섬기지 아니하는 나라에 대하여 하신 말씀과 같이 칼과 기근과 전염병에 죽으려 하나이까 그러므로 당신들은 바벨론의 왕을 섬기게 되지 아니하리라 하는 선지자의 말을 듣지 마소서 그들은 거짓을 예언함이니이다 이는 여호와의 말씀이니라 내가 그들을 보내지 아니하였거늘 그들이 내 이름으로 거짓을 예언하니 내가 너희를 쫓아내리니 너희와 너희에게 예언하는 선지자들이 멸망하리라.

예레미야는 시드기야 왕에게 바벨론 왕이 메게 하는 멍에를 순순히 짊어지는 것이 살 수 있는 유일한 길이라고 말했습니다. 여기서 멍에는 바벨론의 지배를 상징합니다. 멍에를 멘다는 것은 바벨론의 지배를 순순히 받아들이라는 것입니다. 당시 남유다의 지도자들은 모든 힘을 총동원하여 바벨론에 저항하고자 하였습니다. 예레미야는 바벨론에 저항하는 것은 민족이 파멸하는 길이라고 주장하며 바벨론에 투항할 것을 촉구합니다. 이로 인해 유대 민족주의자들에게 매국노라는 비판을 받게 된 것입니다.

넷째는 두 번째와 세 번째와 연결되는데 예레미야가 바벨론 왕을 섬기라고 하였기 때문입니다. 예레미야 27장 17절입니다.

너희는 그들의 말을 듣지 말고 바벨론의 왕을 섬기라 그리하면 살리라 어찌하여 이 성을 황무지가 되게 하려느냐.

바벨론 왕을 섬기라는 말은 유대 민족주의자들의 입장에서는 가장 듣고 싶지 않은 말이었을 것입니다. 그런데 이런 메시지를 예레미야가 당당하게 외치고 있으니 유대 민족주의자들이 예레미야를 사랑할 수 있겠습니까? 참으로 역설적인 것은 유대 민족을 진정 사랑했던 예레미야가 겉으로는 매국노와 같은 주장을 하고 있었다는 것입니다. 예레미야는 자신을 핍박하던 자들에게 이런 질문을 던집니다. 예레미야 37장 18절입니다.

예레미야가 다시 시드기야 왕에게 이르되 내가 왕에게나 왕의 신하에게 나 이 백성에게 무슨 죄를 범하였기에 나를 옥에 가두었나이까.

위에서 말한 네 가지 이유와 함께 예레미야가 당대 유대인들에게 미움을 받은 가장 중요한 이유가 있습니다. 그것은 그가 기존 체제와 주장을 그대로 답습하지 아니하고 비판적 문제 제기를 하며 사람들이 듣기 싫어하는 메시지를 선포하였기 때문입니다. 예레미야는 하나님께서 맡겨주신 말씀을 있는 그대로 선포하였습니다. 당대의 유대인들이 하나님의 말씀을 온전히 듣고자 하는 마음이 있었다면 그는 미움 받지 않았을 것입니다. 그러나 자신들이 듣고 싶어 하는 메시지만을 듣기 원했던 당대의 유대인들은 하나님의 말씀을 온전히 선포하는 예레미야를 미워하고 핍박하였습니다. 자기가 원하는 메시지를 끝까지 붙잡은 결과 진짜 하나님의 말씀을 거부한 것입니다.

16 예레미야 31장에 나오는 새 언약은 이전의 언약과 어떤 차별성이 있는지가 궁금합니다.

Ⓐ 예레미야 31장 31~34절을 보겠습니다.

여호와의 말씀이니라 보라 날이 이르리니 내가 이스라엘 집과 유다 집에 새 언약을 맺으리라 이 언약은 내가 그들의 조상들의 손을 잡고 애굽 땅에서 인도하여 내던 날에 맺은 것과 같지 아니할 것은 내가 그들의 남편이 되었어도 그들이 내 언약을 깨뜨렸음이라 여호와의 말씀이니라 그러나 그 날 후에 내가 이스라엘 집과 맺을 언약은 이러하니 곧 내가 나의 법을 그들의 속에 두며 그들의 마음에 기록하여 나는 그들의 하나님이 되고 그들은 내 백성이 될 것이라 여호와의 말씀이니라 그들이 다시는 각기 이웃과 형제를 가르쳐 이르기를 너는 여호와를 알라 하지 아니하리니 이는 작은 자로부터 큰 자까지 다 나를 알기 때문이라 내가 그들의 악행을 사하고 다시는 그 죄를 기억하지 아니하리라 여호와의 말씀이니라.

본문은 하나님께서 세우시는 새 언약에 대한 내용입니다. 성경이 말하는 새 것은 옛 것을 온전히 회복시킬 뿐만 아니라 질적으로 전혀 다른 요소를 가진 것을 말합니다. 이 새 언약이 이전의 시내산 언약과 어떤 차별성이 있는지를 한번 살펴보겠습니다.

첫째로 이전에 시내산 언약이 하나님과 이스라엘 백성 사이에 체결된 언약이라면 새 언약은 하나님께서 일방적으로 세우시는 언약입니다. 둘째로 옛 언약이 이스라엘의 순종을 통해 유지되는 조건적인 언약이라면 새 언약은 이스라엘의 회개 여부와 상관없이 하나님 스스로 언약 관계를 유지해 나가시는 무조건적인 언약입니다. 시내산 언약은 이스라엘 백성들의 언약 위반으로 인해 파기되어 버렸습니다(32절). 셋째로 시내산 언약이 돌 판에 기록된 언약임에 반해 새 언약은 사람들의 마음에 기록되었습니다. 이것을 언약의 내면화라고 할 수 있습니다. 인간의 마음이 하나님의 말씀을 담고 있는 법궤와 같아지는 것입니다. 마음에 기록되었다는 것은 존재 안에 심겨졌다는 것을 의미합니다. 이제는 해야만 하기 때문에 행하는 것이 아니라 마음속으로부터 원하기 때문에 하나님께 순종하게 되는 것입니다. 마음에 기록되었기 때문에 이제는 제사장을 통하지 않고도 자기 스스로 하나님의 뜻을 자각하고 순종하는 일이 가능해지게 된 것입니다. 넷째로 옛 언약에서는 땅과 번영을 약속받은 것에 반해 새 언약에서는 죄 용서라는 은총이 주어진다는 것입니다. 34절에서 하나님께서는 일방적인 용서를 선포하십니다. 이 무조건적 용서가 하나님과 그의 백성 간의 새로운 언약 관계를 가능하게 하는 기초석이 됩니다.

가넷 레이드는 새 언약에서 세 가지 특징이 발견된다고 하였습니다. 그 특징들은 인간의 내적 변형, 하나님의 모든 백성들이 하나님을 개인적으로 그리고 직접적으로 알 수 있게 됨, 하나님의 죄 용서를 통한 죄의 청산이라고 말합니다. 새 언약은 하나님의 모든 백성들을 제사장으로 만드는 것입니다. 모세 언약의 이상이었던 모든 사람이 왕 같은 제사장이 된다는 것을 실현하고 성취하는 언약이 새 언약입니다. 그래서 신약은 새 언약의 도래로 인해 성도들이 왕 같은 제사장이 되었다고 선언하고 있습니다(벧전 2:9).

17 예레미야 33장 3절에는 부르짖는 자에게 응답하신다는 말씀이 나옵니다. 정말로 기도를 함에 있어서 부르짖는 강도가 기도 응답에 중요한 역할을 하는 것인지가 궁금합니다.

A 예레미야 33장 3절을 보겠습니다.

너는 내게 부르짖으라 내가 네게 응답하겠고 네가 알지 못하는 크고 은밀한 일을 네게 보이리라.

이 말씀은 한국 교인들이 가장 사랑하는 말씀 중에 하나입니다. 이 말씀에 근거하여 기도 응답을 받기 위해 부르짖는 신앙인들이 많이 있습니다. 부르짖음과 응답의 인과 관계를 설명할 때 본문의 말씀이 자주 인용되기도 합니다. 그렇다면 우리가 하나님께 간절히 부르짖어 구하기만 하면 하나님께서 우리의 기도를 들어주시는 것인가요? 본문을 아전인수 격으로 해석하지 않기 위해서는 이 본문에서 무엇을 부르짖고 무엇을 응답해주시겠다는 것인가를 명확하게 살펴볼 필요가 있습니다. 예레미야 33장은 탄원의 상황이 아니라 회복에 대한 언약의 말씀입니다. 개역개정에서 '부르짖으라'고 번역된 히브리어 원어는 '카라'입니다. '부르짖으라'는 것은 '야웨께 적극적으로 소리치면서 도움을 요청하는' 것을 의미합니다. 하나님의 응답이 인간의 부르짖음에 의해 좌우되는 것처럼 해석될 여지가 다분히 높은 번역입니다. 그런데 동일한 내용을 표준새번역과 공동번역은 '부르면', '불러라'로 번역하고 있습니다. '부르다'는 것은 감정적 행위를 포함하지 않으며 그것의 일차적 의미는 말이나 행동 따위로 다른 사람의 주의를 끌거나 오라고 하는 것입니다. 본문은 '나를 불러라, 내가 대답할 것이다'로 번역하는 것이 옳습니다. 소통을 위해 하나님을 부르라는 의미입니다. 하나님의 응답은 부르는 자의 행위의 강도에 따라 좌우되지 않습니다. 기도의 데시벨이 높아야만 하나님이 그 기도를 들으시고 응답해주시는 것이 아닙니다. 도리어 하나님께서 응답해주실 것이라는 확신이 사람들로 하여금 하나님을 부르게 만드는 것입니다. 하나님이 응답하실 것이라는 기대가 인간으로 하여금 하나님을 부르게 만드는 동인이 됨을 기억해야 합니다.

18 많은 신앙인들이 구약 시대에는 희년이 실천되지 않았다고 하는데 예레미야 34장에 보면 희년을 실천하는 모습을 보게 됩니다. 이 말씀을 어떻게 해석해야 하는지 궁금합니다.

A 예레미야 34장 8~11절을 보겠습니다.

> 시드기야 왕이 예루살렘에 있는 모든 백성과 한 가지로 하나님 앞에서 계약을 맺고 자유를 선포한 후에 여호와께로부터 말씀이 예레미야에게 임하니라 그 계약은 사람마다 각기 히브리 남녀 노비를 놓아 자유롭게 하고 그의 동족 유다인을 종으로 삼지 못하게 한 것이라 이 계약에 가담한 고관들과 모든 백성이 각기 노비를 자유롭게 하고 다시는 종을 삼지 말라 함을 듣고 순복하여 놓았더니 후에 그들의 뜻이 변하여 자유를 주었던 노비를 끌어다가 복종시켜 다시 노비로 삼았더라.

예레미야 34장을 보면 바벨론의 포위 상황에서 시드기야 왕과 방백들은 긴급 희년법을 시행합니다. 왜 포위 상황에서 남유다 지도자들이 희년법을 시행하게 되었을까요? 두 가지로 설명할 수 있습니다. 하나는 바벨론이 포위하고 있는 상황에서 노비들까지 먹여 살리는 것에 대한 부담감을 떨쳐버리고자 시행하였을 것입니다. 희년으로 노비들을 해방시키게 되면 노비들은 자기들의 삶을 스스로 책임져야 합니다. 다른 하나는 오랜 세월 시행하지 않았던 희년법에 순종함을 통하여 하나님께서 마음을 돌이키셔서 남유다를 바벨론의 공격으로부터 구원해 주실 것을 기대하였을 수도 있습니다. 22절을 보면 긴급 희년법을 시행한 이후에 실제로 바벨론 군대가 잠시 포위망을 풀고 예루살렘에서 철수하는 일이 발생합니다. 그들이 희년법을 시행한 목적이 두 번째 이유에 있었다면 그들이 원하는 바대로 하나님께서 극적인 구원을 베풀어주신 일이 일어난 것입니다. 그런데 그 다음에 어떤 일이 일어났을까요? 바벨론 군대가 철수하게 되자 노비를 해방시켜 주었던 주인들은 다시 자기들이 해방시켜 준 노비들을 종으로 부려 먹게 됩니다. 긴급 희년법의 시행이 그들의 진심어린 순종이 아니었음을 보여주는 증거라고 할 수 있습니다. 그래서 하나님께서는 예레미야 34장 17~22절을 통해 긴급 희년법을 위반한 일로 인해 하나님의 심판이 확증되었음을 선언하신 것입니다.

백문백답 예언서 **3** 강

에스겔

01 예언자 에스겔이 어떤 인물인지에 대해 알고 싶습니다.

A 에스겔의 이름은 히브리어로 '에헤제케엘'로 '강하게 하다'는 뜻의 '하자크'와 하나님을 뜻하는 '엘'의 합성어로 '하나님이 강하게 하신다'는 뜻입니다. 에스겔 1장 3절을 보겠습니다.

> 갈대아 땅 그발 강 가에서 여호와의 말씀이 부시의 아들 제사장 나 에스겔에게 특별히 임하고 여호와의 권능이 내 위에 있으니라.

에스겔은 제사장 부시의 아들입니다. 아버지 이름이 언급되고 있는 것을 볼 때 에스겔의 집안은 이스라엘 공동체에서 나름 알려진 명문가 집안일 가능성이 높습니다. 아버지 부시가 제사장이었기에 아들로 태어난 에스겔도 자연스럽게 제사장으로 사역할 것이 예정되어 있었습니다. 제사장 가문에서 태어난 에스겔은 어느 정도 미래가 보장되어 있는 존재였습니다. 25세가 되면 제사장 사역을 위한 인턴 수련을 시작하게 될 것이고(민 8:24), 30세가 되면 본격적인 제사장으로서 사역을 행하게 됩니다(민 4:23). 제사장의 아들로 태어난 에스겔은 앞으로 그가 어떤 인생을 살아갈지, 무엇을 하며 지내게 될지가 이미 결정되어 있던 존재였습니다. 에스겔은 누구에게나 인정받는 가문 출신에 미래가 보장된 청년이자 능력 있는 인재였습니다. 그가 능력 있는 인재임을 알 수 있는 근거가 주전 597년에 여호야긴 왕과 함께 바벨론에 포로로 잡혀갔다는 사실 때문입니다. 당시 바벨론에 포로로 끌려가는 사람들은 나름 이스라엘 공동체에서 능력 있는 자로 인정받은 자들입니다.

에스겔과 동시대 예언 사역을 한 인물이 예레미야입니다. 예레미야는 남유다 현지에서 무너져가는 남유다를 향해 예언 사역을 하였고 에스겔은 바벨론 포로지에서 하나님의 말씀을 선포하는 예언 사역을 하였습니다. 구약에 등장하는 예언자들 가운데 이스라엘 밖 이방 땅에서 하나님의 부름을 받은 예언자는 에스겔이 유일합니다. 에스겔과 예레미야 모두 남유다 공동체 안에 퍼져 있는 암세포(우상 숭배 문화와 미쉬파트와 체데크의 부재) 제거 수술의 무용성을 주장하며 하나님에 의해 내려지는 남유다에 대한 심판을 수용할 것을 선포합니다. 이러한 말씀을 선포할 때 에스겔의 마음이 얼마나 아팠을까요? 그러나 남유다를 심판하시는 것이 하나님의 궁극적인 목적은 아니었습니다. 심판의 과정을 통하여 남유다 공동체가 하나님이 기뻐하시는 새로운 존재로 갱신과 정화를 이루어낼 것을 하나님은 기대하셨습니다. 죽음을 넘어 부활과 회복을 바라셨던 것입니다. 이러한 하나님의 마음을 포로지에서 담대하게 선포한 예언자가 에스겔입니다.

02 바벨론 포로기에 대해 알고 싶습니다.

🅐 바벨론 포로기는 크게 초기, 중기, 후기로 나눌 수 있습니다. 초기는 주전 597년부터 581년까지로 제1차 포로 압송부터 이스마엘이 총독 그달랴를 살해한 사건으로 인해 발생한 3차 포로 압송이 일어난 시기까지입니다. 참고로 1차 포로 압송은 여호야긴 왕과 만 명의 각 분야의 전문가들이 끌려간 주전 597년에, 2차 포로 압송은 남유다가 멸망한 후에 끌려간 주전 586년에, 3차 포로 압송은 총독 그달랴 암살 사건 이후에 끌려간 주전 581년입니다. 당시 왕족의 후손이었던 이스마엘은 반바벨론 반란을 일으킨 암몬의 후원을 등에 업고 쿠데타를 일으킵니다. 바벨론 군대는 암몬과 모압을 징벌하면서 유다 백성들도 포로로 잡아가고 봉신 국가였던 유다를 끝내 바벨론 영토로 합병시켜 버립니다. 중기는 주전 580년부터 562년까지로 지난 포로 생활을 반성하면서 포로기 신학을 정립한 시기입니다. 이때 바벨론에 포로로 끌려온 사람들은 하나님과 이스라엘이 체결한 시내산 언약을 자신들이 파기하였음을 반성하고 하나님 앞에 새로운 존재로 거듭날 것을 다짐하게 됩니다. 후기는 주전 561년부터 538년까지로 여호야긴 왕의 복권으로 시작해서 고레스 칙령으로 인해 포로 귀환으로 끝나는 희망의 시기입니다. 37년간 감옥에 수감되었던 여호야긴의 복권은 남유다 백성들에게 공동체 회복의 상징적 사건으로 다가왔습니다. 그리고 페르시아 왕 고레스의 칙령으로 인해 마침내 바벨론 포로지에서 가나안 고토로 돌아오는 감격적인 귀환을 하게 됩니다.

03 에스겔은 그발 강가에서 자신을 찾아온 하나님의 병거를 만나게 됩니다. 이 사건이 주는 의미가 무엇인지 알고 싶습니다.

A 에스겔 1장 1~2절을 보겠습니다.

> 서른째 해 넷째 달 초닷새에 내가 그발 강 가 사로잡힌 자 중에 있을 때에 하늘이 열리며 하나님의 모습이 내게 보이니 여호야긴 왕이 사로잡힌 지 오 년 그 달 초닷새라.

여기 서른째 해는 에스겔의 나이를 말합니다. 에스겔이 30세가 되었을 때는 여호야긴 왕과 함께 바벨론에 포로로 끌려온 지 5년째가 되는 해입니다. 이를 통해 우리는 에스겔이 25세에 바벨론에 포로로 끌려와서 현재 30세가 되었음을 알 수 있습니다. 30세 4월 5일에 에스겔은 하늘이 열리며 하나님의 모습을 직접 목도하는 놀라운 체험을 하게 됩니다. 당시 사람들은 대부분 다신교적인 이해 속에서 어느 신이 어느 특정한 지역을 주관하고 다스린다고 생각했습니다. 이는 이스라엘 백성들도 마찬가지였습니다. 이스라엘은 하나님을 세상의 창조자요 세계 역사를 주관하는 섭리자로 고백은 했지만 실제로는 하나님을 가나안 땅을 다스리는 지역 신으로 인식하고 있었습니다. 그것을 잘 보여주는 말씀이 사무엘상 26장 19절입니다.

> 원하건대 내 주 왕은 이제 종의 말을 들으소서 만일 왕을 충동시켜 나를 해하려 하는 이가 여호와시면 여호와께서는 제물을 받으시기를 원하나이다마는 만일 사람들이면 그들이 여호와 앞에 저주를 받으리니 이는 그

들이 이르기를 너는 가서 다른 신들을 섬기라 하고 오늘 나를 쫓아내어 여호와의 기업에 참여하지 못하게 함이니이다.

이 말은 다윗이 자신을 죽이려고 쫓아다니는 사울에게 한 말입니다. 여기서 '그들'은 사울의 추종자들을 가리킵니다. 이들은 다윗을 여호와의 기업인 가나안 땅 바깥으로 몰아내고자 했습니다. 그렇게 한 이유는 다윗과 하나님의 관계를 단절시키기 위함입니다. 다윗이 하나님이 통치하시는 가나안 땅을 벗어나게 되면 하나님의 돌보심을 받을 수 없게 될 것이고 이방 땅으로 가게 되면 어쩔 수 없이 그 땅을 다스리는 이방의 신들을 섬기게 될 것이라고 생각했기 때문입니다. 이 말씀을 통해 당시 이스라엘 백성들의 신학적인 인식을 알 수 있습니다. 그들은 야웨 하나님이 다스리시는 영토를 가나안 땅으로 제한시켜 이해했으며 이방 땅에서는 야웨 하나님의 통치가 미치지 못한다고 생각했습니다. 이런 인식을 갖고 있던 남유다 백성들이 바벨론에 포로로 끌려갔으니 그들이 얼마나 괴로웠겠습니까? 그들에게 가장 큰 고통은 하나님과의 단절이었습니다. 하나님의 통치가 미치지 못하는 이방 땅으로 끌려가서 다른 신을 섬기게 된다는 것이 그들에게는 가장 큰 괴로움이었습니다.

그런데 에스겔이 그발 강가에서 놀라운 사건을 경험하게 된 것입니다. 하나님의 통치가 미치지 못한다고 생각한 이방 땅에서 자기를 찾아오시는 하나님의 심방을 경험하게 된 것입니다. 하나님께서 이스라엘 땅을 벗어나 이방 땅 바벨론에 나타나셨다는 것은 당시의 신관에서는 정말 이해하기 어려운 충격적인 사건입니다. 이방 땅에서 하나님을 경험한 이 사건은 이방 땅에서도 하나님과 함께하는 삶이 가능함을 깨닫게 해주었습니다. 하나님의 편재성에 대한 바른 인식을 가지게 되는 계기가 된 것입니다. 에스겔과 바벨론에 포로로 끌려온 사람들은 이 사건을 통하여 유다 왕실의 왕의 보좌는 비어 있지만 하나님 나라의 보좌에는 아무런 문제가 없음을 자각하게 됩니다. 남유다의 멸망이 하나님의 멸망이 아님을 깨닫게 된 것입니다. 이것이 바로 하늘이 열리는 경험을 통해 깨닫게 된 진리입니다. 에스겔은 사방 모든 곳이 완전히 막혀 있는 절망적인 상황 속에서 하늘이 열리는 경험을 함으로써 하나님의 세계 통치에는 아무런 문제가 없음을 확신하게 됩니다. 에스겔이 경험했던 그 놀라운 체험이 오늘 우리에게도 필요합니다. 우리를 둘러싸고 있는 땅의 현실에만 사로잡히지 말고 하늘이 열리는 경험을 해야 합니다.

04 에스겔 3장과 33장에 나오는 파수꾼의 사명에 대해 알고 싶습니다.

A 에스겔 3장과 33장에는 파수꾼의 사명에 대한 말씀이 나옵니다. 원래 파수꾼은 공동체를 무너뜨리고자 하는 적군의 침입 여부를 살피며 깨어 경고하는 자입니다. 파수꾼의 깨어 있음으로 인해 공동체는 생명을 보호받을 수 있습니다. 문제는 공동체를 무너뜨리는 존재가 공동체 바깥에만 존재하는 것이 아니라는 것입니다. 공동체 안에서도 공동체를 무너뜨리는 존재들이 있습니다. 이처럼 공동체를 파괴하고자 하는 모든 시도에 대해 경고의 나팔을 부는 자가 파수꾼입니다. 에스겔 3장 18~21절을 보겠습니다.

가령 내가 악인에게 말하기를 너는 꼭 죽으리라 할 때에 네가 깨우치지 아니하거나 말로 악인에게 일러서 그의 악한 길을 떠나 생명을 구원하게 하지 아니하면 그 악인은 그의 죄악 중에서 죽으려니와 내가 그의 피 값을 네 손에서 찾을 것이고 네가 악인을 깨우치되 그가 그의 악한 마음과 악한 행위에서 돌이키지 아니하면 그는 그의 죄악 중에서 죽으려니와 너는 네 생명을 보존하리라 또 의인이 그의 공의에서 돌이켜 악을 행할 때에는 이미 행한 그의 공의는 기억할 바 아니라 내가 그 앞에 거치는 것을 두면 그가 죽을지니 이는 네가 그를 깨우치지 않음이니라 그는 그의 죄 중에서 죽으려니와 그의 피 값은 내가 네 손에서 찾으리라 그러나 네가 그 의인을 깨우쳐 범죄하지 아니하게 함으로 그가 범죄하지 아니하면 정녕 살리니 이는 깨우침을 받음이며 너도 네 영혼을 보존하리라.

본문에서 우리는 파수꾼의 사역과 관련하여 네 가지 중요한 내용을 발견할 수 있습니다. 첫째로 파수꾼이 악인의 죄를 책망하지 않은 경우에는 악인의 죄에 대한 책임을 파수꾼이 떠안아야 한다는 것입니다. 둘째로 파수꾼이 악인의 죄를 책망했을 경우에는 파수꾼은 악인의 죽음에 대한 책임으로부터 자유할 수 있다는 것입니다. 셋째로 의인이 악한 행위를 함에도 불구하고 파수꾼이 책망하지 않았을 경우에는 그 책임을 파수꾼이 져야 한다는 것입니다. 넷째로 파수꾼이 의인이 범죄하지 않도록 깨우쳐 준 경우에는 의인이 저지른 죄에 대한 책임으로부터 파수꾼은 자유할 수 있다는 것입니다. 위의 네 가지 내용에서 우리가 주목해야 할 것은 파수꾼은 사람들이 저지르는 죄에 대해 그들에게 책망해야 할 의무가 있다는 것과 그 의무를 제대로 감당하지 못할 경우에는 사람들이 저지른 죄에 대한 책임을 파수꾼도 담당해야 한다는 것입니다. 이 얼마나 무서운 경고의 말씀입니까?

　우리가 개인주의 신앙을 뛰어넘어야 하는 이유가 바로 여기에 있습니다. 개인적으로는 진실하고 정직하게 살아간다고 하더라도 공동체를 망가뜨리는 죄인들의 잘못에 대해 제대로 책망하고 훈계하지 않는다면 그 죄에 대한 책임으로부터 우리 자신도 자유하지 못합니다. 죄인들의 잘못에 대해 책망하고 훈계해야 할 책임이 하나님의 백성들에게 요청되고 있는 것입니다. 잘못된 행위를 반대함을 통하여 그들을 도와야 할 책임이 신앙인들에게 있습니다. 기독교 신앙은 이웃과 세상에 대한 무한책임의 종교입니다(창 1:28; 마 5:13~16; 요 17:18). 모든 신앙인은 자기가 발 딛고 있는 땅의 파수꾼으로 부름 받은 존재임을 기억하셔야 합니다. 에스겔 33장 1~9절은 이스라엘 백성들의 파수꾼으로 세움 받은 에스겔 이야기인데, 특히 7절 말씀에 주목해야 합니다.

> 인자야 내가 너를 이스라엘 족속의 파수꾼으로 삼음이 이와 같으니라 그런즉 너는 내 입의 말을 듣고 나를 대신하여 그들에게 경고할지어다.

　파수꾼은 하나님을 대신하여 경고하는 자입니다. 이 맡은 바의 책임을 잘 감당해야 합니다. 왜 하나님께서는 파수꾼을 통하여 사람들에게 경고하십니까? 사람들이 멸망의 길로 치닫지 않기를 바라시기 때문입니다. 하나님은 사람들이 멸망에 이르지 아니하고 생명에 이르기를 원하십니다(딤전 2:4; 벧후 3:9). 그래서 멸망으로부터 사람들을 구해 줄 돕는 배필과 파수꾼을 세워주셨습니다. 구약 시대 이러한 존재들을 세우심을 통하여 하나님께서는 이스라엘에 대한 당신의 사랑을 증거하셨습니다. 우리 인생에도 이러한 파수꾼들이 있습니다. 우리가 잘못된 길로 걸어갈 때 우리의 행위를 반대하며 돕는 자들입니다. 그 파수꾼의 경고를 귀 기울여 듣고 죄 된 삶으로부터 자신을 돌이켜야 합니다. 무엇보다 우리 자신이 누군가에게 돕는 배필과 파수꾼으로 잘 세워져나가야 하겠습니다.

05 에스겔은 대표적인 행위 예언자로 알려져 있습니다. 행위 예언이 무엇인지 궁금합니다.

🅐 하나님의 뜻을 사람들에게 전달해주는 것이 예언 활동입니다. 예언 활동은 크게 두 가지로 구분할 수 있습니다. 하나는 말씀을 선포하는 예언 활동이고, 다른 하나는 행위를 통한 예언 활동입니다. 말씀을 선포하는 예언 활동은 하나님께서 맡겨주신 말씀을 있는 그대로 선포하는 것입니다. 우리가 보통 예언, 예언자라고 할 때 예언이 바로 이것을 가리킵니다. 그러나 하나님의 뜻을 사람들에게 알려주는 예언 활동에는 행위 예언도 있습니다. 어떠한 상징적인 행위를 통해서 하나님의 뜻이 무엇인가 하는 것을 사람들에게 깨우쳐주는 것입니다. 행위 예언의 대표적인 인물이 에스겔입니다. 에스겔은 벽돌의 상징적 행동(4:1~8), 음식의 상징적 행동(4:9~17), 면도하는 상징직 행동(5:1~4)을 통해 하나님의 심판을 이스라엘 공동체에게 진하였습니다. 그 가운데 에스겔 4장 1~3절을 보겠습니다.

> 너 인자야 토판을 가져다가 그것을 네 앞에 놓고 한 성읍 곧 예루살렘을 그 위에 그리고 그 성읍을 에워싸되 그것을 향하여 사다리를 세우고 그것을 향하여 흙으로 언덕을 쌓고 그것을 향하여 진을 치고 그것을 향하여 공성퇴를 둘러 세우고 또 철판을 가져다가 너와 성읍 사이에 두어 철벽을 삼고 성을 포위하는 것처럼 에워싸라 이것이 이스라엘 족속에게 징조가 되리라.

하나님은 에스겔로 하여금 예루살렘 성이 포위당하는 것을 행위 예언을 통해 증거하게 하십니다. 말이 아닌 행위로 메시지를 전하는 것입니다. 정상적으로 백성들을 깨우칠 수 없을 때 사용되는 특단의 방법이 행위 예언입니다. 평소에는 그런 행동을 하지 않던 사람이 독특한 행위를 하게 될 때 사람들은 그렇게 하는 이유에 대해 묻게 될 것입니다. 그때 예언자는 자신이 이런 행위를 하는 이유가 무엇인지를 설명해 줍니다. 예언자의 독특한 행동에 대한 사람들의 호기심을 자극시킨 후에 자신의 말을 경청할 준비가 된 사람들에게 자신이 이 행위를 통해 전달하고자 하는 메시지를 담대하게 선포하는 것입니다. 에스겔은 이스라엘의 죄악을 담당하기 위해 왼쪽으로 누워 390일을, 유다의 죄악을 담당하기 위해 오른쪽으로 누워 40일을 지내기도 합니다(4:4~6). 여기서 하루는 일 년을 상징합니다. 민족의 죄를 대속하는 상징 행위를 한 것입니다. 또한 에스겔은 머리카락과 수염을 깎는 상징 행위를 합니다(5:1~4). 머리카락과 수염을 깎는다는 것은 극도의 불명예와 치욕을 의미합니다. 여기서 면도칼은 하나님의 심판의 도구인 이방 국가의 검을 상징합니다. 에스겔은 이러한 행위 예언을 통해 처절한 심판의 상황을 미리 보여주고 있습니다. 에스겔은 포로로 끌려가는 자들의 모습을 먼저 시연하기도 합니다(12:3~7). 하나님의 심판을 받아 남유다 백성들이 바벨론에 포로로 끌려갈 것을 예고한 것입니다. 이처럼 예언자는 하나님의 심판을 경고하는 자임과 동시에 가장 먼저 그 심판의 고통을 경험하는 자이기도 합니다.

06 에스겔에는 다니엘의 이름이 계속해서 등장합니다. 본문에 등장하는 다니엘이 우리가 알고 있는 다니엘서의 주인공이 맞는지 궁금합니다.

A 다니엘이라는 이름이 에스겔에 3번 나옵니다(14:14, 20; 28:3). 에스겔 14장 14절입니다.

> 비록 노아, 다니엘, 욥, 이 세 사람이 거기에 있을지라도 그들은 자기의 공의로 자기의 생명만 건지리라 나 주 여호와의 말이니라.

다니엘이 노아와 욥과 함께 등장합니다. 하나님이 작정하신 심판과 관련하여 노아, 다니엘, 욥과 같은 중보자의 기도도 그 심판을 철회시키지 못함을 강조하고 있습니다. 이들의 이름이 언급된 것을 보면 에스겔이 기록될 당시에 이스라엘 공동체에는 노아, 다니엘, 욥에 대한 대중적 이해가 널리 퍼져 있었음을 알 수 있습니다. 에스겔 14장 20절입니다.

비록 노아, 다니엘, 욥이 거기에 있을지라도 나의 삶을 두고 맹세하노니 그들도 자녀는 건지지 못하고 자기의 공의로 자기의 생명만 건지리라 주 여호와의 말씀이니라.

여기서도 노아와 욥 사이에 다니엘의 이름이 등장합니다. 에스겔 28장 3절입니다.

네가 다니엘보다 지혜로워서 은밀한 것을 깨닫지 못할 것이 없다 하고.

여기서는 다니엘의 지혜가 두로 왕의 지혜와 비교됩니다. 대부분의 학자들은 여기에 나오는 다니엘을 다니엘서의 주인공 다니엘이 아닌 우가릿 문헌에 나오는 다니엘로 이해합니다. 에스겔 14장에는 다니엘의 이름이 노아와 욥 사이에 포함되어 두 번이나 기술되어 있습니다. 노아는 전 역사 시대의 인물이고, 욥은 족장 시대의 인물입니다. 그런데 두 사람 사이에 다니엘이 등장합니다. 다니엘이 전 역사와 족장 시대 사이에 살았던 인물일 가능성이 높다고 볼 수 있습니다. 구약에서 다니엘이라는 이름을 가진 인물은 총 4명입니다. 다니엘서의 주인공인 다니엘, 다윗의 아들로 아비가일의 소생인 다니엘(대상 3:1), 느헤미야 때 이다말의 자손인 다니엘(느 10:6; 스 8:2), 에스겔에 나오는 다니엘입니다. 대부분의 신앙인들은 에스겔에 나오는 다니엘을 다니엘서의 주인공인 다니엘로 이해합니다. 그 이유는 한글 이름이 같기 때문입니다. 그러나 에스겔에 나오는 다니엘을 다니엘서의 주인공인 다니엘로 보는 데는 몇 가지 문제가 있습니다.

첫째는 주전 6세기 인물인 다니엘이 에스겔 시대에 이미 성인의 반열에 오르기에는 시대착오적이라는 것입니다. 에스겔 29장 17절을 보면 에스겔의 마지막 예언은 주전 571년경에 이루어집니다. 그런데 그때 다니엘이라는 역사적 인물이 노아와 욥과 함께 이스라엘 공동체에서 성인의 반열에 오를 수 있었을까요? 둘째는 에스겔의 다니엘은 태고의 족장 시대 인물로 묘사되고 있다는 점입니다. 다니엘은 노아와 욥 사이에 위치하고 있습니다. 역사적 인물인 다니엘과는 시기적으로 맞지가 않습니다. 셋째는 다니엘이 당대의 의인이자 현인으로 묘사되어 있다는 점입니다. 에스겔과 역사적 인물인 다니엘은 동시대 인물입니다. 그런데 에스겔 시대에 다니엘이 이 정도의 위상을 가지게 되었다고 보는 것은 무리수가 있습니다. 위경을 보면 다니엘은 태고의 인물로 등장합니다. 에녹서에 나오는 다니엘은 고대 가나안 인으로, 희년서(4:20)에 나오는 다넬은 에녹의 숙부이며 장인으로 나오는데 이는 노아의 3대조 할아버지가 되는 셈입니다. 넷째는 에스겔의 다니엘은 자녀가 있다는 점입니다. 에스겔 14장 14~20절에 '자녀도 건지지 못하고'라는 표현이 반복적으로 등장합니다. 그러나 역사적 인물인 다니엘은 왕궁에서 환관장의 교육을 받았습니다. 다섯째는 다니엘서의 다니엘은 다니엘로 표기되지만 에스겔의 다니엘은 다넬로 표기된다는 것입니다. 한글 상으로는 둘 다 다니엘로 되어 있지만 히브리어 원어는 명백하게 다르게 기술되어 있습니다. 결론적으로 대부분의 학자들은 에스겔의 다니엘을 우가릿 문헌에 나오는 다니엘로 이해합니다. 그는 주전 26~14세기 인물로 가나안의 의롭고 현명한 지도자이자 아갓의 아버지로 나와 있습니다.

07 에스겔 18장 2절이 말하는 바의 의미가 무엇인지 궁금합니다.

A 에스겔 18장 2절을 보겠습니다.

> 너희가 이스라엘 땅에 관한 속담에 이르기를 아버지가 신 포도를 먹었으므로 그의 아들의 이가 시다고 함은 어찌 됨이냐.

여기서 '아들의 이가 시다'는 표현은 '아들의 이가 무뎌졌다'는 것입니다. 에스겔 18장 1~4절은 죄의 연좌제를 믿었던 당시 이스라엘 백성들의 의식을 질타하는 내용입니다. 바벨론에 포로로 끌려간 사람들은 조상들의 죄로 인해 자신들이 심판을 받고 있다고 생각했습니다. 하나님의 심판에 있어서 연좌제가 적용되고 있다고 불평을 쏟아낸 것입니다. 이러한 의식은 자신의 죄에 대한 자각을 하지 못하게 만들면서 회개의 큰 걸림돌로 작용하였습니다. 이런 상황에서 각자 자신의 죄를 담당하게 된다는 것을 강조함으로써 각 개인이 하나님 앞에서 올바로 서야 함을 부각시키는 것이 본문의 의미입니다. 고대 사회에서는 가계의 저주라는 식의 사고가 만연했습니다. 조상들의 은덕으로 인해 후손들이 편안하게 살아가기도 하고 반대로 조상들의 죄악으로 인해 후세대들이 피해를 본다고도 생각했습니다. 바벨론에 포로로 끌려온 사람들도 그렇게 생각했습니다. 자기보다 앞선 세대의 죄악으로 인해 자신들이 피해를 입고 있다고 불평을 토로한 것입니다. 에스겔 18장의 말씀은 이러한 상황에서 선포되어졌습니다. 이스라엘 세대 간의 윤리적 갈등과 정서적 부조화의 상황 속에서 선포된 말씀입니다. 하나님께서는 에스겔의 입을 통해 현 세대의 고난이 이전 세대의 죄 때문이 아니라 현 세대의 죄 때문임을 분명하게 지적하고 계십니다. 자기가 하나님 앞에서 무엇을 잘못했는가를 성찰한 후에 자기의 죄를 자복하고 시인하며 회개하는 것이 회복의 첫 걸음임을 알려주신 것입니다. 18장 2절 말씀과 유사한 것이 18장 20절 말씀입니다.

> 범죄하는 그 영혼은 죽을지라 아들은 아버지의 죄악을 담당하지 아니할 것이요 아버지는 아들의 죄악을 담당하지 아니하리니 의인의 공의도 자기에게로 돌아가고 악인의 악도 자기에게로 돌아가리라.

이 말씀을 통하여 하나님은 의인의 의도 자신에게로 돌아가고 악인의 악도 자신에게로 돌아감을 분명하게 선포하고 계십니다. 가족 가운데 위대한 신앙의 인물이 있다고 해서 가족 구성원 모두가 자동적으로 구원을 받는 것이 아니고 가족 가운데 악인이 있다고 해서 가족 구성원 모두가 심판을 받는 것도 아닙니다. 여호수아를 자세하게 읽어 보면 라합 때문에 라합의 가족이 구원받은 것이 아닙니다. 라합의 가족은 라합의 결단에 동참하며 하나님의 백성이 되기로 결단하였기에 구원받은 것입니다. 결국 신 앞에 선 단독자로서 개인의 주체적 책임과 결단이 중요합니다.

08 에스겔 24장을 보면 에스겔의 아내가 죽습니다. 에스겔의 아내가 죽은 사건이 특별한 의미가 있는지 궁금합니다.

A 에스겔 24장 15~19절입니다.

여호와의 말씀이 또 내게 임하여 이르시되 인자야 내가 네 눈에 기뻐하는 것을 한 번 쳐서 빼앗으리니 너는 슬퍼하거나 울거나 눈물을 흘리거나 하지 말며 죽은 자들을 위하여 슬퍼하지 말고 조용히 탄식하며 수건으로 머리를 동이고 발에 신을 신고 입술을 가리지 말고 사람이 초상집에서 먹는 음식물을 먹지 말라 하신지라 내가 아침에 백성에게 말하였더니 저녁에 내 아내가 죽었으므로 아침에 내가 받은 명령대로 행하매 백성이 내게 이르되 네가 행하는 이 일이 우리와 무슨 상관이 있는지 너는 우리에게 말하지 아니하겠느냐 하므로.

에스겔의 아내는 갑작스러운 죽음을 맞이하게 됩니다. 갑작스레 죽게 된 에스겔의 아내는 예루살렘 함락 때 죽임을 당할 예루살렘 주민과 파괴될 성전을 상징합니다. 전혀 예상하지 못한 시점에 에스겔의 아내가 죽은 것처럼 예루살렘과 성전도 무너지게 된다는 경고입니다. 아내의 죽음을 맞이한 에스겔은 통곡이나 장례를 치르는 것도 허락받지 못했습니다(24:20~24). 다급하게 몰아닥친 심판으로 인하여 일상적인 장례의식도 행할 수 없게 되는 상황을 미리 시연하게 하신 것입니다. 이처럼 에스겔은 예루살렘의 멸망과 성전의 파괴 앞에서도 슬퍼하지 못하고 탄식하지 못하는 예루살렘 주민들을 대표하는 존재입니다. 백성들이 당하게 될 엄청난 고통의 무게를 몸소 먼저 체험하며 백성들보다 앞서 피눈물을 흘리는 존재가 예언자임을 여기서 볼 수 있습니다.

09 에스겔 40~48장을 보면 새로운 이스라엘에 대한 환상이 나옵니다. 본문에 성전에 대한 언급도 나오는데 이 성전은 이스라엘 백성들이 그대로 건축해야 할 성전인지 궁금합니다.

🅐 에스겔 40~48장은 하나님의 영광이 회복됨이 주제입니다. 특히 에스겔 40~42장에는 새 성전의 치수와 도면이 나옵니다. 그런데 이 성전의 치수와 도면은 솔로몬 성전, 스룹바벨 성전, 헤롯 성전 그 어떤 것과도 일치하지 않습니다. 이는 이스라엘 백성들이 세워야 할 성전이 아니라 하나님께서 친히 세우실 미래에 이루어질 새 성전의 모습입니다. 무너진 성전에 대한 회복이 아니라 완전히 새로운 성전인 것입니다. 에스겔에 기술된 새 성전에 대한 본문은 모세오경과 상당히 유사한 점이 많습니다. 두 본문 모두 제사장적인 관점을 가지고 성소와 그 기구들, 제사 의식과 기능들을 묘사합니다. 또한 레위인들이 종교적인 기능을 주로 감당합니다. 직접 계시를 받아서 모세나 에스겔의 중재를 통해 백성들에게 주어진다는 사실도 동일합니다. 오경은 시내 산에서, 에스겔은 이름 모를 산에서 주어진 말씀(40:2)으로 둘 다 야웨 삼마가 나타납니다(48:35). 무엇보다 둘 다 언약을 세운 후에 성전의 계획에 대한 계시가 나타나고 둘 다 여호와의 임재가 나타납니다(43:1~9). 그리고 두 중재자 모두 자신이 본 환상의 땅에 들어가도록 허락되지 않습니다.

에스겔 40장 4절입니다.

그 사람이 내게 이르되 인자야 내가 네게 보이는 그것을 눈으로 보고 귀로 들으며 네 마음으로 생각할지어다 내가 이것을 네게 보이려고 이리로

데리고 왔나니 너는 본 것을 다 이스라엘 족속에게 전할지어다 하더라.

　에스겔은 자신이 본 모든 것을 이스라엘 백성들에게 제대로 전달해야 할 책임을 떠맡게 됩니다. 그러나 전달하는 것이 목적이지 하나님이 보여주신 모습 그대로 이스라엘 공동체가 지어야 하는 것은 아닙니다. 이것이 모세에게 성막을 지으라고 명령하신 것과 중요한 차이입니다. 에스겔에는 '지으라'는 명령이 나오지 않습니다. 성소에 있는 떡상, 메노라, 법궤를 만들라는 언급이 전혀 나오지 않습니다. 즉 에스겔이 본 성전의 모습은 포로들이 가나안 땅으로 돌아가 건축해야 하는 실제적인 지상 성전은 아닌 것입니다. 무엇보다 이스라엘 백성들이 47장에서 묘사하고 있는 만물을 소성케 하는 강물이 흘러나오는 성전을 지을 방법은 없습니다. 따라서 에스겔에 나오는 성전은 보통 하늘에 있는 성전으로 이해합니다. 그러나 하나님께서 친히 지상에 이러한 성전을 세우실 수도 있습니다. 결론적으로 이 성전은 세상이 회복되는 종말의 때에 야웨에 의해 지상에 세워질 이상적인 성소로 보아야 합니다. 이 성전은 세워질 위치로 보면 지상 성전이요 세워질 시기로 보면 메시아 시대의 성전이며 설립 주체로 보면 야웨의 성전인 것입니다.

백문백답 예언서 **4** 강

다니엘

01 다니엘은 묵시 문학으로 알고 있습니다. 묵시 문학은 무엇이며 묵시와 예언은 어떻게 다른지 알고 싶습니다.

A 다니엘은 이스라엘 백성들의 종말론적인 신앙이 담긴 책입니다. 유대인의 성경 분류법에 따르면 다니엘은 성문서에 포함되고 책의 성격상으로는 묵시 문학입니다. 묵시 문학은 공간적으로는 이 땅을 초월하는 저 세상을 다루고 시간적으로는 이 세상의 마지막에 오는 종말을 다루면서 이 세상의 바깥에서 온 중보자를 통하여 이 세상에 계시가 전달되는 이야기 구조를 가지고 있습니다. 바벨론에 포로로 끌려갔던 예언자 에스겔이 묵시 문학의 창시자라고 할 수 있습니다. 묵시는 몇 가지 점에서 예언과는 다른 특징을 가지고 있습니다. 첫째로 예언의 말씀은 예언자들을 통해 전달되지만 묵시는 천사와 같은 천상적 존재를 통해 전달됩니다. 말씀의 전달자가 누구인가와 관련하여 상이한 특징을 가지고 있습니다. 둘째로 예언의 관심은 현 세상과 자연 세계에 집중되는 반면에 묵시는 종말론적인 구원과 초자

연적 세계를 더욱 부각시킵니다. 예언은 이 시대의 잘못된 영역을 고치고 갱신하는 것에 관심이 있습니다. 그러나 묵시는 총체적 타락과 부패의 상황 속에서 지금의 모든 것들이 사라지고 새 하늘과 새 땅의 도래를 기대합니다. 셋째로 예언은 상징과 시적인 표현 방식을 사용하지만 묵시는 환상적인 체험에 초점을 맞춥니다. 이는 묵시가 천사와 같은 천상적 존재에 대해 전달되기 때문입니다. 넷째로 예언은 하나님의 심판과 축복의 사역을 선포하지만 묵시는 선과 악의 대립적 세계를 묘사합니다. 예언은 심판의 경고를 들은 청중이 죄 된 삶으로부터 돌이키는 것을 기대합니다. 그러나 묵시는 이 시대를 지배하는 악의 세력에 대해 완전한 심판을 집행합니다. 청중의 반응과 상관없이 결정된 시간표에 따라 진행되는 것이 묵시입니다.

묵시 문학은 고난 받는 하나님의 백성들을 격려하기 위한 것이 목적입니다. 종말론이 현재로부터 미래로 나아가는 구조로 되어 있다면 묵시적 신앙은 미래로부터 현재로 침투하는 구조로 이루어져 있습니다. 종말론은 역사의 완성이라는 측면에서 희망의 신학이라고 할 수 있고 묵시적 신앙은 미래의 힘이 현실을 창조적으로 부정하고 현실 속에 개입해 들어와서 현실을 해방시킨다는 차원에서 희망의 신학이라고 할 수 있습니다. 묵시적 신앙은 오늘이라는 현실을 해방시키는 새 하늘과 새 땅의 도래에 참여하도록 독자들을 초청합니다. 묵시 문학은 당대의 청중들을 향하여 크게 네 가지 기능을 수행하는데, 첫째는 위기에 처한 그룹을 격려하는 기능입니다. 둘째는 충성과 회개에 대한 촉구입니다. 셋째는 보상과 구원의 약속과 위로입니다. 넷째는 말씀의 권위를 부여하는 기능입니다. 묵시 문학은 더 이상 기존의 신앙체계가 현실의 문제에 답을 주지 못할 때 발흥하는 위기 문학이라고 할 수 있습니다.

02 다니엘에는 많은 상징들이 나옵니다. 이 상징들을 어떻게 이해해야 하는지 궁금합니다.

A 다니엘에 나오는 상징들은 크게 두 가지로 구분할 수 있습니다. 하나는 상징적 형상이고, 다른 하나는 상징적 숫자입니다. 상징적 형상은 큰 신상, 그 큰 신상을 부숴버리는 뜨인 돌, 땅의 중앙에서 자라서 그 키가 하늘에 닿은 큰 나무, '메네 메네 데겔 우바르신'이라는 글씨, 글자를 쓰는 손가락, 바다에서 올라온 네 마리 큰 짐승들, 사람의 눈과 입을 가지고 있는 작은 뿔, 작은 뿔의 횡포를 징계하는 옛적부터 항상 계신 분, 구름을 타고 오는 인자 같은 이, 군과 군장, 을래 강변에 선 두 뿔 가진 숫양과 서편에서 오는 숫염소, 하나님의 성소를 철저히 파괴하고 짓밟는 작은 뿔, 치고받는 북쪽 왕과 남쪽 왕 등입니다. 상징적 숫자들은 이천 삼백 일, 칠십 이레, 한 때와 두 때와 반 때, 천이백구십 일, 천 삼백 삼십오 일 등입니다. 이러한 상징적 형상과 상징적 숫자가 왜 사용된 것일까요? 어느 대상을 문자 그대로 직시하지 못하고 현실을 비꼬아서 표현할 수밖에 없었던 박해받는 상황이 다니엘 전편에 도도하게 깔려 있다고 할 수 있습니다.

묵시 문학의 상징은 다의적입니다. 다의적이기에 비슷한 상황이 제기될 때마다 언제든지 재적용이 가능합니다. 작은 뿔 같은 상징이 주후 1세기에 몰아닥친 로마의 압제를 예고하는 상징이라는 깨달음이 부각되면서 이스라엘 신앙공동체는 다니엘의 묵시를 정경으로 받아들였습니다. 묵시 문학이 모든 시대 신앙인들에게 사랑받는 이유가 바로 여기에 있습니다. 다니엘에 언급된 모든 상징적 형상과 숫자를 자기 시대의 맥락 속에서 재해석하기 때문입니다. 모든 시대 신앙인들은 자기 시대의 맥락 속에서 하나님께 대적하는 작은 뿔을 해석할 수 있습니다. 그 시대의 작은 뿔에 대해 어떤 태도를 견지하고 있는가에 의해 자기 신앙을 점검하게 되는 것입니다.

03 역사적 인물인 다니엘을 주인공으로 한 다니엘서가 주전 2세기에 기술되어졌다는 이야기를 들었습니다. 일반적으로 다니엘이 살았던 주전 7세기에 다니엘서가 기록된 것으로 이해하고 있었는데 다니엘의 정확한 기술 시점을 알고 싶습니다.

A 학자들은 언어와 역사와 신학에 근거하여 다니엘의 기술 시점을 판단하고 있습니다. 그 결과 대부분의 학자들은 다니엘을 주전 2세기 중반에 안티오코스 에피파네스 4세의 박해에 저항하는 유대인들을 격려하기 위해서 마카베오 시대에 쓰여진 작품으로 보고 있습니다. 당대 자신들의 시대를 주전 6세기 다니엘의 예언이 성취되는 시대로 이해한 것입니다. 무엇보다 다니엘에는 주전 6세기 유대인 저자가 알 수 없는 바사에 대한 묘사와 헬라어가 사용되었기에 이것을 역사적 인물인 다니엘 당대에 기록했다고 보기는 어렵습니다. 다니엘이 예언서 정경이 마감된 후에 저술되었기에 성문서에 위치하게 된 것도 주전 2세기 저작 가능성에 힘을 실어줍니다. 토라는 주전 400년경에 정경으로 확정되었고 예언서는 주전 200년경에 확정되

었습니다. 예언서가 확정된 이후에 정경으로 인정받은 문서는 주후 90년에 성문서로 분류되었습니다. 다니엘이 성문서로 확정된 것을 보면 주전 200년경 이후에 기록된 텍스트로 보는 것이 타당합니다.

다니엘은 셀류커스 왕조에 의해 정책적으로 강요되던 헬레니즘 문화와 종교적 박해에 대항하기 위해 일종의 신학적 대안으로 제작된 책입니다. 다니엘 본문의 배경은 역사적 인물인 다니엘이 살았던 시기이지만 그 모든 내용들은 주전 2세기 셀류커스 왕조의 안티오코스 4세가 벌인 헬레니즘 강요와 연관이 있습니다. 그 내용으로는 다음과 같은 것들이 있습니다. 3장에서 느부갓네살이 금 신상을 만들어 숭배를 강요한 것은 안티오코스 4세가 제우스 신 숭배를 강요한 것과 유사합니다. 4장에서 느부갓네살의 정신착란 현상은 안티오코스 4세가 정신병자로 불렸던 것과 유사합니다. 5장에서 벨사살이 성전 기명을 더럽힌 일은 안티오코스 4세가 성전의 값진 보화를 약탈한 일과 유사합니다. 6장에서 다리오의 명령은 안티오코스 4세의 유대 종교 박해와 유사합니다. 12장에서 하나님과의 계약을 모독하고 헬레니즘에 동화되어 버린 악인들과 죽음을 불사하고 하나님께 신실함으로 응답한 의인들을 대비하여 기술하고 있습니다. 이처럼 다니엘은 죽음을 과감히 받아들이면서까지 하나님 유일 신앙에 충실한 이들을 격려하고 죽음 이후 도래할 영광스러운 부활을 신학적으로 명시함으로써 신앙의 결단을 촉구하는 기능을 수행하고 있습니다. 다니엘과 세 친구의 이야기는 주전 2세기 마카베오 항쟁 성도 자신들의 이야기입니다. 금 신상에 절하지 않다가 사자 굴에 집어 던져진 사람, 불에 던져진 사람들이 바로 자기 자신들임을 강조하는 것입니다. 실제 이들은 유대교 말살 정책을 피해 광야로 물러나 산에서

풀만 먹고 살았습니다. 자신들이 채식을 고집한 다니엘의 후계자임을 그러한 기술을 통해 강조한 것입니다.

04
다니엘과 외경인 마카베오상하가 비슷한 연대적 배경을 갖고 있다고 알고 있습니다. 다니엘과 마카베오상하의 유사점과 차이점에 대해 알고 싶습니다. 그리고 개신교인으로서 외경인 마카베오상하를 읽어도 되는지 궁금합니다.

A 다니엘을 제대로 이해하기 위해서는 마카베오상하를 참고하는 것이 아주 중요합니다. 두 책 사이에는 유사점들이 많은데, 첫째는 하나님의 백성으로서의 정체성을 지키다가 고난을 초래하는 성도들의 이야기라는 것입니다. 둘째는 책에 사용된 용어와 언어와 신학 사상이 유사하다는 것입니다. 셋째는 다니엘이 예언한 시대적 배경이 마카베오상하와 겹친다는 것입니다. 넷째는 이스라엘에게 닥친 환란과 이방인의 박해를 하나님의 심판과 징계로 보는 동시에 하나님께 대적하는 악마적인 권세가 순결한 성도를 공격하는 것으로 본다는 것입니다. 이 네 가지가 다니엘과 마카베오상하의 공통점입니다.

그러나 몇 가지에서 차이점도 존재하는데, 첫째는 마카베오상하는 하스모니안 왕조를 하나님 나라의 중간 단계로 보는 반면 다니엘은 하나님 나라의 도래에 대해 훨씬 더 종말론적인 유보적 입장을 취하고 있다는 것입니다. 둘째는 마카베오상하가 승리주의적 역사신학을 강조하는 반면 다니엘은 일시적인 성도의 패배를 인정하고 죽음 이후의 부활에서 완전한 승리를 찾는다는 것입니다. 셋째는 마카베오상하가 군사적 항쟁과 전쟁의 야만성을 미화하는 반면 다니엘은 절제를 지킨다는 것입니다. 넷째는 마카베오상하가 역사서처럼 왕들의 실명과 연대를 기록하고 있는 반면 다니엘은 환상 속에서 일어난 일에 대해 익명성을 보장하고 연대기의 구체적인 정보를 제공하지 않는다는 것입니다. 다섯째는 역사적 장르로 구분되는 마카베오상하와 달리 다니엘은 묵시 문학이라는 것입니다.

마카베오상하는 마카베오 항쟁 이후에 정권을 잡은 사람들이 쓴 책입니다. 마카베오상하의 가장 큰 특징은 자신들이 재림 다윗임을 강조한 것입니다. 다윗이 예루살렘을 빼앗아 하나님께 봉헌했듯이 자신들이 셀류커스 왕조의 악한 군대를 추방하고 예루살렘을 되찾아 하나님께 봉헌했음을 강조합니다. 그러나 다니엘은 승리의 깃발을 꽂지 못한 채 죽음을 맞이한 성도들의 관점에서 기록하고 있습니다. 그런데 역설적이게도 마카베오상하는 승리한 자들의 권력 담론이 많아 정경이 되지 못하였고 다니엘은 패배한 자들의 순교 담론이기에 정경이 되었습니다.

05 다니엘이 어떤 책인지에 대해 간략하게 정리해주시면 감사하겠습니다.

🅐 다니엘은 주전 605년부터 165년까지 약 500년간의 역사를 기록하고 있습니다. 거대한 제국의 압제 속에서 생존하기 위해 분투하는 신앙인들의 투쟁 이야기가 다니엘입니다. 다니엘 본문은 바벨론에게 패망하여 포로로 잡혀간 자들을 선교 도구로 사용하셔서 하나님

의 통치를 드러내신 하나님의 선교 이야기입니다. 곤고한 환경을 극복하고 불의와 타협하지 않는 불굴의 신앙, 생명의 위협에도 변질되지 않는 신앙을 증거하고 있습니다. 구약 시대 이스라엘은 세계 만민을 선교하는 공동체로 하나님의 부르심을 받았지만 배타적 선민사상에 사로잡혀 선교와 무관한 삶을 살아왔습니다. 그런데 하나님께서는 바벨론에 포로로 잡혀간 자들을 선교의 도구로 사용하여서 하나님의 존재를 드러내십니다. 다니엘에 나타난 하나님의 선교는 구약에서 가장 빛나는 선교적 사례라고 할 수 있습니다.

다니엘의 저자는 다니엘 이야기를 통해 자기 시대의 사람들에게 굳건히 신앙을 지키라고 독려하고 있습니다. 1장부터 6장은 하나님에 대한 절대 신앙을 가진 자들이 구원받는 이야기이고, 7장부터 12장은 어떤 분투도 악을 이겨내지 못하고 거의 다 변절하고 악의 집요한 공세 앞에 무너지는 이야기입니다. 1~6장은 다니엘과 세 친구에 관한 이야기가 3인칭으로 기술되어 있는데 다니엘이 직접 쓴 이야기가 아니라 바벨론에서 디아스포라로 살아가던 이스라엘 민족 사이에 다니엘과 세 친구들이 어떻게 포로생활을 살았는지에 대해 전해지던 이야기입니다. 이 부분에서는 토라에 대한 순종을 강조하고 다니엘은 꿈을 해석하는 자로 등장합니다. 그러나 7~12장은 다니엘이 1인칭으로 서술하는 형식을 취하고 있습니다. 주전 2세기에 핍박받던 신앙공동체는 7~12장을 주전 6세기에 살았던 다니엘을 통하여 주신 하나님의 예언이 성취되는 시대로 받아들였습니다. 여기서는 다니엘이 환상을 보고 천사가 그 환상의 의미를 해석해줍니다. 묵시 문학적 성격을 강하게 드러내는 부분이 다니엘 후반부입니다. 환상을 받을 수 있는 자는 다니엘 같이 토라에 순종하는 자라고 자격을 제한함으로써 간접적으로 토라의 권위를 옹호해줍니다. 이를 통해 토라와 묵시 문학 간의 갈등을 해결하고 있음을 볼 수 있습니다.

다니엘은 두 개의 언어로 쓰여 있습니다. 히브리어로 시작된 (1:1~2:4a) 이야기는 중간에서 아람어로 바뀌었다가(2:4b~7:28) 후반부(8:1~12:13)에는 다시 히브리어로 기록되어 있습니다. 아람어는 히브리어와 함께 북서 셈족의 언어입니다. 원래 아람 사람들이 사용한 언어이지만 앗수르 제국 시대에 국제 공통어로 정부 공식 서신에 사용되었습니다. 아람어가 살아 있는 언어로 대중적이라면 히브리어는 엘리트들의 사어로 민감한 정치적인 실재를 표현하기 위해 사용되었다고 보아야 합니다. 학자들 중에는 히브리어로 기록된 다니엘 이야기와 아람어로 기록된 다니엘 이야기가 따로 존재했고 최종 편집자가 이 둘을 함께 묶어 하나의 책으로 편집했다고 보기도 합니다.

다니엘은 히브리어 성경에는 성문서로 분류되고 칠십인경에는 예언서로 분류됩니다. 중요한 것은 예언서로 보느냐 성문서로 보느냐에 따라 해석의 출발점 자체가 달라진다는 것입니다. 성문서는 대체로 포로기 이후에 형성된 것으로 토라를 권위 있게 여기며 토라에 순종하며 살았던 공동체의 신앙고백으로 이해합니다. 이스라엘 공동체가 다니엘을 성문서로 분류했다는 것은 토라의 계명대로 살려고 했던 공동체의 신앙고백으로 읽었다는 것을 의미합니다. 그러나 예언서로 본다는 것은 다니엘을 예언서의 문맥 안에서 해석해야 함을 강조하는 것입니다. 칠십인경에는 히브리 성경 3장 23~24절 사이에 다니엘의 친구 아사랴가 불길 가운데서 부르는 찬송과 세 친구가 함께 부르는 찬송이 67절에 걸쳐 나오고 마지막 12장 다음에 13장으로 수산나에 대한 이야기가 64절 분량으로 또 14장으로 벨과 뱀에 대한 이야기가 42절 분량으로 덧붙여 있습니다. 이 부분을 종교 개혁 이후 개신교회에서는 외경에 넣어 다니엘과 따로 취급하였지만 공동번역 성경에는 포함시켜 놓았습니다. 오늘날 우리가 읽는 다니엘은 본문의 범위에 있어서는 히브리 성경을, 책의 배열 순서에 있어서는 칠십인경을 따르고 있습니다.

06 어떤 인문학자가 성경에 나오는 다니엘이라는 인물은 실존하지 않았다고 주장하는 것을 들은 적이 있습니다. 다니엘은 실존 인물이 맞는지가 궁금합니다.

A 인문학자의 주장은 성경 이외의 다른 문서들에서 다니엘이라는 이름을 발견할 수 없다는 것에 근거한 주장입니다. 실제 바벨론과 페르시아 기록 어디에도 다니엘이라는 인물은 등장하지 않습니다. 그것은 아하수에로의 부인이었던 에스더도 마찬가지입니다. 그러나 성경 이외의 기록에서 그들의 이름이 등장하지 않는다고 해서 그들의 실존 여부를 부정하는 것은 너무 단순한 판단입니다. 역사 속에 실존했던 인물들 모두가 역사 속에 자기 이름을 기록으로 남겨두고 있는 것은 아니기 때문입니다. 더욱이 성경에서 그들의 이름이 발견되고 그들의 이야기가 기록되었다는 사실을 주목할 필요가 있습니다. 또한 다니엘은 역사서가 아닙니다. 역사적 입증에 방점을 두어야 할 출애굽 구원 사건이나 가나안 정복 사건과는 본질을 달리합니다. 그래서 유대인들은 다니엘을 예언서로 분류하지 않고 성문서에 배치하

고 있습니다.

07 다니엘은 보수적인 학자들과 진보적인 학자들 사이에 논쟁이 심한 책으로 알고 있습니다. 그들의 해석의 특징은 무엇이며 우리는 다니엘을 어떻게 읽어야 하는지 궁금합니다.

A 다니엘뿐만 아니라 성경 전체에 걸쳐서 보수적인 학자들과 진보적인 학자들 사이에는 많은 논쟁이 있습니다. 다니엘도 예외가 아닙니다. 다니엘에 대한 보수적인 학자들의 해석은 다니엘의 모든 내용들을 역사적 인물인 다니엘이 살았던 그 시대에 국한하여 해석한다는 것입니다. 이러한 해석의 가장 큰 문제점은 주전 2세기의 공동체의 정황이 제거되고 주전 6세기의 종말로 바로 연결된다는 것입니다. 반면에 진보적인 비평주의 학자들의 문제는 주전 6세기의 역사성에 회의를 품는다는 것입니다. 그들은 다니엘을 철저히 주전 2세기의 공동체의 작품으로만 읽고자 합니다. 그리하여 종말에 대한 예언의 가능성을 차단하여 버립니다. 이것이 진보적인 학자들의 해석의 가장 큰 문제입니다. 다니엘의 예언이 주전 2세기의 공동체에게 어떤 역할을 했는지를 살펴봄으로써 오늘날 그리스도인들도 종말을 이해하는 지평을 넓힐 수 있습니다. 다니엘을 정경으로 읽는다는 것은 주전 6세기와 2세기의 정황뿐 아니라 현재의 기독교 공동체에게도 종말에 관한 올바른 해석학적인 통찰을 제공하고 있음을 받아들이는 것입니다.

08 바벨론의 느부갓네살 왕이 예루살렘 성을 포위한 시점에 대해 다니엘에는 여호야김 3년으로 예레미야에는 여호야김 4년으로 되어 있습니다. 이러한 연대기적 불일치를 어떻게 이해해야 하는지 궁금합니다.

A 다니엘 1장 1절을 보겠습니다.

> 유다 왕 여호야김이 다스린 지 삼 년이 되는 해에 바벨론 왕 느부갓네살이 예루살렘에 이르러 성을 에워쌌더니.

여호야김 3년에 바벨론 왕 느부갓네살이 예루살렘 성을 포위합니다. 이때는 주전 605년으로 갈그미스 전투에서 바벨론이 이집트 군대를 격파한 이후입니다. 바벨론 왕 느부갓네살은 주전 605년에 왕으로 등극한 이후 이집트와 갈그미스에서 전투를 벌여 승리하게 됩니다. 고대 근동의 패권 자리를 놓고 벌인 전쟁에서 승리하게 된 것입니다. 이때 바벨론 왕 느부갓네살은 이집트의 봉신 국가였던 남유다로 내려와서 여호야김에게 바벨론과 이집트 가운데 어느 나라를 섬길 것인가를 선택하게 합니다. 여호야김은 주전 609년 이집트에 의해 세워진 왕으로 통치 초기부터 이집트의 봉신으로서의 역할에 충실했습니다. 그러나 바벨론이 고대 근동의 챔피언이라는 것이 분명해진 상황에서 결국 여호야김은 바벨론을 섬길 것을 약조하게 됩니다. 여호야김이 이집트에 의해 왕이 된 시점이 주전 609년이고 바벨론 왕 느부갓네살이 남유다에 내려와서 바벨론의 봉신이 될 것을 요구한 시점은 주전 605년입니다. 따라서 이때는 여호야김 통치 4년이 되는 것입니다. 그래서 예레미야에서는 바벨론 왕 느부갓네살 원년을 여호야김 4년이라고 표기하고 있습니다. 예레미야 25장 1절을 보겠습니다.

> 유다의 왕 요시야의 아들 여호야김 넷째 해 곧 바벨론의 왕 느부갓네살 원년에 유다의 모든 백성에 관한 말씀이 예레미야에게 임하니라.

그런데 다니엘 1장 1절에는 여호야김 3년이라고 말하고 있습니다. 연대적 불일치가 일어나고 있습니다. 이러한 불일치가 발생한 이유는 한 해의 시작을 언제로 볼 것인가에 대한 해석의 차이 때문입니다. 니산 월력(3~4월)을 사용하는 경우와 티쉬리 월력(9~10월)을 사용하는 경우에 연도 계산은 달라질 수밖에 없습니다. 이것은 한 해의 시작을 봄으로 볼 것인가 아니면 가을로 볼 것인가에 대한 차이입니다. 예레미야는 니산 월력을 사용하여 바벨론의 첫 침공이 일어난 해를 여호야김 4년으로 표기하고 있습니다. 그러나 다니엘은 티쉬리 월력을 사용하여 느부갓네살의 공격이 있었던 해를 여호야김 3년으로 기록하고 있습니다. 예를 들어 느부갓네살의 공격이 4월에 있었다고 할 때 봄을 한 해의 시작으로 보게 되면 이것은 여호야김 4년에 발생한 사건이 됩니다. 그러나 가을을 한 해의 시작으로 보게 되면 이것은 여호야김 3년에 발생한 사건이 되는 것입니다. 둘 다 주전 605년에 일어난 사건을 기술하고 있지만 한 해의 시작을 봄으로 보는 경우와 가을로 보는 경우에 이러한 연대기적 차이가 발생하게 된 것입니다.

09 다니엘과 세 친구가 바벨론에 포로로 끌려가게 된 시점과 그 이유에 대해 알고 싶습니다.

A 다니엘과 세 친구가 바벨론에 포로로 끌려간 때는 주전 605년입니다. 그때까지 남유다는 이집트의 봉신 국가였습니다. 주전 609년에 이집트에 의해 세워진 여호야김이 남유다를 통치하고 있었습니다. 그러다 주전 605년에 바벨론의 나보폴라살 왕이 죽고 그의 아들 느부갓네살이 즉위하게 됩니다. 이때를 이집트는 고대 근동의 패권을 차지할 수 있는 절호의 기회로 판단합니다. 그리하여 갈그미스에서 이집트와 바벨론 군대가 전면전을 하게 됩니다. 결과는 바벨론의 대승으로 끝났습니다. 이때 바벨론의 왕 느부갓네살이 남유다로 내려와서 남유다를 봉신 국가로 만들어버립니다. 주전 605년을 기해 이집트의 봉신 국가였던 남유다는 바벨론의 봉신 국가가 된 것입니다. 이것을 기념하여 바벨론은 남유다의 엘리트 청년들을 바벨론으로 끌고 갑니다. 포로들 중 일부를 바벨론 신복의 양성, 민족적 동화, 왕권 강화 등을 목적으로 3년간 왕실에서 교육시켰는데 그 대표적인 인물이 다니엘과 세 친구입니다. 다니엘 1장 6절입니다.

> 그들 가운데는 유다 자손 곧 다니엘과 하나냐와 미사엘과 아사랴가 있었더니.

바벨론에 포로로 잡혀 온 유다 청년들의 이름은 다니엘, 하나냐, 미사엘, 아사랴입니다. 다니엘과 세 친구 모두 이름에 '엘'과 '야'가 붙어 있는 뼈대 있는 가문 출신의 자제들이었습니다. 다니엘은 '하나님은 나의 재판관이시다', 하나냐는 '여호와께서 은혜를 베푸신다', 미사엘은 '누가 하나님인가', 아사랴는 '여호와께서 도우신다' 는 뜻입니다. 1장 7절을 보면 이들은 바벨론식 이름으로 강제 개명을 하게 됩니다. 이름을 바벨론 식으로 개명함을 통해 그들을 바벨론인으로 동화시키고자 한 것입니다. 개명을 통하여 그들의 신앙적 정체성을 제거하고 바벨론의 신들을 섬기는 자로 만들고자 하였습니다. 우리는 그것을 개명한 이름의 뜻에서 발견할 수 있습니다. 다니엘은 벨드사살로 개명하였는데 그 이름의 뜻은 '벨이여, 그의 생명을 보호 하소서' 입니다. 하나냐는 사드락으로 개명하였는데 그 이름의 뜻은 '아쿠의 명령' 입니다. 미사엘은 메삭으로 개명하였는데 그 이름의 뜻은 '누가, 아쿠 신인가' 입니다. 아사랴는 아벳느고로 개명하였는데 그 이름의 뜻은 '느보의 종' 입니다. 개명된 이름 모두에 바벨론 신의 이름이 들어가 있음을 보게 됩니다. 이처럼 이름을 바꾼다는 것은 정체성을 바꾸는 것입니다. 하나님을 섬기던 사람을 바벨론 신의 충신으로 바꾸고자 한 것입니다. 일제가 조선인 창씨개명을 한 이유도 바로 그러합니다.

10 다니엘 2장에 나오는 느부갓네살의 꿈을 어떻게 해석하는 것이 올바른 것인지 궁금합니다.

🅐 다니엘 2장 31~35절을 보면 느부갓네살이 꾼 꿈의 내용이 나옵니다.

왕이여 왕이 한 큰 신상을 보셨나이다 그 신상이 왕의 앞에 섰는데 크고 광채가 매우 찬란하며 그 모양이 심히 두려우니 그 우상의 머리는 순금이요 가슴과 두 팔은 은이요 배와 넓적다리는 놋이요 그 종아리는 쇠요 그 발은 얼마는 쇠요 얼마는 진흙이었나이다 또 왕이 보신즉 손대지 아니한 돌이 나와서 신상의 쇠와 진흙의 발을 쳐서 부서뜨리매 그 때에 쇠와 진흙과 놋과 은과 금이 다 부서져 여름 타작 마당의 겨 같이 되어 바람에 불려 간 곳이 없었고 우상을 친 돌은 태산을 이루어 온 세계에 가득하였나이다.

느부갓네살은 꿈에서 크고 거대하고 빛이 찬란한 신상을 보게 됩니다. 이 신상은 힘과 크기, 화려함을 중요시하는 제국의 상징입니다. 머리는 순금, 가슴과 팔은 은, 배와 넓적다리는 놋쇠, 무릎 아래는 쇠, 발은 일부는 쇠이고 일부는 진흙으로 구성되어 있습니다. 핵심은 이들 모두가 한 몸이라는 것입니다. 이 제국은 네 나라인 동시에 한 나라로 존재합니다. 그런데 몸의 아래 부분으로 내려올수록 그 재료의 가치가 점점 떨어집니다. 제국의 역사가 시간이 지날수록 점점 쇠약해짐을 말하는 것입니다. 마지막 제국은 강한 것처럼 보이지만 흙처럼 매우 취약합니다. 어디선가 날아온 돌 하나가 쇠와 진흙으로 구성된 발을 쳐서 신상 전체를 부서뜨려버립니다. 여기서 '손대지 아니한 돌'이라는 표현은 하나님의 의지와 힘에서 온 것임을 의미합니다. 신상을 무너뜨린 돌이 큰 산이 되어 온 땅에 가득해지게 됩니다. 느부갓네살은 순금, 뒤에 등장하는 나라는 은, 그 뒤에 등장하는 나라는 쇠로 된 나라입니다. 2장 37절에서 하나님께서는 느부갓네살에게 나라와 권세와 힘과 영광을 위임하십니다. 모든 권력의 주인이 하나님이심을 천명하는 것입니다. 로마서 13장 1절의 의미가 여기에 있습니다.

> 각 사람은 위에 있는 권세들에게 복종하라 권세는 하나님으로부터 나지 않음이 없나니 모든 권세는 다 하나님께서 정하신 바라.

권력 신수설은 모든 권력의 신적 정당성을 강조하는 말이 아닌 모든 권력을 겸손하게 사용해야 함과 동시에 자신에게 허락된 권력이 무엇을 위한 것인지를 깨닫도록 도와주는 말씀입니다. 권력은 하나님의 뜻을 대행하는 하나님의 도구이자 하나님의 손과 발이 되어야 함(롬 13:4, 6)을 강조합니다. 하나님은 왕을 세우기도 하시고 폐하기도 하십니다. 겉으로는 이방 왕들이 이스라엘 백성들을 지배하는 듯 보이지만 다니엘은 꿈 해석을 통하여 실제로 왕들을 세우시고 폐하시는 이가 하나님이심을 강조하고 있습니다. 제한된 기간 동안 하나님의 뜻을 행하는 지상 대리자가 되라고 하나님께서 왕에게 권세를 위임하신 것입니다. 왕은 자신에게 주어진 권세가 끝이 있음을 알고 겸손해야 합니다.

2:39~40절을 보면 뜨인 돌이 모든 것들을 박살냅니다. 이 본문은 두 가지로 해석할 수 있습니다. 바벨론 이후 등장했던 제국들의 순서로 해석하게 되면 바벨론, 메대, 페르시아, 헬라 제국이 됩니다. 그러나 느부갓네살(주전 605~562) 이후에 등장한 왕으로 해석하게 되면 아멜마르둑(주전 562~560), 네리글리살(주전 560~556), 나보니두스(주전 556~539) 등의 바벨론 왕으로 해석할 수 있습니다. 전자로 해석할 경우 메대와 페르시아를 분리시켜 사고하면 마지막이

헬라가 되고 메대와 페르시아를 통합시켜 해석하면 마지막은 로마가 됩니다. 초대 교회는 자기들의 시대에 로마를 마지막 제국으로 이해했습니다. 후자로 해석할 경우에는 금 신상의 파괴는 바벨론 제국의 멸망을 선포하는 것이 됩니다. 역사적인 포로 70년 동안 흥했다가 멸망한 네 나라를 가리키는 것입니다. 여기 나라를 가리키는 아람어 단어 '말쿳'은 반드시 서로 다른 제국들이 아닌 다른 왕이 다스리는 나라를 의미하기도 합니다. 주전 2세기 이스라엘 백성들은 예루살렘 성이 안티오코스 에피파네스 4세에 의하여 훼파된 상황을 포로기라고 이해했습니다. 핵심은 인간의 역사 가운데 네 번째 왕국과 작은 뿔이 거듭 반복될 것이며 하나님이 작정하신 시간에 이에 대한 심판과 더불어 하나님의 나라가 도래한다는 것입니다. 계시는 변함없지만 계시에 대한 해석은 공동체의 정황에 따라 변화 되어지는 것임을 볼 수 있습니다.

   2장 41절은 쇠로 된 나라가 일부는 쇠, 일부는 진흙으로 된 나라로 분열될 것을 알려줍니다. 이는 알렉산더 사후 헬라 제국의 분열을 암시하거나 셀류커스 제국과 프톨레미 제국 사이의 혼합 결혼을 의미하는 것입니다. 2장 44절은 다니엘의 주제를 드러내는 말씀입니다. 핵심은 제국은 살아계신 하나님의 돌 앞에서 박살난다는 것입니다. 실제로 세계 역사는 제국을 박살 낸 역사입니다. 하나님이 세우실 한 나라가 지상의 모든 제국들을 멸하고 영원히 서게 될 것입니다. 이는 역사의 마지막에 대한 신본주의적 낙관주의가 강조되고 있습니다. 그러나 그 중간단계로 현실 속에서의 성도들의 집단 순교 및 의인들의 희생이 존재합니다. 하나님 나라의 승리는 죽음이라는 간극을 통과하는 승리입니다. 이 땅의 정치권력은 모두 하나님의 계획 아래 정해진 기간 안에서만 유효하고 마침내는 하나님이 다스리시는 나라가 영원히 서게 될 것이라는 것이 다니엘의 핵심 주장입니다. 초대 교부들 사이에 여기 '돌'이 나타나는 때에 대한 다양한 해석이 있었습니다. 교회가 강력한 영향력을 발휘하기 전 인물인 이레니우스(160년경)는 엄청난 세계 제국을 박살낼 때를 재림의 때로 보았습니다. 아우구스티누스는 예수 초림의 때로 보았습니다. 그가 살았던 시대에 주교가 이미 행정관을 압도하여 로마 제국 내의 가난한 자들에 대한 돌봄이 활발하였기 때문입니다.

11 다니엘의 세 친구가 보여주는 '그리 아니하실지라도'의 신앙이 오늘 우리 시대에는 어떻게 적용될 수 있는지 궁금합니다.

A 다니엘 3장 13~18절을 보겠습니다.

느부갓네살 왕이 노하고 분하여 사드락과 메삭과 아벳느고를 끌어오라 말하매 드디어 그 사람들을 왕의 앞으로 끌어온지라 느부갓네살이 그들에게 물어 이르되 사드락, 메삭, 아벳느고야 너희가 내 신을 섬기지 아니하며 내가 세운 금 신상에게 절하지 아니한다 하니 사실이냐 이제라도 너희가 준비하였다가 나팔과 피리와 수금과 삼현금과 양금과 생황과 및 모든 악기 소리를 들을 때 내가 만든 신상 앞에 엎드려 절하면 좋거니와 너희가 만일 절하지 아니하면 즉시 너희를 맹렬히 타는 풀무불 가운데에 던져 넣을 것이니 능히 너희를 내 손에서 건져낼 신이 누구이겠느냐 하니 사드락과 메삭과 아벳느고가 왕에게 대답하여 이르되 느부갓네살이여 우리가 이 일에 대하여 왕에게 대답할 필요가 없나이다 왕이여 우리가 섬기는 하나님이 계시다면 우리를 맹렬히 타는 풀무불 가운데에서 능히 건져내시겠고 왕의 손에서도 건져내시리이다 그렇게 하지 아니하실지라도 왕이여 우리가 왕의 신들을 섬기지도 아니하고 왕이 세우신 금 신상에게 절하지도 아니할 줄을 아옵소서.

본문에서 느부갓네살은 금 신상에 절하지 않는 사드락과 메삭, 아벳느고를 국문합니다. 그러나 세 친구는 왕의 거듭된 명령에도 금 신상에 절하지 않을 것임을 천명합니다. 현실권력가인 왕의 지배는 인정하지만 그를 신적 존재로 인정할 수 없음을 분명히 한 것입니다. 17~18절을 보면 세 친구는 고난과 핍박의 상황 속에서도 하나님의 도우심을 확신합니다. 자신들이 원하는 바가 실현되지 않는다 하더라도 절대로 우상 앞에 절하지 않겠다고 다짐합니다. 그것이 바로 '그리 아니하실지라도'의 신앙입니다. 우상에게 바쳐진 음식의 문제와 관련하여서는 타협안을 제시하며 위기를 모면하였지만 금 신상에 절하라고 하는 명령처럼 타협안을 제시할 수 없는 상황 속에서는 기꺼이 순교를 각오하는 것입니다. '그리 아니하실지라도'라는 고백은 하나님을 믿는 신앙이 얼마나 장엄한지를 보여주는 말씀입니다. 안타깝게도 우리 시대에는 이런 신앙인을 거의 찾아볼 수가 없습니다. '그리 아니하실지라도'의 신앙은 인생사의 긴 여정에서 하나님께서 우리가 원하는 바대로 이끌어주지 않으신다 하더라도 하나님을 따르겠다는 태도입니다. 하나님은 구원할 능력이 있으시지만 구원하실 수도 있고 또 다른 이유로 구원하지 않으실 수도 있음을 받아들이는 것입니다. 세 친구는 위기 상황을 빌미로 하나님을 협박하지 않습니다. 이는 잠언과 신명기에 나타난 인과응보에 대한 비판적 이해이며 인과응보의 실현을 죽음 이후까지 끌고 가는 신앙적 고백입니다. 신앙이란 철저히 하나님 앞에 내 삶을 드리는 것이고 그다음은 하나님의 자유로운 행하심을 받아들이는 것입니다. 다니엘은 한편으로는 하나님 한 분만으로 만족하며 대가를 바라지 않는 신앙의 모델을 제시하고 동시에 죽음 이후의 세계에서 하나님의 참된 응보가 이루어질 것을 믿는 신앙을 드러냅니다.

결국 세 친구는 예복을 입은 그대로 포박당하여 화덕 속에 던져집니다. 화덕의 온도가 너무도 뜨거운 나머지 세 친구를 붙들었던 사람들도 불꽃에 타 죽게 됩니다. 화덕은 다니엘이 기록되던 당시 하나님의 백성들이 겪던 고난과 핍박의 현실을 상징하는 단어입니다. 세 친구는 하나님 유일 신앙을 지키고자 화덕 속으로 기꺼이 들어갈 각오를 하였습니다. 신앙인의 결기를 여기서 볼 수 있습니다. 이러한 각오가 없다면 기독교 신앙은 유명무실한 고백적 언어로만 존재하게 될 것입니다. 오늘날 맘몬과 권력과 욕망이 지배하는 이 시대 속에서도 이러한 결기를 가진 신앙인의 탄생이 절실합니다. 우리가 바로 그러한 존재가 될 수 있기를 소망합니다.

12 다니엘 4장 27절 말씀을 어떻게 해석해야 하는지 알고 싶습니다.

A 4장 20~26절에서 다니엘은 느부갓네살의 꿈을 해석합니다. 느부갓네살이 꿈에서 본 나무는 느부갓네살 자신입니다. 승승장구하며

온 세상 만민의 부러움의 대상이었던 느부갓네살이 사람들에게 버린바 되고 쫓긴바 되어 들짐승과 함께 일곱 해를 거하게 될 것을 예언하는 내용입니다. 바벨론 연대기나 왕들의 원정기를 보면 느부갓네살은 시리아와 가나안 일대의 여러 나라들과 왕국들을 정복하면서 자신이 얼마나 용감무쌍하게 적들을 패배시키고 완전한 승리를 거두었는지를 자랑합니다. 그런 기록들에 가장 많이 나오는 것이 파괴하고, 불태우고, 죽이고, 쪼갰다는 표현들입니다. 그러나 신적 존재처럼 자기를 드높였던 느부갓네살은 급작스러운 추락을 경험하게 될 것이고 그 경험 이후에 세계 만민의 역사를 하나님께서 주관하고 계심을 깨닫게 될 것입니다. 그것이 느부갓네살이 꾼 꿈의 내용입니다. 느부갓네살의 꿈을 해석한 이후 다니엘은 이 불행한 예언이 성취되지 않을 수 있도록 해결책을 제시합니다. 그것이 바로 다니엘 4장 27절입니다.

> 그런즉 왕이여 내가 아뢰는 것을 받으시고 공의를 행함으로 죄를 사하고 가난한 자를 긍휼히 여김으로 죄악을 사하소서 그리하시면 왕의 평안함이 혹시 장구하리이다 하니라.

다니엘은 느부갓네살에게 하나님의 심판을 피할 길을 제시합니다. 그것은 공의를 행하고 가난한 자를 긍휼히 여기는 것입니다. 지금과는 다른 통치를 행하는 것, 그것만이 느부갓네살이 살 수 있는 길임을 제시한 것입니다. 죄를 범함으로 인해 심판을 받는 것이 아니라 회개를 거부함으로 인해 심판을 받게 됩니다. 느부갓네살이 죄를 사함 받는 길은 종교의식을 강화하는 것이 아니라 공의를 행하고 가난한 자에게 자비를 베푸는 것이 죄를 사함 받을 수 있는 유일한 길입니다(렘 26:13; 겔 18:30; 욘 3:8~9; 습 2:3). 3장과 연결하여 보면 제국을 안정시키는 참된 길은 금 신상을 세워 놓고 백성들을 강제로 동원하여 국가에 대한 충성심을 고취시키는데 있지 않고 제국 안에 있는 가장 가난한 자들을 돌보는 자비와 사랑에서 나온다는 진리를 다니엘은 느부갓네살에게 가르쳐주고 있는 것입니다. 왜 가난한 자를 돌보는 것이 하나님의 심판으로부터 용서받을 수 있는 길이 되는 것일까요?

고대 근동의 신들 가운데 가난한 자와 자신을 동일시하신 유일한 신이 하나님이십니다. 가난한 자들은 일반경제학에서는 천대를 받습니다. 무시되어도 어쩔 수 없는 존재로 치부됩니다. 그러나 하나님의 눈에는 그렇지 않습니다. 가난한 자들이 중심적 지위를 차지하는 곳이 하나님 나라입니다. 가난한 자들을 돌보라고 하나님께서 느부갓네살에게 권력을 맡기신 것입니다. 우리에게 맡겨진 모든 것들은 이웃사랑의 도구가 되어야 합니다. 성경적으로 부자는 돈을 많이 소유한 사람이 아니라 이웃을 위해 돈을 많이 쓰는 사람입니다. 경주 최 부자와 같은 사람들이 진정한 부자입니다. 우리 집 사방 백리 안에 굶어죽는 사람이 있다면 그것은 우리 최 씨 집안의 책임이라고 생각한 그들이야말로 진정한 부자입니다. 하나님을 경외하고 하나님께 돌아가는 자만이 만민과의 화해가 가능합니다. 왕이 하나님을 진정 두려워하는 증거는 토라에 대한 순종으로 드러나야 합니다. 하나님께 돌아감이 죄의 4중 파괴성을 회복하는 첫 걸음입니다. 4장 27절은 종교 개혁자 칼빈이 고해 제도를 비판할 때 사용한 본문 중의 하나이기도 합니다. 칼빈은 고해 제도의 요소인 마음의 통회, 입의 고백, 그리고 행위의 보속을 비판했습니다. 가톨릭에서는 죄를 대죄와 소죄로 나누고 하나님의 자비로 죄과가 사해진 이후에도 지불해야 할 형벌이 남기 때문에 죄 사함을 위해서 보속이 필요하다고 주장했습니다. 이것을 칼빈은 비판합니다. 그러나 입술의 고백만으로 인해 죄가 사해진다는 개신교 신학은 피해자를 소외시키는 문제를 발생시키고 있습니다. 진정한 회개의 삶이 어떠한지를 개신교는 제시할 수 있어야 합니다.

13
세계사에서 바벨론의 마지막 왕은 나보니두스로 되어 있는데 다니엘 5장에는 바벨론이 멸망할 때 왕의 이름이 벨사살로 나와 있습니다. 이 불일치를 어떻게 이해해야 하나요?

A 다니엘 5장 1절을 보겠습니다.

> 벨사살 왕이 그의 귀족 천 명을 위하여 큰 잔치를 베풀고 그 천 명 앞에서 술을 마시니라.

벨사살 왕이 귀족 천 명과 큰 잔치를 베풀었던 그 날에 잔치가 열린 장소의 한 벽에 '메네 메네 데겔 우바르신'이라는 글자가 쓰이게 되고 그것을 다니엘이 해석해 줍니다. 그리고 그날 밤에 벨사살은 죽임을 당하고 메대 사람 다리오가 나라를 얻게 됩니다(단 5:30~31). 다니엘 5장에 나오는 이 내용만 보게 되면 바벨론의 마지막 왕은 벨사살이라는 생각을 가질 수밖에 없습니다. 그런데 세계사는 바벨론의 마지막 왕을 나보니두스라고 가르칩니다. 성경과 세계사 사이의 이러한 불일치를 어떻게 이해해야 할까요? 결론부터 말씀드리면 다니엘 5장에 나오는 벨사살은 바벨론의 마지막 왕인 나보니두스의 아들입니다. 벨사살은 아카드어로 '벨이 왕을 지키시기를'이라는 의미입니다. 벨은 바벨론 사람들이 주신으로 섬기던 마르둑 신과 동일한 존재입니다. 그런데 나보니두스의 어머니는 달(月) 신의 여제사장으로서 나보니두스는 어머니의 영향으로 인해 어린 시절부터 달 신을 숭배했습니다. 이로 인해 마르둑 제사장들과 지속적인 갈등 관계를 형성하게 됩니다. 이 갈등 관계가 증폭되어 통치 마지막 시기에는 달 신 숭배를 위해 본궁을 떠나 별궁에 거주하게 됩니다. 왕이 본궁을 비우게 되자 이때부터 본궁에서는 그의 아들 벨사살이 아버지의 통치를 대신하게 됩니다. 따라서 벨사살은 엄밀한 의미에서 왕이라기보다는 왕의 대행 또는 섭정 통치자라고 할 수 있습니다. 다니엘 5장 29절을 보겠습니다.

> 이에 벨사살이 명하여 그들이 다니엘에게 자주색 옷을 입히게 하며 금 사슬을 그의 목에 걸어 주고 그를 위하여 조서를 내려 나라의 셋째 통치자로 삼으니라.

벨사살은 벽에 쓰인 글자를 해석한 다니엘을 나라의 셋째 통치자로 삼습니다. 왜 셋째 통치자일까요? 첫째는 나보니두스, 둘째는 벨사살 자신, 셋째가 다니엘이기 때문입니다.

14 다니엘 5장에 나오는 '메네 메네 데겔 우바르신'의 의미를 정확히 알고 싶습니다.

🅐 다니엘 5장 24~28절입니다.

이러므로 그의 앞에서 이 손가락이 나와서 이 글을 기록하였나이다 기록된 글자는 이것이니 곧 메네 메네 데겔 우바르신이라 그 글을 해석하건대 메네는 하나님이 이미 왕의 나라의 시대를 세어서 그것을 끝나게 하셨다 함이요 데겔은 왕을 저울에 달아 보니 부족함이 보였다 함이요 베레스는 왕의 나라가 나뉘어서 메대와 바사 사람에게 준 바 되었다 함이니이다 하니.

다니엘은 벽에 쓰인 글자에 대해 해석을 합니다. 글자는 '메네 메네 데겔 우('그리고'를 뜻하는 접속사)바르신' 입니다. '메네'는 '임금님의 나라의 시대가 끝났다', 데겔은 '임금님이 저울에 달리셨는데 무게가 부족함이 드러났다', 바르신은 '임금님의 나라가 둘로 나뉘어 메대와 페르시아에게로 넘어갔다' 는 뜻입니다. 이 단어들은 수동 분사형인데 이것을 능동으로 옮기면 '세고 무게를 달고 나눈다'는 의미가 됩니다. 다니엘의 해석은 본문을 축자적으로 번역한 것은 아닙니다. 중요한 동사나 명사만을 제시하고 문맥을 고려하여 해석한 것입니다. 핵심은 왕을 비롯한 모든 사람은 늘 하나님의 저울에 달려 평가받을 준비를 해야 한다는 것입니다. 재미있는 사실은 세 개의 명사의 무게를 합하면 62세겔이 됩니다. 이는 바벨론을 무너뜨린 다리오 왕의 나이와 같습니다. 메네는 60세겔에 해당하는 히브리어로

한 달란트를 뜻하는 미나이고, 데겔은 히브리어로 세겔에 해당하고, 베레스는 '반'이라는 뜻의 바르신의 쌍수에 해당합니다. 따라서 이 글자의 문자적인 의미는 '한 미나, 한 세겔, 그리고 두 개의 반 세겔'이 되어 전체 62세겔이 됩니다. 다니엘 5장 30~31절을 보겠습니다.

> 그 날 밤에 갈대아 왕 벨사살이 죽임을 당하였고 메대 사람 다리오가 나라를 얻었는데 그 때에 다리오는 육십이 세였더라.

그 날 밤에 메대와 페르시아 연합군의 공격으로 인해 벨사살은 살해됩니다. 그리고 메대 왕 다리오가 62세의 나이로 그 나라를 차지하게 됩니다. 역사적으로 페르시아인들은 달 신의 신년 축제일에 전투 없이 바벨론을 점령한 것으로 기술되어 있습니다.

15 메대 왕 다리오는 역사 기록에는 등장하지 않는 인물로 알고 있습니다. 다니엘에 나오는 다리오를 어떻게 이해해야 하는지 궁금합니다.

🅐 세계 역사에서 바벨론의 마지막 왕인 나보니두스와 페르시아의 첫 번째 왕인 고레스 사이에 메대 왕 다리오는 발견되지 않습니다. 그렇다면 성경에 등장하는 이 다리오 왕은 누구일까요? 다리오라는 인물이 누구인지에 대해서 오래전부터 학자들 사이에 논쟁이 있었습니다. 대부분의 학자들은 성경에 나오는 다리오를 페르시아 제국의 통치자인 고레스와 동일시합니다. 다리오와 고레스를 한 인물에 대한 두 개의 칭호로 보는 것입니다. 실제 고대에는 왕의 칭호가 하

나가 아닌 복수인 경우가 많습니다. 예를 들면 역대상 5장 26절에 나오는 앗수르 왕 불과 디글랏 빌레셀 3세는 동일 인물입니다. 이처럼 고레스와 다리오라는 이름도 한 왕에 대한 두 개의 칭호로 해석하는 것입니다. 페르시아 왕 고레스의 메대식 이름이 다리오로 불린 것이 아닐까 라는 것이 주된 해석입니다.

고레스의 부친은 페르시아인이었지만 그의 모친은 메대 왕 아스티아게스의 딸입니다. 이처럼 고레스는 혈통상 한쪽은 페르시아의 피를 이어 받았고 다른 한쪽은 메대의 피를 이어 받았습니다. 다니엘의 저자가 왕의 모계 혈통을 따르는 유대인들의 관습을 따라 고레스를 다리오로 불렀을 것이라고 봅니다. 또는 고레스는 한 존재의 이름이고 다리오는 이집트의 파라오처럼 왕을 가리키는 단어로 보기도 합니다. 참고로 메대라는 지역은 카스피 해와 페르시아 만 사이에 위치하고 있습니다. 고레스는 주전 550년에 메대 제국을 장악합니다. 이때부터 페르시아와 메대는 하나의 몸처럼 활동하기 시작합니다. 실제 다니엘에는 메대와 바사는 한 왕국처럼 묘사됩니다(6:8, 12, 15). 다니엘의 환상에서도 메대와 바사는 서로 다른 두 짐승으로 표현하지 않고 숫양의 두 뿔로 표현하고 있습니다(8:20).

16 어떤 학자들은 다니엘 7~9장을 사후 예언이라고 하는데 사후 예언이 무엇인지 알고 싶습니다.

A 다니엘 7~9장은 마카베오상하의 내용과 매우 유사합니다. 이 예언이 염두에 두고 있는 삶의 자리는 안티오코스 에피파네스 4세에

의한 핍박이 강화되어 이스라엘 공동체의 위기가 시작되고 있는 상황입니다. 비평주의 학자들은 이 본문이 사후 예언 양식으로 기술되었다고 주장합니다. 비평주의 학자들은 다니엘이 미래에 대한 예언적 기록이 아니라 과거를 회상하면서 마치 예언적 성격을 갖는 형식처럼 기록한 책으로 이해하며 바다에서 올라온 네 짐승을 바벨론, 메대, 페르시아, 헬라로 이해합니다(7:2~8). 반면에 보수주의 학자들은 다니엘이 포로로 잡혀간 실제 인물이며 그가 미래의 일을 계시로 내다보았다고 이해하며 네 짐승을 바벨론, 메대-페르시아, 헬라, 로마로 이해합니다.

사후 예언이란 사건이 일어난 다음에 기술하면서도 마치 사건이 발생하기 전에 예언을 하고 그 예언이 성취된 것처럼 기술하는 방식을 말합니다. 사후 예언의 역할은 지금까지의 사건이 예언한 대로 이루어졌음을 보여줌으로써 아직 성취되지 않은 예언들도 반드시 성취될 것이라고 권위를 부여하는 것입니다. 따라서 저자가 실제적으로 강조하고자 하는 예언은 현재 시점에서 성취된 예언이 아니라 저자의 시대에서 아직 성취되지 않은 미래에 남아 있는 예언들입니다. 사후 예언은 이미 완료된 사건을 앞으로 일어날 것처럼 속이려고 하는 장치가 아닙니다. 이미 일어난 예언이 성취되었음을 보여줌으로써 앞으로 일어날 예언도 반드시 성취될 것이라고 권위를 부여하고자 하는 것이 사후 예언을 기술하는 목적이라고 이해하시면 되겠습니다.

17 다니엘 7장에 나오는 네 마리 짐승의 비유를 어떻게 이해해야 할지 난감합니다. 간단한 설명 부탁드립니다.

A 다니엘 7장 3~8절을 보겠습니다.

> 큰 짐승 넷이 바다에서 나왔는데 그 모양이 각각 다르더라 첫째는 사자와 같은데 독수리의 날개가 있더니 내가 보는 중에 그 날개가 뽑혔고 또 땅에서 들려서 사람처럼 두 발로 서게 함을 받았으며 또 사람의 마음을 받았더라 또 보니 다른 짐승 곧 둘째는 곰과 같은데 그것이 몸 한쪽을 들었고 그 입의 잇사이에는 세 갈빗대가 물렸는데 그것에게 말하는 자들이 있어 이르기를 일어나서 많은 고기를 먹으라 하였더라 그 후에 내가 또 본즉 다른 짐승 곧 표범과 같은 것이 있는데 그 등에는 새의 날개 넷이 있고 그 짐승에게 또 머리 넷이 있으며 권세를 받았더라 내가 밤 환상 가운데에 그 다음에 본 넷째 짐승은 무섭고 놀라우며 또 매우 강하며 또 쇠로 된 큰 이가 있어 먹고 부서뜨리고 그 나머지를 발로 밟았으며 이 짐승은 전의 모든 짐승과 다르고 또 열 뿔이 있더라 내가 그 뿔을 유심히 보는 중에 다른 작은 뿔이 그 사이에서 나더니 첫 번째 뿔 중의 셋이 그 앞에서 뿌리까지 뽑혔으며 이 작은 뿔에는 사람의 눈 같은 눈들이 있고 또 입이 있어 큰 말을 하였더라.

다니엘 안에서 묵시적 종말론의 상징이 전반부에서는 신상이나 나무 같은 형상이었다면 후반부에서는 네 마리 짐승처럼 기괴한 형상으로 나타납니다. 앞의 상징이 정적이라면 뒤의 상징은 파괴적이라고 할 수 있습니다. 특히 다니엘 7장에 나오는 넷째 짐승은 형용할 수 없을 만큼 매우 난폭합니다. 첫째 짐승은 사자의 외모와 독수리의 날개를 가졌는데 날개들이 뽑히고 사람처럼 발을 땅에 딛고 서 있습니다. 실제로 바벨론의 폐허에서 독수리의 날개를 가진 사자 상들이 많이 발견되었습니다. 날개들이 뽑혔다는 것은 치욕을 상징하는 것입니다. 왕이 정상적인 통치를 할 수 없는 정신병에 걸렸다거나 왕의 권력 상실을 의미하기도 합니다. 둘째 짐승은 곰처럼 뒷발로 섰는데 갈빗대 세 개를 물고 있습니다. 갈빗대는 다른 나라들을 향한 끝없는 정복욕을 상징합니다. 셋째 짐승은 표범처럼 생겼는데 등에 네 개의 날개가 있고 머리도 네 개가 달려 있습니다. 네 개의 날개는 페르시아의 민첩성을, 네 머리는 네 왕을 상징합니다. 또는 날개 넷과 머리 넷을 네 장군들의 의해 나라가 네 조각으로 나뉘는 것으로 볼 수도 있는데 그렇게 되면 헬라 제국에 대한 예언이 됩니다. 넷째 짐승은 뿔이 열 개나 달린 사납고 무서운 짐승으로 쇠로 된 이빨로 모든 것들을 으스러뜨립니다. 새로 나온 작은 뿔 하나가 이전부터 존재하던 세 개의 뿔을 뿌리째 뽑아버립니다. 그만큼 거칠고 힘이 세다는 것입니다. 이 작은 뿔은 주전 2세기의 맥락에서는 안티오코스 에피파네스 4세를 가리킵니다. 에피파네스 4세 치하 때 유대인들은 큰 시련을 당했습니다. 율법의 두루마리를 읽거나 소지하는 것이 금지되었고 안식일도 준수할 수 없었으며 할례도 금지 당했습니다.

다니엘 7장 23~27절을 보겠습니다.

모신 자가 이처럼 이르되 넷째 짐승은 곧 땅의 넷째 나라인데 이는 다른 나라들과는 달라서 온 천하를 삼키고 밟아 부서뜨릴 것이며 그 열 뿔은 그 나라에서 일어날 열 왕이요 그 후에 또 하나가 일어나리니 그는 먼저 있던 자들과 다르고 또 세 왕을 복종시킬 것이며 그가 장차 지극히 높으신 이를 말로 대적하며 또 지극히 높으신 이의 성도를 괴롭게 할 것이며 그가 또 때와 법을 고치고자 할 것이며 성도들은 그의 손에 붙인 바 되어 한 때와 두 때와 반 때를 지내리라 그러나 심판이 시작되면 그는 권세를 빼앗기고 완전히 멸망할 것이요 나라와 권세와 온 천하 나라들의 위세가 지극히 높으신 이의 거룩한 백성에게 붙인 바 되리니 그의 나라는 영원한 나라이라 모든 권세 있는 자들이 다 그를 섬기며 복종하리라.

본문은 넷째 짐승에 대한 천사의 자세한 설명입니다. 넷째 짐승은 땅 위에 일어날 넷째 나라이고 열 뿔은 열 명의 왕이며 그 뒤에 한 뿔은 또 한 명의 왕으로서 그 이전에 있었던 세 명의 왕들을 굴복시킬 것입니다. 이 왕은 성도들을 '세 해 반 동안' 핍박하며 굴복시키고자 할 것입니다. 여기서 '세 해 반 동안'이라는 기간은 그 작은 뿔의 통치 시간이 언젠가는 끝나게 될 한시적임을 강조하는 것입니다. 하나님의 심판을 통해 성도들은 영원한 나라를 되찾게 될 것입니다. '때와 법을 고친다'는 것은 태음력을 태양력으로 바꾸어 유대 절기의 날짜를 바꾸거나 절기를 없애버린다는 것을 의미합니다(1마카 1:41~61). 이방적 가치와 문화를 강요하는 이 작은 뿔의 정체를 밝히지 않고 익명으로 처리한 것은 매 시대마다 이런 작은 뿔과 같은 존재가 나타날 수 있음을 드러내는 것입니다.

18
다니엘 12장 2절이 구약에서 개인의 부활을 다룬 유일한 본문이라고 들었습니다. 이것이 맞는지 궁금합니다.

Ⓐ 다니엘 12장 2절을 보겠습니다.

> 땅의 티끌 가운데에서 자는 자 중에서 많은 사람이 깨어나 영생을 받는 자도 있겠고 수치를 당하여서 영원히 부끄러움을 당할 자도 있을 것이며.

이 구절에서 부활과 영원한 생명, 영원한 모욕 받음에 대한 교리적 주장이 등장합니다. 이것은 구약에서 유일하게 개인의 부활을 다룬 본문입니다. 이스라엘의 전통적인 사후 세계관은 죽은 자는 스올이라고 불리는 지하 세계에서 일종의 공동체를 구성하며 생활한다고 생각했습니다. 스올은 헬라어 하데스와 유사합니다. 하데스는 지옥을 뜻하는 게헨나와는 다른 곳입니다. 하데스가 죽음과 부활 사이의 중간 지점에 머무는 곳으로 이해된다면 게헨나는 마지막 심판 때 악인들이 가게 되는 고통의 장소입니다. 본문은 부활에 대해 몇 가지 특징을 알려줍니다. 첫째는 모든 이들의 부활이 아닌 부분적 부활이라는 것, 둘째는 부활하게 된 이들은 악인과 의인들이라는 두 개의 그룹으로 구성되어 있다는 것, 셋째는 의인들은 영원한 복락을 누리는 최후를 맞이하게 될 것이라는 것, 넷째는 악인들은 끝없는 모욕과 수치의 최후를 보게 될 것이라는 것입니다(요 5:28~29). 여기에서 의인들은 다니엘의 기술 시점과 연관하여 하나님과의 계약에 충실한 자들이고 악인들은 헬레니즘에 동화되어 하나님과의 계약을 파기한 자들을 가리킵니다. 부활 신앙을 강조하며 의인의 삶을 신실하게 살아갈 것을 촉구하는 것이 이 본문을 기술한 목적이라고 할 수 있습니다. 부활 신앙은 죽음 너머까지 확장된 하나님의 정의를 확신하면서 순교까지도 감수하겠다는 신앙의 표현입니다.

호세아, 요엘

01 호세아는 소선지서로 분류된다고 알고 있습니다. 소선지서란 무엇이며 12권의 소선지서는 어떤 기준에 의해 배치되었는지가 궁금합니다.

🅐 호세아는 소선지서로 분류됩니다. 소선지서는 호세아부터 말라기까지 12권을 일컫는데 이 표현을 제일 먼저 사용한 사람은 아우구스티누스입니다. 이보다 앞서 '12명의 선지자들'이라는 명칭이 처음으로 벤 시락의 지혜서 49장 10절에 언급되고 있습니다. 지혜서는 주전 2세기경 저작이기에 적어도 주전 2세기에는 12개의 소선지서가 하나의 묶음으로 불리어졌다는 것을 알 수 있습니다. 이 12개의 본문을 소선지서라고 부르는 이유는 대선지서인 이사야, 예레미야, 에스겔에 비해 분량이 적기 때문입니다. 분량이 많은 본문을 대선지서로 분량이 적은 본문을 소선지서로 구분한 것입니다. 소선지서라고 해서 대선지서에 비해 가치에 있어 열등한 것은 아닙니다. 본문 안에서의 사상의 깊이나 저자의 위대성, 메시지의 강도나 문학적 우

수성 등에서 소선지서는 대선지서와 동일한 가치를 갖고 있습니다.

　소선지서의 배치 기준에 대해서는 몇 가지의 주장이 있습니다. 첫째로 주전 8세기부터 포로기 이후까지 연대기적인 배치라는 주장입니다. 그러나 요나가 아모스, 호세아보다 앞선 시대의 예언자인데 뒤에 배치되어 있기에 이 주장은 설득력이 없습니다. 둘째로 소선지서의 구조는 책의 말미에 나타나는 중요한 낱말이나 어구가 그다음 책에 다시 등장하는 방식으로 연결되어 있다는 주장입니다. 그러나 요엘 마지막은 에돔의 멸망을 언급하고 있기 때문에(욜 3:19) 에돔의 멸망을 예언하고 있는 오바댜가 나오는 것이 자연스러운데 아모스가 뒤에 배치된 것으로 인해 이 주장도 설득력이 없습니다. 소선지서의 배치 기준과 관련하여 설득력 있는 주장은 없지만 주목해야 할 것은 사본마다 소선지서의 순서가 다르다는 사실입니다. 마소라 사본은 한글 번역 성경과 배치 순서가 동일하지만 칠십인경의 순서는 호세아, 아모스, 미가, 요엘, 오바댜, 요나, 나훔, 하박국, 스바냐, 학개, 스가랴, 말라기의 순서로 배치되어 있습니다.

02 호세아가 사역했던 당시 북이스라엘의 상황에 대해 알고 싶습니다.

A 호세아는 여로보암 2세 통치 말기인 주전 750년경부터 북이스라엘이 패망한 722년 사이에 활동한 북왕국 마지막 예언자입니다. 여로보암 2세는 북이스라엘의 마지막 부흥을 이끌었던 군주입니다. 호세아가 사역을 시작한 시기에 북이스라엘은 여로보암 2세가 남

유다는 웃시야(주전 790~740)가 통치하였습니다. 이때는 남북왕국 모두 마지막 전성기를 구가하던 시대였습니다. 여로보암 2세(주전 786~746)는 이스라엘의 영토를 솔로몬 시대로 회복시켰고(왕하 14:25), 주요 무역로를 장악하여 유례없는 경제 성장과 번영을 구가하였습니다. 그러나 번영의 열매가 구성원 모두에게 골고루 돌아가지 못했고 소수의 기득권 세력의 몫으로 편입되어 버렸습니다. 이로 인해 북이스라엘은 빈부의 양극화가 발생하였고 시간이 지날수록 더욱 심화되었습니다. 동시대 예언자인 아모스에 따르면 권력을 독점한 정치인들과 경제적 부호들은 서로 긴밀하게 유착하여 불법을 행하며 가난한 백성들의 재산을 착취하였습니다. 그들은 부당하게 번 돈으로 여름 별장과 겨울 별장을 사들이며 날마다 술과 노래와 비싼 음식을 동반한 향연을 벌였습니다. 그런데 역설적이게도 당시에 정치 사회 사법적으로 불법을 행하고 가난한 사람을 착취하던 자들의 종교적 열심은 대단했습니다. 이것이 아모스와 호세아가 사역했던 북이스라엘의 주전 8세기 모습입니다.

이 모든 왜곡과 일탈은 이스라엘 공동체의 관계의 본질이라고 할 수 있는 언약에 근거한 하나님과의 관계 그리고 공동체 구성원과의 형제 우애적 관계에 우선순위를 두지 않았기 때문에 발생한 일들입니다. 여로보암 2세는 앗시리아를 제국의 반열에 올려놓은 디글랏빌레셀 3세의 등극과 거의 같은 시기에 죽게 됩니다. 그의 사후에 북이스라엘은 10년 동안 다섯 명의 왕이 바뀌는 정치적 대격변기를 맞이하게 됩니다. 그중 네 명은 반란으로 살해됩니다. 여보로암 2세의 아들인 스가랴는 6개월 집권 후에 살룸에게 살해됩니다. 살룸은 한 달 후에 므나헴에게 살해됩니다. 므나헴은 친앗시리아 정책을 내세우면서 앗시리아 왕에게 조공을 바치면서 왕권을 유지했습니다. 그의 아들 브가히야는 반앗시리아 정책을 내건 군대 장군 베가에게 암살됩니다. 그리고 베가는 친앗시리아 정책을 펼친 호세아에게 살해됩니다. 이처럼 정치적 대격변기를 통과하면서 호세아가 사역했던 것입니다.

03 호세아와 비슷한 시기에 사역한 아모스는 정의의 예언자로 불리는데 호세아는 사랑의 예언자로 불리게 된 이유가 무엇인지 궁금합니다.

A 호세아는 하나님과 이스라엘의 관계를 부부관계로 설명한 최초의 예언자입니다. 그의 결혼 은유는 이스라엘의 죄악을 고발함과 동시에 하나님의 사랑에 힘입어 부부관계가 반드시 회복될 것임을 말하는 예언입니다. 벌 받아 마땅한 사람들에 대한 하나님의 사랑 이야기가 호세아의 핵심입니다. 신학적으로는 신명기 신학의 한계를 극복, 초월하고 하나님의 무한하신 은총의 신비를 보여준 위대한 구원과 사랑의 메시지입니다. 같은 시기 북이스라엘에서 사역했던 아모스는 정의의 예언자로 불립니다. 북이스라엘 공동체 안에 만연한 미쉬파트와 체데크의 부재에 대해 선지자 아모스는 단호하고도 강력하게 북이스라엘의 죄악을 책망했습니다. 동시대에 사역한 호세아는 사랑의 예언자로 불립니다. 호세아는 고대 전승들을 인용하여 하나님께서 베푸신 신실하신 사랑과 그 사랑을 지속적으로 거절한 이스라엘의 패역함을 대조합니다. 호세아는 하나님을 떠난 이스라엘의 상태를 바람난 아내의 이미지로 표현합니다. 호세아 전체에 걸쳐

바람난 여인과 같은 이스라엘이 자신의 현실을 올바로 직시하고 남편 되신 하나님께 다시 돌아오기를 간절히 촉구하고 있습니다. 예언서를 보면 죄에 빠진 백성으로 하여금 회개에 이르도록 권유하는 신학적 주제들이 조금씩 다름을 알 수 있습니다. 아모스는 죄악에 빠진 백성들에게 정의로우신 하나님의 심판을, 이사야는 하나님의 거룩하심과 영광스러우심을, 에스겔은 신비한 환상을 통해 하나님의 주권을, 예레미야는 새 마음을 주시는 하나님의 임재를, 호세아는 하나님의 끊임없는 사랑을 강조함으로써 백성들에게 회개를 촉구하고 있습니다.

04 호세아에는 많은 은유가 사용되고 있다는 느낌을 받습니다. 어떤 은유의 이미지들이 있는지 알고 싶습니다.

A 아모스는 직설적인 언어를 주로 사용한 반면 호세아는 '은유의 정원'이라고 불릴 만큼 아름답고 인상적인 은유를 많이 사용합니다. 가장 인상적이고 대표적인 은유는 하나님과 이스라엘의 관계에 관한 것들입니다. 하나님을 '남편'(2:2~13, 14~20), '아버지'(11:1), '의사'(6:1; 7:1; 11:3; 14:4), '목자'(13:6), '새 사냥꾼'(7:12), '이스라엘을 보호하는 사자'(11:10), '이스라엘을 공격하는 사자'(5:14; 13:7), '표범'(13:7), '새끼 잃은 암곰'(13:8), '푸른 잣나무'(14:8), '이슬'(14:5), '새벽 빛', '비', '늦은 비'(6:3), '좀과 썩이는 것'(5:12)으로 표현합니다.

그리고 이스라엘은 '아내'(2:2), '아들'(11:1), '환자'(5:13; 6:1;

7:1; 11:3; 14:4), '양떼' (13:68), '분별없는 비둘기와 새들' (7:11; 9:11), '암소' (4:16; 10:11), '들나귀' (8:9), '무성한 포도나무' (10:1; 14:7), '포도 열매' (9:10), '무화과나무의 첫 열매' (9:10), '달궈진 화덕' (7:47), '뒤집지 않은 전병' (7:8), '속이는 활' (7:16), '아침 구름' (6:4; 13:3), '쉬 사라지는 이슬' (6:4; 13:3), '바람에 날리는 쭉정이' (13:3), '굴뚝에서 나가는 연기' (13:3)로 표현하고 있습니다. 무엇보다 호세아의 결혼 생활과 관련된 이야기는 하나님과의 계약을 지키지 아니하고 바알을 숭배하고 있는 이스라엘 백성들의 배반을 은유적으로 말하는 것입니다.

    호세아에 나오는 은유와 관련하여 호세아 7장을 보면 7장 앞부분에는 왕궁 안에서 지속적으로 일어나고 있는 반란들에 대한 내용이 나옵니다. 거기에서 불의한 자들을 늘 달구어져 있는 화덕에 비유합니다(4절). 그들의 권력 쟁탈을 위한 열정이 뜨거움을 표현하는 말입니다. 7장 8절에는 에브라임을 잘못된 쪽을 의지하는 바람에 타들어가는 뒤집지 않은 전병에 비유합니다. 이스라엘은 국제관계와 교역을 통해 자신의 정체성을 잃어버리게 됩니다. 이스라엘은 한쪽은 지나치게 타버리고 한쪽은 맹탕의 뒤집지 않은 전병 같은 먹을 수 없는 빵 신세가 되어버렸습니다. 7장 11절은 에브라임을 어리석고 줏대 없는 비둘기에 비유합니다. 여기서 비둘기는 집에서 기르는 몸집이 크고 날개가 긴 종류로 사람들과 너무 친밀해져서 사람들에게 길들여져 살기 때문에 자주 어리석은 존재로 간주되곤 합니다. 본문에서는 이집트에 붙었다가 앗수르에 붙는 등 하나님을 저버리고 강대국 의존 정책을 거듭하고 있는 북이스라엘의 왕 호세아의 모습을 어리석은 비유기로 묘사하고 있는 것입니다.

05 호세아 1장 2절에 나오는 '음란한 여자'의 정확한 의미가 무엇인지 궁금합니다.

🅐 호세아 1장 2절을 보겠습니다.

> 여호와께서 처음 호세아에게 말씀하실 때 여호와께서 호세아에게 이르시되 너는 가서 음란한 여자를 맞이하여 음란한 자식들을 낳으라 이 나라가 여호와를 떠나 크게 음란함이니라 하시니.

참으로 충격적인 내용이 아닐 수 없습니다. 누구보다 거룩한 삶을 살아가야 할 선지자를 향해 하나님께서는 음란한 여자를 아내로 맞이하여 음란한 자식을 낳으라고 말씀하십니다. 여기에 나오는 음란한 여자는 무엇을 의미하는 것일까요? 결론부터 말씀드리면 호세아에서 호세아의 아내는 야웨 하나님에 대한 이스라엘의 종교적 배역을, 자녀들은 이스라엘에게 닥칠 하나님의 심판을 상징합니다. 본문의 '음란한 여자'에 대해서는 다섯 가지 해석이 있습니다. 첫째로 성전 매춘가설입니다. 호세아가 아내로 맞이한 고멜이 이방 신을 직업적으로 섬기는 여인으로 성전에 속한 성전 창기였을 것으로 보는 것입니다. 고대 근동 사회에서 매년 반복되는 자연의 주기적 순환을 비와 가뭄의 주관자로 숭배되었던 신들 간의 투쟁의 결과에서 비롯된 것으로 이해했습니다. 사람들은 특별한 일을 행함으로 땅의 풍요로운 결실에 영향을 미칠 수 있다고 생각했는데 그 방식 중의 하나가 이른바 성스러운 매춘이었습니다. 둘째로 부부관계의 부정가설입니다. 호세아의 아내인 고멜이 원래는 정결한 여인이었으나 결혼 이후

부부관계의 신의를 저버리는 부정을 저질렀다고 봅니다. 아내의 부정을 경험하면서 호세아 선지자는 자신의 가정 안에 일어난 비극적인 운명이 하나님의 뜻을 드러내고자 하는 계시 사건이었음을 뒤늦게 깨닫게 되었다고 보는 것입니다. 셋째로 다산제의 참여가설입니다. 고멜이 당시의 풍습을 따라 이 제의에 참여했다고 봅니다. 넷째로 고멜을 음란한 여인으로 보는 것을 하나의 은유나 환상으로 이해하는 것입니다. 다섯째로 음란한 아내를 음란한 백성 가운데 있는 한 미혼 여성을 가리키는 것으로 보는 것입니다. 이스라엘 전체가 타락한 현실 속에서 고멜도 자연히 음란한 생활에 빠질 수밖에 없는 상태에 놓여 있었다는 것으로 이해하는 것입니다. 여러 가설 가운데 무엇이 가장 타당한 견해인지를 확정하는 것은 쉽지가 않습니다. 확실한 것은 고멜이 결혼 이후에 남편을 저버리고 부정한 음부로 전락하였다는 것과 이스라엘이 하나님과 맺은 언약을 파기하고 이방 신 바알 우상 숭배에 빠졌다는 사실입니다.

06 구약 시대 이스라엘은 하나님과 바알을 겸하여 섬겼다는 이야기를 들었습니다. 그런데 어떻게 하나님을 섬기면서도 바알을 섬기는 것이 가능했는지 이해가 되지 않습니다. 이 부분에 대한 설명 부탁드립니다.

A 호세아 2장 16절을 보겠습니다.

여호와께서 이르시되 그 날에 네가 나를 내 남편이라 일컫고 다시는 내 바알이라 일컫지 아니하리라.

본문은 이스라엘이 하나님을 '나의 주인'이라는 뜻의 바알로 불렀음을 드러내는 증거 구절입니다. "다시는 내 바알로 일컫지 아니하리라"는 말은 지금까지 하나님을 바알로 불러왔다는 증거입니다. 이를 통해 우리는 이스라엘 백성들이 하나님의 이름으로 바알을 겸하여 섬겼음을 알 수 있습니다. 여기에서 남편으로 번역된 히브리어 단어는 '이쉬'입니다. 이쉬와 바알은 남편을 뜻할 때 약간의 뉘앙스 차이가 있습니다. 이쉬는 여자의 상대역이면서 파트너로서의 남편을 가리키고 바알은 여자를 소유하는 자로서 남편의 법적 권리를 강조하는 단어입니다. 구약 시대 이스라엘 백성들은 형식적으로 야웨 하나님을 섬겼지만 실제 내용적으로는 바알을 섬겼습니다. 귀로 듣는 말씀 중심의 종교인 야웨 신앙과 달리 눈으로 보고 손으로 만져보는 오감의 종교를 강조하는 가나안 예배 문화에 이스라엘 백성들이 넘어간 것입니다. 그 결과 혼합 종교가 탄생합니다. 그것이 바로 야웨의 이름으로 바알을 섬기는 모습으로 드러났습니다.

우가릿 문헌을 보면 가나안 만신전의 최고신은 엘이며 바알은 엘의 아들로 등장합니다. 가나안 종교는 더운 여름에 만물이 시들어 죽고 비가 오는 가을에 만물이 소생하는 자연종교로 하늘과 땅을 상징하는 두 신의 교접을 통해, 즉 바알 역할을 하는 남성 예배자와 여신 역할을 하는 성전 창기가 관계를 통해 죽은 바알을 다시 살리고 그로 인해 농사와 가정에 풍요와 다산을 기원하는 예배의식을 거행합니다. 인간의 행위가 신의 행동에 교감을 불러일으킨다고 본 것입니다. 바알 신은 남성 신의 대표자로서 오른손에는 곤봉을 들고 왼손에는 번개를 창처럼 휘두르는 형상을 하고 있습니다. 철기 시대 이스라엘 주거지에서 발굴된 공통된 유물 가운데 하나가 임신한 여인 모습 또는 여인의 젖가슴을 강조한 작은 인형들입니다. 학자들은 이 작은 인형들을 아세라 여신상으로 봅니다. '아세라'는 배우자 또는 아내라는 의미입니다. 이 작은 인형들은 철기 시대 이스라엘 민간 가정종교 생활을 알려주는 중요한 단서로 이를 통해 이스라엘 여인들이 가정에서 아세라 여신상을 섬겼음을 알 수 있습니다.

2장 16절의 말씀은 우상 숭배를 하고 있는 이스라엘 백성들로 하여금 앞으로는 하나님만을 믿고 섬기게 하겠다는 말씀입니다. 이스라엘은 가나안 입성 이후에 야웨와 바알을 혼동하여 섬겼습니다. 그렇게 된 이유 중 하나가 야웨와 바알을 상징하는 것이 동일했기 때문입니다. 야웨와 바알 모두 그 상징물이 소입니다. 창세기 49장 24절을 보겠습니다.

> 요셉의 활은 도리어 굳세며 그의 팔은 힘이 있으니 이는 야곱의 전능자 이스라엘의 반석인 목자의 손을 힘입음이라.

여기 '야곱의 전능자'는 히브리어로 '아비르 하야콥'인데 이것은 '야곱의 황소'로도 번역이 가능합니다. 이스라엘 백성들은 이 말씀으로 인하여 하나님을 황소로 이해했습니다. 하나님께서 2계명의 말씀을 통하여 어떤 형상도 만들지 말라고 명령하셨기에 공개적으로 하나님의 신상을 만들어 섬기지는 않았지만 어느 순간 하나님을 상징하는 무엇인가를 만들려고 할 때마다 이스라엘은 항상 하나님을 소의 모양으로 상징화하게 됩니다. 시내 산에서 만든 금송아지와 북이스라엘 초대 왕이었던 여로보암이 벧엘과 단에 세운 금송아지 제단이 바로 그 증거물입니다.

07 호세아에는 '하나님을 알아야 한다'는 표현이 자주 나옵니다. 하나님을 안다는 것의 정확한 의미를 알고 싶습니다.

A 호세아 4장 1절을 보겠습니다.

> 이스라엘 자손들아 여호와의 말씀을 들으라 여호와께서 이 땅 주민과 논쟁하시나니 이 땅에는 진실도 없고 인애도 없고 하나님을 아는 지식도 없고.

하나님께서는 이스라엘에게 마땅히 있어야 할 것이 없음으로 인해 그들과 쟁론하십니다. 있어야 할 것은 진실과 인애와 하나님을 아는 지식입니다. '인애'는 변함없는 사랑과 충실성을 의미합니다. 이스라엘은 하나님을 아는 지식의 부재로 인해 바알 숭배에 몰두하게 됩니다. 하나님만을 믿고 섬기겠다고 하나님과 체결한 언약을 파기한 것입니다. 이스라엘은 하나님을 섬긴다고 하면서도 실제로는 하나님께서 명령하신 말씀에 전혀 순종하지 않았습니다. 하나님을 '안다'는 말은 호세아에게 있어서 규범적인 믿음을 표현하는 공식입니다. 여호와를 아는 것은 여호와의 성품을 닮는 것을 말합니다. '안다'를 뜻하는 히브리어 '야다'는 일방통행이 아니라 상호인식과 교감을 전제한 양방통행의 개념입니다. 계약이나 결혼 등에서 양쪽 파트너가 계약의 세부 조항을 상호 책임적으로 인식하며 성실하게 실천한다는 의미를 담고 있는 표현입니다. 이것은 선한 목자가 양을 알고 양도 그 목자를 아는 것과 동일한 것입니다(요 10:14~15). 안다는 것을 지적인 행위로 보는 것은 헬라적 관점이고 인격적이며 정서적인 측면으로 이해하는 것은 히브리적 관점입니다. 히브리 사상의 출발점은 하나님이며 유일하고도 참된 지혜는 하나님을 아는 지식입니다. 하나님을 알지 못하면 사람은 결코 자신을 알 수 없을 뿐만 아니라 그가 누구인지, 세계와 어떤 관련이 있는지도 인식할 수 없습니다. 아브라함 죠슈아 헤셀은 다음과 같이 말했습니다. "헬라인들은 나를 이해하기 위하여 배우지만 히브리인들은 타자를 존경하기 위하여 배운다."

호세아 4장 6절을 보겠습니다.

> 내 백성이 지식이 없으므로 망하는도다 네가 지식을 버렸으니 나도 너를 버려 내 제사장이 되지 못하게 할 것이요 네가 네 하나님의 율법을 잊었으니 나도 네 자녀들을 잊어버리리라.

지식이 없어서 망한다는 것은 성경 지식이 없어서 망한다는 말이 아닙니다. 하나님의 뜻을 살아내지 못하여 망한다는 것입니다. 정의로운 삶을 추구하지 아니하고 고아와 과부를 옹호하는 약자 중심의 배려심이 없어서 망한다는 뜻입니다. 우리가 하나님을 안다는 것은 하나님의 마음이 어디에 있는지, 하나님이 무엇을 원하시는지 그것을 알고 행하는 것입니다. 하나님을 아는 지식은 이스라엘의 영적인 건강 상태를 측정하는 잣대입니다. 하나님을 아는 지식이 있으면 이스라엘은 하나님과 건강한 관계에 있는 것이고 하나님을 아는 지식이 없으면 하나님과 어그러진 관계에 있는 것입니다. 그러한 어그러짐 속에서는 영적으로나 도덕적으로 부패한 상태에 처할 수밖에 없습니다. 하나님을 안다는 것은 그분이 어떤 분이신가를 아는 것이고 그분이 원하시는 것이 무엇임을 아는 것이고 그분을 기쁘시게 하는 것이 무엇임을 아는 것입니다.

   신앙인의 정체성, 교회의 정체성을 회복하는 첫걸음은 하나님에 대한 올바른 지식을 갖는 것입니다. 하박국 2장 14절의 "여호와의 영광을 인정한다"는 것이 바로 안다는 것입니다. '안다' 는 말은 우선 지식적으로 올바르게 아는 것을 의미합니다. 올바른 지식을 가지지 못했기에 이스라엘은 바알과 하나님을 혼동하였고 그릇된 종교의 길을 걸어갔던 것입니다. 또한 안다는 말은 영적 친교를 의미합니다. 하나님에 대한 지식은 신앙과 양심을 판단하는 기준이자 행동의 시금석이 됩니다. 오늘날 목회자들이 기독교 신앙의 본질을 망각한 채 세상을 요령 있게 살아가는 처세술을 성경 말씀과 교묘하게 섞어 인생 성공의 스토리를 만들고 그것을 마치 복음의 진리인 것처럼 전하는 근본 이유는 하나님을 제대로 알지 못하기 때문입니다. 오늘날 한국 교회는 입으로는 세상 논리를 따르지 말아야 한다고 주장하면서도 실제로는 정확하게 세상 논리를 추종하고 있습니다. 죄악으로 가득한 세상에서 박해받는 기독교가 진정 기독교답다는 것을 되새겨야 합니다.

08 호세아에는 에브라임이라는 표현이 많이 사용되고 있습니다. 그 이유가 무엇인지 궁금합니다.

A 호세아 4장 17절을 보겠습니다.

에브라임이 우상과 연합하였으니 버려 두라.

5장 5절입니다.

이스라엘의 교만이 그 얼굴에 드러났나니 그 죄악으로 말미암아 이스라엘과 에브라임이 넘어지고 유다도 그들과 함께 넘어지리라.

이 구절들을 보면 이스라엘을 에브라임이라고 칭하고 있습니다. 예언서를 보면 북이스라엘을 가리키는 다양한 표현들이 등장하는데 가장 대표적인 것이 에브라임, 야곱, 야곱의 집입니다. 에브라임이라는 단어는 구약에 180번, 신약에 1번 나오는데 주목할 것은 에브라임이라는 이름이 가장 많이 등장하는 본문이 호세아입니다. 총 37번 등장합니다. 에브라임은 요셉의 둘째 아들로 북이스라엘을 대표하는 지파입니다. 그 이름은 '번성하다'는 뜻의 '파라'에서 파생된 말입니다. 에브라임이라는 단어는 에브라임 자손들과 그들의 영토를 가리킴과 동시에 예언서에는 주로 북왕국을 가리키는 표현으로 사용되고 있습니다. 북왕국의 첫 수도인 세겜도 에브라임 지역 안에 있었고(왕상 12:25), 북이스라엘 초대 왕이었던 여로보암 1세도 에브라임 지파 출신입니다(왕상 11:26). 모세의 뒤를 이은 여호수아(민 13:8), 다윗 왕 시대 에브라임 지파의 우두머리(대상 27:20)가 모두 호세아라는 이름을 가지고 있었습니다. 예언자 호세아도 에브라임 지파 사람으로 주로 에브라임 지역에서 예언 활동을 했다고 봅니다. 호세아는 출애굽 전승과 광야 전승을 언급할 때는 이스라엘을, 북왕국을 가리킬 때는 에브라임이라는 표현을 주로 사용하고 있습니다.

09 호세아 6장 1~3절의 말씀은 우리가 너무나 잘 알고 있는 말씀입니다. 이 말씀의 내용은 언제 읽어도 너무나 감동적입니다. 이 말씀을 하는 화자가 누구인지 너무나 궁금합니다.

🅐 호세아 6장 1~3절을 보겠습니다.

> 오라 우리가 여호와께로 돌아가자 여호와께서 우리를 찢으셨으나 도로 낫게 하실 것이요 우리를 치셨으나 싸매어 주실 것임이라 여호와께서 이틀 후에 우리를 살리시며 셋째 날에 우리를 일으키시리니 우리가 그의 앞에서 살리라 그러므로 우리가 여호와를 알자 힘써 여호와를 알자 그의 나타나심은 새벽 빛 같이 어김없나니 비와 같이, 땅을 적시는 늦은 비와 같이 우리에게 임하시리라 하니라.

1절에서 말하듯 이스라엘에게 진정 필요한 것은 하나님께로 돌아가는 것입니다. 호세아의 중심 메시지는 바알과 대제국을 떠나 하나님께로 돌아오라는 것입니다. 하나님으로부터 멀어진 것이 이스라엘의 가장 큰 죄악입니다. 진정한 회개는 일시적이고 감정적인 반성이나 자책이 아니라 죄의 길에서 완전히 돌아서는 방향 전환을 통해 그 진정성이 입증되어야 합니다. 2절에 '셋째 날'은 '짧은 기간', '멀지 않은 장래'를 뜻합니다. 고대인들은 사람이 죽은 후에 육체에서 영혼이 최종적으로 분리되는 기간을 삼 일로 보았습니다. 그래서 매장 후 삼 일째 되는 날 묘소에 찾아가 이상 유무를 확인하는 의식(삼우제)을 가지기도 했습니다. 신학자들 중에는 이것을 삼일 만에 다시 살아나신 예수 그리스도의 부활 사건을 예표하거나 예고하는 것으로 보기도 합니다. 이런 해석은 테르툴리아누스 시대에 처음으로 등장했습니다. 3절을 보면 당시 사람들은 비를 바알과 연관된 것으로 이해하고 있었는데 호세아는 비를 하나님과 연관시켜 설명하고 있습니다.

호세아 6장은 하나님의 길에서 벗어난 이스라엘을 향해 회개의 메시지를 강력하게 선포하는 본문입니다. 그중에서도 6장 1~3절은 아름답고 수준 높은 회개 문학이라고 불립니다. 사람들은 주님께 돌아가서 용서를 받자고 말합니다. 그러나 자신들과 하나님 사이를 멀어지게 만든 자신들의 죄악에 대한 깊은 성찰과 회개는 보이지 않습니다. 쉽게 용서를 받고 회복을 기대하는 사람들의 모습만이 여기에 등장합니다. 이 본문의 화자를 누구로 볼 것인가에 대한 세 가지 입장이 존재합니다. 첫째는 이스라엘 공동체로 봅니다. 그렇게 되면 이 회개는 형식적 회개에 불과하며 진정성이 결여된 고백이라고 할 수 있습니다. 4절 이하가 보여주듯 이들의 악행은 변하지 않았으며 계속 진행 중이기 때문입니다. 둘째는 화자를 호세아로 보며 이스라엘을 향해 회개를 촉구하는 메시지로 봅니다. 그렇게 보면 4절 이하는 예언자의 회개 촉구를 듣지 않는 백성들의 완악함을 보여주는 것이 됩니다. 셋째는 제사장들로 보며 이들이 백성들을 거느리고 하나님 앞에 나와서 하나님께 회개하는 예식을 집례하는 것으로 봅니다. 그렇게 보면 전혀 회개할 마음이 없는 사람들의 겉만 화려하고 실제적인 것은 허망한, 지극히 수사적인 기도문이 될 뿐입니다.

이스라엘의 문제는 기도의 부재가 아니라 기도는 많이 하지만 그들의 삶이 하나님께 합당하지 않았다는 것입니다. 기도의 내용과 합일된 삶을 살아내지 못한 것이 그들의 문제입니다. 우리가 알다시피 온전한 신앙과 사회적, 도덕적 삶은 불가분리의 관계입니다. 사람들은 진정 회개해야 할 그 순간에도 회개보다는 그들에게 내려주실 복에 더 많은 관심을 기울이고 이를 위해 하나님을 조종하려고 합니다. 회개를 가장한 극도의 욕망 추구 행위로 기도를 이용하는 것입니다. 2007년 평양대부흥운동 100주년에 한국 교회 유명 목사들의 회개 기도문을 한번 보십시오. 조OO 목사는 공개적으로 몇 가지를 회개했는데, 첫째로 자신이 값싼 은혜로 살았음을, 둘째로 말로만 사랑하고 진실로 사랑을 실천하지 못했음을, 셋째로 이웃에 대해 너무 무관심하게 살았음을, 넷째로 사회악에 대해 침묵하고 옳은 것은 옳다 나쁜 것은 나쁘다 말하지 못한 비겁함을, 다섯째로 창조세계의 탄식에 무심했음을 회개하며 이제라도 사회 정의와 사회 악을 교정하고 자연과 우주 속에서 하나님의 뜻을 이루겠다고 기도했습니다. 그러나 이후 퇴직금과 선교비 명목으로 수백억을 수령하는 등 교회를 사유화하는 행태는 변함이 없었습니다. 회개의 고백은 진실이었는지 몰라도 회개의 삶을 살아냄에 있어서 그 진정성을 입증하지는 못한 것입니다.

10 호세아는 왕정 제도를 비판한 예언자로 알고 있습니다. 그가 왕정 제도를 비판하게 된 특별한 이유가 있는지 궁금합니다.

A 호세아 13장 11절을 보겠습니다.

내가 분노하므로 네게 왕을 주고 진노하므로 폐하였노라.

본문을 통해 하나님께서 이스라엘에게 왕정을 허락하신 이유를 발견할 수 있습니다. 하나님의 진노 가운데 허락된 것이 왕정입니다. 왕정 제도가 이스라엘 백성들을 구원할 수 없는 것은 왕정 제도의 시작 자체가 하나님을 등지는 이스라엘 백성들의 열망에서 기인한 것이기 때문입니다. 호세아는 이스라엘의 왕정 제도가 하나님의 뜻에 어긋난 일이라는 사실을 최초로 선포한 예언자였습니다. 하나님께서 이스라엘에게 기대하신 최초의 제도는 제사장 나라였습니다(출 19:6). 이것을 거룩의 위계질서 사회라고 부릅니다. 고대 근동에서 일반적으로 왕은 신성불가침의 대상이었습니다. 그러나 이스라엘은 왕을 형제 중 한 사람, 하나님에 의해 입양된 자로 이해했습니다(신 17:14~15; 시 2:7). 그러나 시간이 지나면서 이스라엘 공동체에 등장한 왕들은 고대 근동의 왕들처럼 자기를 신의 자리에 올려놓고 백성들 위에 군림하며 백성들을 억압하는 통치를 시행했습니다. 이것을 처절하게 목격한 예언자가 호세아였습니다. 여로보암 2세 사후 그의 아들 스가랴는 6개월 만에 살룸에게, 살룸은 한 달 만에 므나헴에게 죽임을 당했습니다. 므나헴의 아들 브가히야는 베가에게 암살당했고 베가도 호세아에게 암살당했습니다. 왕정 제도의 혼란과 정치적 격변으로 인해 이스라엘 백성들은 신음할 수밖에 없었습니다. 이런 상황에서 호세아는 하나님께서 맡겨주신 말씀을 담대하게 선포했는데 그것이 바로 호세아 13장 11절입니다.

호세아, 요엘

01 요엘이 언제 기록된 소예언서인지 그리고 저작 시기에 대해 알고 싶습니다.

A 결론부터 말씀드리면 각 성경 본문의 저작 시기에 대해 정확한 시점을 말하는 것은 너무나 어려운 일입니다. 학자들마다 다양한 견해를 제시하고 있으며 그 가운데 가장 많은 학자들의 지지를 받는 것이 보편적인 학설로 받아들여지고 있습니다. 히브리어 본문의 편집 순서를 보면 요엘은 호세아, 아모스와 함께 소선지서 앞부분에 배치되어 있습니다. 히브리어 정경에서는 연대기적인 배려가 소선지서의 배치를 결정한 핵심으로 이해됩니다. 그렇다면 요엘이 호세아나 아모스와 함께 앞부분에 배치된 것을 통하여 주전 8세기에 기술된 것이 아닐까 생각할 수 있습니다. 그러나 정확한 저작 시기를 알 수는 없습니다. 요엘의 저작 시기는 학자들에 따라서 주전 9세기부터 3세기까지 다양한 시대가 제시되고 있습니다. 전통적인 예언서들에는 왕에 대한 예언이 자주 등장하는데 요엘에는 왕에 대한 예언이 전

혀 등장하지 않습니다. 이를 통하여 어린 왕을 대신하여 제사장 여호야다가 국가 관리에 직접 관여하였던 주전 830년경 요아스 시대에 기술된 것으로 보는 견해가 있습니다. 또한 왕에 대한 기술이 나오지 않는다는 것에 착안하여 왕이 존재하지 않았던 바벨론 포로기 시대나 귀환 이후 시기로 보아야 한다는 주장도 있습니다. 포로기 이후 유다 공동체를 이끌고 있던 지도자들은 왕이나 방백들이 아니라 제사장과 장로들이기 때문입니다. 요엘의 저작 시기를 바벨론 포로 귀환 이후로 볼 수 있는 근거 구절을 몇 곳 찾아보겠습니다. 요엘 3장 1절입니다.

> 보라 그 날 곧 내가 유다와 예루살렘 가운데에서 사로잡힌 자를 돌아오게 할 그 때에.

요엘 3장 6절입니다.

> 또 유다 자손과 예루살렘 자손들을 헬라 족속에게 팔아서 그들의 영토에서 멀리 떠나게 하였음이니라.

유다 백성과 예루살렘 주민을 헬라 족속에게 노예로 팔았다는 기록으로 인해 요엘의 기록 시점을 헬라 시대로 보기도 합니다. 그러나 바벨론 포로기 이전으로 보아야 한다는 주장도 있습니다. 요엘 1장 14절입니다.

> 너희는 금식일을 정하고 성회를 소집하여 장로들과 이 땅의 모든 주민들

을 너희 하나님 여호와의 성전으로 모으고 여호와께 부르짖을지어다.

여기에 보면 성전으로 모이라는 말씀이 나옵니다. 예루살렘 성전은 주전 586년에 바벨론 군대에 의해 무너졌습니다. 따라서 성전에 모이는 것이 가능하려면 주전 586년 이전 시기로 보는 것입니다. 그러면 주전 516년에 스룹바벨 성전이 재건되었기에 여기 성전에 모이라는 것에서 성전을 스룹바벨 성전으로 본다면 포로기 이후 저작으로도 생각할 수 있습니다. 이처럼 요엘의 저작 시기와 관련하여 다양한 주장들이 제기되고 있습니다.

02 한글 성경에는 요엘이 3장으로 되어 있는데 히브리어 성경에는 4장으로 되어 있다고 들었습니다. 한글 성경과 히브리어 성경 사이에 장이 다른 것이 사실인가요?

🅐 원래 성경에는 장절이 없습니다. 신약성경 27권 가운데 21권이 서신서입니다. 누가 누구에게 편지를 쓸 때 장절을 표시하여 편지를 쓰지는 않습니다. 서신서를 생각할 때 원래 성경에는 장절이 없었다는 것을 쉽게 이해할 수 있습니다. 장절이 없다 보니 불편한 점이 있습니다. 이전에 읽었던 어떤 내용을 찾고자 할 때 많은 불편이 있었습니다. 그래서 신앙의 공동체마다 인위적으로 장절을 끊어 읽었습니다. 그러다 13세기 초 영국의 스티븐 랭턴에 의해 지금과 같은 성경의 각 장이 정해졌고, 1553년 프랑스 인쇄업자 에스티엔에 의해 지금과 같이 성경 본문의 절이 확정되었습니다.

요엘은 히브리어 성경으로는 4장으로 되어 있고 대부분의 번역 성경은 3장으로 구성되어 있습니다. 이런 차이가 발생하게 된 이유는 요엘 2장 28~32절을 어디에 포함시키느냐에 따른 결과입니다. 한글 성경에서 요엘 2장 28~32절을 히브리어 성경에서는 3장으로 분류하고 있습니다. 자연스럽게 한글 성경에는 3장이 히브리어 성경에는 4장으로 되어 있습니다. 요엘 2장 28~32절을 어디에 포함시키느냐에 따라서 히브리어 성경에는 요엘이 4장으로 대부분의 번역 성경에는 3장으로 되어 있는 것입니다. 히브리어 성경에는 요엘 3장이 너무 짧기에 대부분의 번역 성경에서 요엘 2장 끝부분에 첨부한 것으로 이해할 수 있습니다.

03 요엘이 강조하는 핵심적인 메시지가 무엇인지 궁금합니다.

A 요엘은 크게 전반부와 후반부로 나누어 이해할 수 있습니다. 요엘의 전반부는 1장 1절에서 2장 17절이고, 후반부는 2장 18절에서 3장 21절입니다. 전반부와 후반부에서 모두 여호와의 날을 강조하고 있습니다. 그런데 전반부에서 여호와의 날의 성격이 죄에 대한 심판이고, 후반부에서 선포되는 여호와의 날의 성격은 심판을 통한 재난에서의 회복, 즉 구원의 날을 가리킵니다. 전반부에서 여호와의 날의 성격을 잘 드러내는 구절이 요엘 1장 15절입니다.

슬프다 그 날이여 여호와의 날이 가까웠나니 곧 멸망 같이 전능자에게로부터 이르리로다.

후반부에서 여호와의 날의 성격을 잘 드러내는 구절은 요엘 3장 14절입니다.

사람이 많음이여, 심판의 골짜기에 사람이 많음이여, 심판의 골짜기에 여호와의 날이 가까움이로다.

요엘은 메뚜기 재앙과 그에 따른 가뭄이 동기가 되어 다가오는 여호와의 날을 대비하여 백성들을 회개로 초대하는 책입니다. 무엇보다 회개하는 자에게 이방인의 침입 가운데서도 구원을 약속하며 아울러 구원의 확증으로 이방 민족의 심판을 약속하고 있습니다. 요엘은 여호와가 앞장서서 예루살렘으로 이끌고 오는 이방 군대에게서 이스라엘이 구원받을 수 있는 길은 회개밖에 없음을 강조하고 있습니다.

04 요엘 1장에 나오는 메뚜기 재앙은 역사적 사건인가요 아니면 비유인가요?

A 요엘 1장 4절을 보겠습니다.

팥중이가 남긴 것을 메뚜기가 먹고 메뚜기가 남긴 것을 느치가 먹고 느치가 남긴 것을 황충이 먹었도다.

질문하신 것처럼 메뚜기 재앙은 역사적 사건일까요 아니면 비유일까요? 아니면 앞으로 임할 재난을 보여주는 예언적인 환상일까요? 요엘이 기술하고 있는 메뚜기의 모습은 그 이빨은 사자 같고(1:6), 그 모양은 말(2:4)과 같습니다. 이는 요한계시록의 환상 속에 나오는 황충들의 모양과 동일합니다(계 9:7~8). 메뚜기 재앙으로 인해 땅은 극단적 황폐함에 처하게 됩니다. 구약에서 땅을 얻는 것은 하나님과의 계약을 기억하고 계명을 지켰다는 것을 의미하고 반대로 땅을 잃거나 얻지 못하는 것은 하나님과의 계약을 위반하고 그 계명을 무시한 결과입니다. 요엘에 나오는 팥중이, 메뚜기, 느치, 황충이 메뚜기 떼의 종류를 가리키는 것인지 아니면 메뚜기의 성장 과정을 지칭하는 것인지는 분명하지 않습니다. 핵심은 메뚜기들이 새까맣게 떼를 지어 날아와 온갖 작물들을 다 갉아먹어 버렸다는 것입니다(1:7). 죄악으로 가득한 이스라엘에 대한 하나님의 심판이 시행되고 있는 것입니다.

05 요엘에는 여호와의 날이라는 표현이 여러 번 등장합니다. 요엘이 말하는 여호와의 날의 의미가 무엇인지 궁금합니다.

A 요엘의 핵심 키워드는 여호와의 날입니다. 구약 성경 전체에서 여호와의 날이라는 표현이 16번 나오는데 모두 예언서에 나옵니다. 그런데 그 가운데 5번이 요엘에 기록되어 있습니다. 그만큼 요엘이 여호와의 날을 강조하고 있음을 알 수 있습니다. 요엘 1장 15절을 보겠습니다.

> 슬프다 그 날이여 여호와의 날이 가까웠나니 곧 멸망 같이 전능자에게로부터 이르리로다.

여호와의 날은 완성의 날이요 심판의 날이며 하나님께서 자신을 드러내시는 날입니다. 이날은 역사의 종말로 죄악이 심판받는 날입니다. 이 땅에 있는 의인은 하나님의 구원을 누리고 악인은 하나님의 심판을 받는 날입니다. 이스라엘은 이날을 여호와께서 자신들의 원수를 벌하시고 자신들에게 큰 구원을 이루어주시는 날로 이해했습니다. 그리하여 여호와의 날을 간절히 소망하였습니다. 요엘에서 여호와의 날은 총 5번 등장합니다. 그중 3번은 이스라엘의 심판의 날로(1:15; 2:1, 11), 두 번은 이방 국가에 대한 심판의 날(2:31; 3:14)을 의미합니다. 당시 이스라엘 백성들은 여호와의 날이 임하게 되면 하나님의 백성인 자신들은 구원받을 것이라고 생각했는데 도리어 여호와의 날에 이스라엘이 심판받는다는 것이 얼마나 큰 충격적인 소식이었을까요? 요엘 2장 1절을 보겠습니다.

> 시온에서 나팔을 불며 나의 거룩한 산에서 경고의 소리를 질러 이 땅 주민들로 다 떨게 할지니 이는 여호와의 날이 이르게 됨이니라 이제 임박하였으니.

이스라엘이 여호와의 날에 심판을 받게 된 이유는 그들이 하나님이 가장 싫어하시는 악인의 삶을 살아왔기 때문입니다. 그들은 하나님과 언약은 체결하였지만 언약 백성다운 삶을 살아내지 못했습니다. 하나님이 원하시는 삶은 살지 못하고 더욱이 하나님께서 싫어하시는 삶을 돌이킬 수 있는 무수하게 많은 기회를 거부했습니다. 그 결과 하나님께서 이 땅 역사에 자기를 전면적으로 드러내시는 심판의 날에 이스라엘도 심판을 받게 된 것입니다. 여호와의 날이나 임마누엘 등은 백성들의 상태에 따라 구원과 위로가 되기도 하고 심판이 되기도 합니다. 이스라엘의 철저한 회개만이 여호와의 날의 성격을 바꿀 수 있습니다. 철저한 회개만이 이스라엘의 운명을 바꿀 수 있는 것입니다. 요엘 1장 13절입니다.

> 제사장들아 너희는 굵은 베로 동이고 슬피 울지어다 제단에 수종드는 자들아 너희는 울지어다 내 하나님께 수종드는 자들아 너희는 와서 굵은 베 옷을 입고 밤이 새도록 누울지어다 이는 소제와 전제를 너희 하나님의 성전에 드리지 못함이로다.

본문은 제사장과 장로들에게서 시작되어 결국 온 백성들로 이어지는 전국가적인 회개만이 임박한 여호와의 날을 피할 수 있는 유일한 길임을 말해주고 있습니다.

06 요엘 2장 28~29절의 말씀을 가지고 영의 민주화가 이루어졌다는 이야기를 들었습니다. 영의 민주화가 이루어졌다는 의미가 무엇인지 알고 싶습니다.

A 요엘 2장 28~29절을 보겠습니다.

그 후에 내가 내 영을 만민에게 부어 주리니 너희 자녀들이 장래 일을 말할 것이며 너희 늙은이는 꿈을 꾸며 너희 젊은이는 이상을 볼 것이며 그 때에 내가 또 내 영을 남종과 여종에게 부어 줄 것이며.

만민에게 성령을 부어 주실 것이라는 이 예언은 의의 교사로서 오실 메시아 예언(2:23)과 더불어 요엘의 중심축을 이루고 있습니다. 하나님께서는 하나님을 섬김에 있어 새로운 능력으로서의 성령을 허락하십니다. 누구에게 허락하십니까? 만민에게 허락하십니다. 여기의 만민은 모든 육체를 뜻합니다. 모든 육체에 하나님의 영이 임하는 것입니다. 창세기 6장 3절을 보면 엄청난 진노로 인해 하나님의 영이 사람을 영원히 떠났다고 선포하고 있습니다. 그런데 다시 만민에게 하나님께서는 당신의 영을 허락하십니다. 태고의 저주를 푸시고 인류의 원역사를 회복하시는 것입니다. 만민은 아들과 딸, 늙은이와 젊은이, 남종과 여종으로 구체화됩니다. 성령 강림을 통해 성과 나이와 사회적 계층을 초월하는 영의 공동체, 예언적 공동체가 탄생하게 되는 것입니다. '부어진다'는 것은 충만하게 부어진다는 것을 의미합니다. 이스라엘 증거 막의 거룩한 관유를 보통은 찍어 바르지만 제사장 임직 식에는 부어 바릅니다(출 29:7). 다섯 가지를 혼합한 기름인 관유(출 30:23~25)는 하나님의 거룩하신 영을 상징합니다. 이것이 구약 시대에는 제사장에게만 부어졌는데 이제 그 부어짐의 축복이 모든 육체에게로 확장되어지는 것입니다. 이것을 하나님의 영의 민주화로 부릅니다(민 11:29).

28절을 보면 하나님의 영이 임하자 백성 모두가 예언하고 꿈을 꾸고 이상을 갖게 됩니다. 장래의 일을 말한다는 것은 예언한다는 것으로 하나님의 말씀을 선포하는 것을 의미합니다. 29절은 하나님의 영이 부어짐으로 인해 발생하는 새로운 질서를 보여줍니다. 구약의 관점에서 종까지 하나님 나라의 지도자의 표징인 하나님의 영이 부어진다는 것은 상상할 수도 없었던 일입니다. 이제 하나님의 영은 차별 없이 모든 사람에게 주어지는 하나님의 은혜의 선물입니다. 이것이 구체적으로 실현되어지는 현장이 바로 교회 공동체입니다. 오늘날 교회 안에서 소유에 의한 경제적 차별, 성차별, 세대 간의 갈등, 사회적 신분에 의한 소외가 있다면 그 공동체는 성령이 살아 숨 쉬는 공동체라고 말할 수 없습니다. 제아무리 그곳에서 많은 예배가 드려진다 하더라도 그곳은 성령이 근심하고 탄식하는 장소에 불과합니다. 하나님의 영으로 세상이 만든 모든 차별의 담들이 허물어지는 곳, 예수가 아니었다면 하나 될 수 없는 사람들이 예수로 인해 하나 됨을 누리는 곳, 그곳이 진정 하나님의 영으로 가득한 교회의 모습입니다. 우리 모두가 그러한 교회를 만들어내는 일에 열과 성을 다해야 할 것입니다.

07 요엘 3장 10절은 이사야 2장 4절이나 미가 4장 3절과 정반대의 내용을 담고 있습니다. 이 말씀을 어떻게 이해해야 할까요?

A 요엘 3장 10절을 보겠습니다.

> 너희는 보습을 쳐서 칼을 만들지어다 낫을 쳐서 창을 만들지어다 약한 자도 이르기를 나는 강하다 할지어다.

다음으로 이사야 2장 4절을 보겠습니다.

그가 열방 사이에 판단하시며 많은 백성을 판결하시리니 무리가 그들의 칼을 쳐서 보습을 만들고 그들의 창을 쳐서 낫을 만들 것이며 이 나라와 저 나라가 다시는 칼을 들고 서로 치지 아니하며 다시는 전쟁을 연습하지 아니하리라.

질문하신 것처럼 요엘 3장 10절은 이사야 2장 4절과 정반대의 내용입니다. 요엘에서는 '칼을 쳐서 보습을, 창을 쳐서 낫을' (사 2:4; 미 4:3)이라는 평화 종말론을 뒤집어서 '보습을 쳐서 칼을, 낫을 쳐서 창을'이라는 전쟁 종말론을 선포하고 있습니다. 이 역설적인 표현을 어떻게 이해해야 할까요? 요엘 3장 10절은 열국의 군사들로 하여금 보습을 쳐서 칼을 만들고, 낫을 쳐서 창을 만들어 하나님의 심판에 맞서 보라고 경고하는 말씀입니다. 이것은 회복된 하나님의 백성과 맞서 싸우는 에스겔 38~39장의 전쟁과 유사합니다. 전쟁에 호출된 사람들로 하여금 그들의 손에 잡히는 대로 무엇이든지 집어 들어서 전쟁 도구로 사용하라는 것입니다. 그러나 아무리 힘을 내어 하나님께 대적한다고 하더라도 그들의 결국은 여호사밧 골짜기에서 하나님의 심판을 받게 될 것을 강조하는 것입니다. 이것은 전쟁을 준비하라는 뜻이 아니라 전쟁을 해도 쓸모가 없다는 것으로 도리어 전쟁을 포기하게 유도하는 선언입니다.

아모스, 오바댜, 요나

01 예언자 아모스는 남유다 드고아 사람으로 알고 있습니다. 그런데 어떻게 아모스가 북이스라엘에 가서 사역을 할 수 있었는지 이해가 되지 않습니다. 당시는 이스라엘이 남북 왕국으로 분열된 시기가 아니었는지요?

A 맞습니다. 아모스가 활동했던 시기는 주전 8세기 중반입니다. 그때는 이스라엘이 남북 왕국으로 분열된 시기입니다. 솔로몬 사후에 이스라엘은 남유다와 북이스라엘로 분열됩니다. 남유다는 유다 지파와 일부 베냐민, 북이스라엘은 열 지파와 일부 베냐민으로 구성되었습니다. 남북 왕국 분열 당시에 남북 사이에 군사 분계선이 있지는 않았습니다. 남북 왕국의 분열은 정확하게 말하면 남북 왕실 분열이라고 할 수 있습니다. 열왕기상 13장을 보면 남유다의 한 예언자가 벧엘로 올라가서 여로보암이 세운 금송아지 우상을 책망하는 이야기가 나옵니다. 열왕기상 19장에는 북이스라엘의 예언자인 엘리야가 남유다의 브엘세바로 내려오는 이야기가 나옵니다. 이처럼 군사 분계선이 없었기 때문에 남쪽 사람이 북쪽으로, 북쪽 사람이 남쪽으

로 자유로이 왕래하는 모습을 볼 수 있습니다. 주전 8세기 예언자인 아모스도 그러했던 것입니다.

아모스는 자신의 이름으로 예언서를 기록한 최초의 문서 예언자입니다. 아모스는 '짐을 진 자' 또는 '짐꾼'이라는 이름의 뜻을 가지고 있습니다. 여기에서 짐은 예언자로서의 사역의 무거움을 의미하는 듯 보입니다. 아모스는 남유다 드고아 출신이었는데, 드고아는 예루살렘에서 남쪽으로 17km, 베들레헴에서 북쪽으로 10km 떨어진 곳에 위치한 유다에 속한 위성도시입니다. 아모스는 북이스라엘에 가서 북이스라엘에 만연한 이교적 요소를 제거하려고 애썼으며 이웃에 대한 바른 관계성으로 드러나야 할 사회적 공의를 강조했습니다.

02 아모스가 사역했던 주전 8세기 국제 정세와 이스라엘의 사회적 상황에 대해 알고 싶습니다.

A 사람의 말을 제대로 이해하기 위해서는 그 말이 선포된 맥락과 그 말이 누구를 대상으로 선포된 것인가를 먼저 알아야 합니다. 예언자의 말을 이해함에 있어서도 그 말이 선포되게 된 상황을 아는 것은 너무나 중요합니다. 아모스가 사역했던 시기는 주전 8세기 중반입니다. 이스라엘과 같은 약소국들은 강대국들의 틈바구니 사이에 끼여 국제 정치의 절대적인 영향 속에서 존립할 수밖에 없습니다. 다행스럽게도 아모스 시대에는 국제 상황이 이스라엘에게 매우 유리하게 전개되었습니다. 이스라엘에게 항구적 위협 세력이었던 이집트가 무기력한 시기를 보내게 됩니다. 주전 8세기 이집트는 리비아 출신의

왕들이 통치했는데(22~23왕조/주전 950~730) 이 시기에 삼각주 지역의 여러 도시들이 중앙 정부로부터 독립하게 됩니다. 또한 이스라엘 북쪽에 위치한 아람의 다메섹도 주전 802년에 앗시리아의 아닷니나리에게 패배합니다. 또한 앗수르는 아르메니아 산맥에 등장한 우라르투 왕국의 위협과 내정 문제 등으로 인해 8세기 중반 디글랏빌레셀 3세가 등장할 때까지는 근동 지방까지 세력을 미치지 못하였습니다.

이런 상황에서 북이스라엘은 여로보암 2세가 통치하게 됩니다. 이때 이스라엘은 겉으로 보기에는 최고의 번영을 누리는 전성기를 구가하였지만 안으로는 사회적 불의와 도덕적 타락이 만연했습니다. 전쟁이 사라짐으로 인해 발생한 현저한 인구 증가와 가혹하고 무자비한 채권법이 주전 8세기 북이스라엘의 주요 사회적 특징이었습니다. 경제적 풍요라는 뒷전에 존재한 억압과 강탈과 빈곤이라는 음지가 있었던 것입니다. 경제는 부익부 빈익빈의 양극화가 심화되었고 정치적으로는 의인이 학대를 받았으며 도덕은 부패하고 종교도 타락하여 우상 숭배가 만연하였습니다. 부유한 사람들이 가난한 친족들의 토지를 합법적으로 매입하고 재산을 증대시켜 나갔습니다. 소수의 부자들이 다수의 토지를 차지하였고 조상들로부터 물려받은 토지들이 대여자본주의에 의해 지배 계급에게 넘어가게 되었습니다. 대여자본주의는 농민들에게 필요한 물, 씨앗, 농기구, 가축 등을 고율로 대여해 주고 흉년이나 기타 이유로 못 갚을 때는 땅을 차압하는 방책입니다.

로랑 드보는 디르사의 고고학적 발굴을 통해 부자들의 집과 가난한 자들의 집이 도시의 서로 다른 지역에 위치하고 있다는 것과 집들의 규모와 건축 재료의 뚜렷한 차이가 있음을 밝혀냈습니다. 부자들의 집은 가난한 자들의 집보다 두 배 정도의 규모였고 부자들의 집은 잘 다듬어진 돌을 가지고 두 줄로 기초 공사를 한 반면 가난한 자들의 집은 깨어진 돌을 가지고 한 줄로 집의 토대를 쌓았다는 것도 밝혀냈습니다. 사회 지배층들은 자급자족을 추구하는 소농민들의 전통적인 경제활동 방식을 시대에 뒤떨어진 것으로 판단하고 자신들의 이익 추구 방법을 새로운 시대에 적합한 신식 경제활동으로 합리화하였습니다. 특용작물로 한정된 품목은 생필품에 필요한 농산물 생산의 급격한 감소를 초래하였고 이로 인해 농민들의 부채는 갈수록 증가하였고 빚을 갚지 못한 농민들은 농노로 전락하게 되고 도시의 엘리트 계층이 토지를 과다 보유하게 되었습니다. 주전 8세기에 이르러 토지는 조상에게 물려받아 매매가 금지된 거룩한 재산으로서의 가치를 상실하고 재산 증식과 부의 축적을 위한 수단으로서의 의미를 지니게 된 것입니다.

03 아모스가 사역했던 주전 8세기 중반 이후의 북이스라엘의 국내 정세에 대해 알고 싶습니다.

🅐 여로보암에 의해 시작된 북이스라엘은 하나님의 선택을 받은 자들이 공동체의 지도자가 되어야 한다는 전통이 있었습니다. 이런 상황에서 누가 하나님의 선택을 받은 자인가 라는 문제와 관련하여 북이스라엘은 잦은 정변을 경험하게 되었고 이로 인해 국내 정세는 매우 불안하였습니다. 북이스라엘의 전성기를 회복한 여로보암 2세가

주전 746년에 죽게 됩니다. 여로보암 2세의 죽음과 함께 예후 왕조는 끝나게 되는데 이때부터 북이스라엘은 계속적인 정변에 시달리게 됩니다. 스가랴는 6개월 통치 후에 살룸에 의해 살해당합니다. 살룸은 통치 한 달 만에 므나헴에게 죽임을 당합니다. 므나헴은 디글랏 빌레셋 3세에게 은 1,000달란트를 조공으로 바치면서 자신의 권력을 지속합니다(왕하 15:19~20). 므나헴이 조공을 바친 이야기는 디글랏 벨리셀 3세의 비문에도 등장합니다. 므나헴은 10년을 통치한 후에 그의 아들 브가히야에게 왕권을 넘겨줍니다. 아버지를 이어 친앗시리아 정책을 견지한 브가히야는 통치 2년 후에 길르앗 사람 50명의 도움을 받은 베가에 의해 암살됩니다. 베가는 아람 왕 르신과 함께 반앗시리아 입장을 취하다가 앗시리아의 지원을 받은 호세아의 반역으로 살해를 당합니다. 북이스라엘의 마지막 왕인 호세아는 처음에는 앗시리아 왕에게 조공을 바치며 정권을 유지했지만 이후 친이집트 정책을 펼치면서 사르곤 2세에 의해 멸망을 당합니다. 국가의 멸망과 함께 북왕국은 앗시리아에 속한 주로 편성되어 사마리아로 불리게 됩니다. 앗시리아는 적극적인 분산정책과 혼혈정책을 시행하며 저항 세력의 민족주의를 약화시킵니다. 북이스라엘의 멸망과 함께 많은 북왕국 백성들은 유다로 망명하게 되었고 이로 인해 예루살렘의 인구가 급속도로 증가하게 됩니다.

04 소예언서 가운데 아모스가 가진 특징이 무엇인지 궁금합니다.

🅐 아모스가 많은 학자들의 관심을 받게 된 이유는 크게 두 가지입니다. 하나는 성경에 기록을 남긴 선지자들 가운데 연대기적으로 최초에 해당되기 때문입니다. 아모스는 자신의 이름으로 예언서를 남긴 최초의 문서 예언자입니다. 다른 하나는 아모스에 나타난 강력한 사회 윤리적 메시지 때문입니다. 아모스 이전에는 죄의 주된 내용이 하나님을 떠나서 우상을 숭배하는 것이었다면 아모스는 북이스라엘의 우상 숭배에 대해서는 별로 언급하지 않습니다. 아모스는 하나님의 백성이라고 자부하는 북이스라엘에 만연한 사회의 부정과 불의를 신랄하게 고발합니다.

땅 신학에 근거할 때 임차인들이 땅의 주인이신 하나님께 바쳐야 할 임대료는 미쉬파트와 체데크가 넘치는 공동체를 건설하는 것이었습니다. 미쉬파트는 사법적 정의가 구현되는 것이고, 체데크는 서로가 서로를 형제로 대하는 것입니다. 아모스가 바라본 주전 8세기 중반의 북이스라엘은 미쉬파트와 체데크가 상실된 공동체였습니다. 땅 신학의 관점에서 볼 때 가나안 땅의 임차인인 북이스라엘은 오랜 시간 땅의 주인이신 하나님께 임대료를 체납하였고 그로 인해 예언자를 통해 경고를 받고 있는 상황이었습니다. 더 이상 임대료가 체납될 경우 땅의 주인이신 하나님은 불의한 임차인인 북이스라엘 백성들을 그 땅으로부터 내어 쫓으실 것이라고 강력하게 경고한 예언자가 아모스였습니다.

05 아모스 1장 1절을 보면 아모스의 직업이 목자라고 되어 있습니다. 어떤 목사님께서 아모스를 소개하면서 아모스의 직업이 목자라는 사

실을 통해 그가 밑바닥 인생이었다고 설명하는 것을 들었습니다. 그런데 밑바닥 인생인 목자가 어떻게 문자를 알고 예언서를 쓸 수 있게 된 것인지 궁금합니다.

A 아모스 1장 1절을 보겠습니다.

> 유다 왕 웃시야의 시대 곧 이스라엘 왕 요아스의 아들 여로보암의 시대 지진 전 이년에 드고아 목자 중 아모스가 이스라엘에 대하여 이상으로 받은 말씀이라.

1절은 아모스 전체의 표제입니다. 우리는 표제를 통해 책의 제목, 저자, 저자의 직업, 저자의 고향, 내용과 시기를 알 수 있습니다. 히브리어 성경에서 가장 먼저 등장하는 말은 '아모스의 말씀들'이라는 표현입니다. 말씀이라는 것은 지혜문학인 잠언에서 주로 사용되는 표현입니다. 말씀이라는 단어를 통해 아모스 안에 지혜 문학적인 요소들이 많이 있음을 알 수 있습니다. 하나님께서는 목자 아모스를 통해 당신의 뜻을 드러내고 계십니다. 하나님의 뜻을 전달하는 존재는 어느 특정한 직업군으로 한정되어 있는 것은 아닙니다. 무엇보다 하나님의 뜻을 알려주는 정상적 매개자인 제사장이 직무유기 상태에 처해 있을 때 하나님께서는 다양한 직업군의 사람들을 비상 매개자로 선택하셨습니다. 그들을 우리는 예언자라고 부릅니다.

비상 매개자로 아모스가 선택되었을 만큼 아모스 시대는 정상적 매개자들인 제사장들이 집단적으로 타락한 시대입니다. 하나님께서 아모스를 예언자로 부르셔서 자신의 뜻을 알려주신 목적은 심판 예고를 통해 회개하기 위함입니다. 아모스의 직업은 목자입니다. 여기서 '목자'를 뜻하는 '노케드'라는 단어는 아모스 1장 1절과 열왕기하 3장 4절에만 나오는 단어입니다. 열왕기하 3장 4절을 보겠습니다.

> 모압 왕 메사는 양을 치는 자라 새끼 양 십만 마리의 털과 숫양 십만 마리의 털을 이스라엘 왕에게 바치더니.

모압 왕 메사가 양을 치는 자라고 할 때 여기에 사용된 단어도 '노케드'입니다. 그런데 모압 왕 메사가 치고 있는 양의 숫자를 보십시오. 새끼 양 십만 마리와 숫양 십만 마리입니다. 엄청난 규모라는 것을 알 수 있습니다. 이 정도의 양을 유목하는 자를 '노케드'라고 할 때 아모스는 결코 가난한 사람은 아니었음을 알 수 있습니다. 목자라는 직업으로 인해 아모스를 밑바닥 계층이라고 이해하는 분들이 많으신데 아모스가 어느 계층에 속하는가 라는 문제에 대해서는 다양한 견해가 있습니다. 학자들은 아모스를 농부, 계절노동자, 목자, 재력이 있는 지주 등 다양한 분석을 하고 있습니다. 확실한 것은 아모스는 대규모 가축과 토지를 소유한 지역 유지로 상당한 교육 수준의 지식인이었을 것으로 봅니다. 아모스는 고대 히브리어로 자기 이름의 예언서를 남긴 최초의 문서 예언자입니다. 당시 문자를 알고 있는 사람들이 전체 인구의 5%에서 최대 10% 정도였다고 할 때 아모스는 문자를 알고 있던 지식인임이 분명합니다. 무엇보다 아모스의 고향인 드고아는 지혜자들이 사는 곳으로 유명한 동네(삼하 14:1~3)였습니다.

06 하나님께서는 오랜 시간 예언자를 보내셔서 죄악으로 가득한 이스라엘을 책망하셨습니다. 그런데 왜 이스라엘은 하나님이 기뻐하시는 회개의 모습을 드러내지 못했는지 그 이유가 궁금합니다.

🅐 이스라엘은 오랜 시간 회개를 촉구하시는 하나님의 심판 경고를 무시하였습니다. 이스라엘이 회개하지 않은 이유는 무엇일까요? 첫째로 진정 하나님을 두려워하지 않았기 때문입니다. 이스라엘은 하나님의 언약 백성이라는 자의식은 있었지만 실상 하나님을 진정으로 경외하지 않았습니다. 경외의 부재로 인해 그들은 하나님의 심판 경고 앞에서도 존재를 다해 경청하거나 돌이키지 않았습니다. 둘째로 하나님을 심각하게 오해했기 때문입니다. 이스라엘은 배타적 선민사상을 붙잡으며 자신들은 하나님의 심판으로부터 면책 특권이라도 가진 것처럼 생각했습니다. 하나님의 선민으로 부름 받은 것이 더 큰 윤리 도덕적 책임감으로 살아내야 하는 책임감이라는 사실을 기억하지 못한 것입니다. 셋째로 하나님이 진정 기뻐하시는 일이 무엇인지를 분별하지 못하였기 때문입니다. 그들은 종교의식에는 최선을 다하였지만 하나님 나라의 가시적 표징인 정의와 공평을 주목하지 않았습니다. 넷째로 하나님의 관심 영역을 지극히 종교적 영역으로 축소시켰기 때문입니다. 하나님의 관심인 미쉬파트와 체데크의 삶을 구현하는 일에 그들은 아무런 관심을 기울이지 않았습니다. 뜻이 하늘에서 이루어진 것 같이 땅에서도 이루어져야 함을 그들은 몰랐습니다. 하나님께서 이집트와 전혀 다른 공동체를 건설하라고 가나안 땅을 허락하셨음을 그들은 망각했습니다. 야고보서 5장 4절을 보겠습니다.

보라 너희 밭에서 추수한 품꾼에게 주지 아니한 삯이 소리 지르며 그 추수한 자의 우는 소리가 만군의 주의 귀에 들렸느니라.

하나님께서는 정당한 노동의 대가를 받지 못하는 노동자들의 울부짖음에 귀를 기울이고 계십니다. 그러나 이스라엘은 이러한 하나님의 모습을 전혀 주목하지 못했습니다. 안타깝게도 오늘날 교회 또한 사회적 약자의 울부짖음에 귀 기울이시는 하나님을 오직 인간의 종교의식에만 관심이 있는 하나님으로 축소시키고 있습니다.

07 아모스 1장 3절부터 2장 16절까지는 이방 국가들에 대한 심판 예언이 나옵니다. 그런데 이방 나라들이 하나님의 심판을 받음에 있어서 하나님을 믿지 않고 섬기지 않음 같은 죄악들은 나타나지 않고 있는 듯합니다. 이방 나라들이 하나님의 심판을 받게 된 중요한 죄목들에는 무엇이 있는지 궁금합니다.

🅐 대부분의 신앙인들은 사람들이 저지르는 가장 큰 죄를 하나님을 믿지 아니하고 섬기지 아니하는 것이라고 생각합니다. 그래서 예언자를 통해 하나님께서 이방의 죄를 책망하시는 상황에서도 이방의 가장 큰 죄가 하나님을 믿지 않고 섬기지 아니함이 아닐까 하고 생각하기 쉽습니다. 그러나 예언서에서 이방의 죄를 질타하는 상황에서 그들이 하나님을 믿지 않고 섬기지 않았다는 것에 대해 책망하는 내용은 나오지 않습니다. 그 이유가 무엇일까요? 하나님을 믿지 않은 것이 죄가 되려면 하나님을 믿을 수 있는 기회가 있었음에도 불구하

고 믿지 않을 때입니다. 그러나 믿을 수 있는 기회조차 없었던 자에게 하나님을 믿지 않았다고 죄를 묻게 된다면 심판을 받는 사람들 입장에서는 너무나 억울한 판결이 될 것입니다. 하나님께서 내리시는 심판의 일차적 특징은 하나님의 판결을 받는 자가 수긍할 수밖에 없는 공의로움에 있습니다. 따라서 하나님을 믿을 수 있는 기회조차 없었던 이방 국가를 향해 하나님을 믿지 않았다는 식의 책망은 예언서에 등장하지 않습니다. 그렇다면 이방 국가들은 어떠한 죄목으로 하나님의 심판을 받게 된 것일까요?

아모스 1장 3절부터 2장 16절에 이방 국가들에 대한 심판 예언이 등장합니다. 이스라엘과 인척 관계가 없는 다메섹, 블레셋, 두로에 이어 친척 관계인 에돔, 암몬, 모압 그리고 유다의 순서로 배치되어 있습니다. 이방 나라들에 대한 심판 선언은 이스라엘의 심판을 선포하기 위한 하나의 서곡과 같은 기능을 합니다. 이방 민족들을 심판하시는 주요 죄악들은 분노를 품고, 상대방을 인격적으로 대우하지 아니하며, 자신의 사리사욕을 채우고자 상대방에게 해를 입힌 것에 대한 것입니다. 그 구체적인 죄악은 다음과 같습니다. 다메섹은 길르앗 백성들을 잔인하게 압박한 죄, 가사는 전쟁 포로들을 에돔에 팔아넘긴 죄, 두로는 형제 계약을 맺은 나라의 백성들을 에돔에 팔아넘긴 죄, 에돔은 전쟁에서 잔악한 행위를 한 죄, 암몬은 영토 확장을 위해 다른 나라 백성들을 잔인하게 학살한 죄, 모압은 에돔 왕의 뼈를 불사른 죄, 유다는 여호와의 율법을 무시한 죄입니다. 즉 이방 국가들은 이웃 나라 백성들을 얼마나 인도적으로, 인격적으로 대우했느냐에 따라 심판을 받습니다. 즉 하나님께서 허락하신 일반은총에 근거한 판단을 받는 것입니다. 각 나라가 저지른 비윤리적인 행위 등을 지켜

보신 하나님께서는 그들을 반드시 심판하실 것을 선포하십니다. 오늘날에도 여전히 하나님께서는 세계 곳곳에서 일어나고 있는 인권 유린 행위나 인간성 말살 행위를 주목하고 계심을 기억해야 합니다.

08 이방 나라의 죄를 언급하며 하나님의 심판을 경고하는 맥락에서 공통된 구조가 등장하는 듯 보입니다. 아모스 1~2장의 심판 경고 맥락에서 발견할 수 있는 구조에 대해 알고 싶습니다.

A 이방 나라들의 죄를 책망하며 심판을 경고하는 본문을 통해 우리는 하나님께서 한 민족이나 한 국가에 한정된 신이 아니라 모든 열방을 통치하시는 우주적인 하나님이심을 알 수 있습니다. 아모스 1~2장에 나타난 심판을 경고하는 맥락에서 발견되는 구조는 크게 여섯 개의 순서로 되어 있습니다. 전달자 구문, 고발 구문, 구체적인 죄목 구문, 심판 구문, 구체적인 심판 구문, 종결 구문입니다. 첫째로 전달자 구문은 '여호와께서 가라사대'와 같은 표현으로 시작됩니다. 둘째로 고발 구문은 '~의 서너 가지 죄로 인하여 내가 그 벌을 돌이키지 아니하리니'와 같은 표현이 나옵니다. 여기서 '서너 가지 죄'라는 것은 '세 가지 죄와 네 가지 죄'라는 뜻으로 총 일곱 가지 죄를 가리킵니다. 완전수인 7이 사용되고 있는 것입니다. 일곱 가지 죄는 심판받기에 충분한 그리고 충분하고도 남는 죄라는 뜻입니다. 셋째로 구체적인 죄목 구문은 '이는 저희가'라는 표현으로 등장합니다. 넷째로 심판 구문은 '내가 ~에 불을 보내리니 그 궁궐들을 사르리라'라는 표현으로 나타납니다. 다섯째로 구체적인 심판 구문은 '내가 ~에

서 그 거민과 ~에서 홀 잡은 자를 끊고' 와 같은 내용이 나옵니다. 마지막으로 종결 구문은 '주 여호와의 말이라' 와 같은 문장이 나타납니다.

09 아모스가 책망한 북이스라엘의 죄악에는 어떤 것이 있는지 궁금합니다.

🅐 아모스는 2장 6절에서 16절까지 북이스라엘의 죄악을 지적하고 있습니다. 이스라엘의 죄목은 가난하고 힘없는 자들을 억압한 것(6~7절), 도덕적으로나 성적으로 타락한 생활(7~8절), 참된 신앙생활에서 벗어난 것(8, 12절), 신앙의 지도자들이 타협하는 생활을 한 것(12절) 등으로 요약할 수 있습니다. 본문에 언급된 이스라엘의 죄악은 일곱 가지입니다. 이는 죄가 완전히 가득 찼음을 의미합니다. 이스라엘은 하나님과 언약을 체결하였지만 그 언약을 신실하게 준수하지 않았습니다. 언약을 파기한 것입니다. 문제는 언약을 파기한 결과 이스라엘 공동체에서 가장 연약하고 주변화된 지체들이 가장 큰 피해를 입게 되었다는 것입니다. 아모스는 경제적 불의와 부정을 몰아내고 정의를 바로 세우라고 외칩니다. 이스라엘의 죄악은 단순한 사회적 불의가 아니라 하나님과의 언약을 파괴한 죄입니다. 힘없고 가난한 사람들에게 행하는 모습이 곧 하나님에게 대하는 모습입니다. 힘없는 자와 가난한 자에 대한 억압과 불의는 하나님께서 미워하시는 행위입니다. 고대 근동의 신들 가운데 유일하게 약자와 자신을 동일시하시는 분이 우리 하나님이십니다. 일곱 나라에 대한 심판

이 국제정치에 대한 하나님의 관심을 보여주는 것이라면 이스라엘에 대한 심판은 약자들을 향하신 하나님의 관심을 보여줍니다. 하나님의 백성에게 신앙과 정의는 별개의 영역이 아닌 사회 속에서 병행되어야 함을 기억해야 합니다.

10 아모스 4장 4~5절에 하나님께 드리는 제사가 범죄 행위에 지나지 않는다는 책망이 나옵니다. 어떻게 하나님께 드려지는 제사가 범죄 행위가 되는 것인지에 대해 설명 부탁드립니다.

A 아모스 4장 4~5절을 보겠습니다.

> 너희는 벧엘에 가서 범죄하며 길갈에 가서 죄를 더하며 아침마다 너희 희생을, 삼일마다 너희 십일조를 드리며 누룩 넣은 것을 불살라 수은제로 드리며 낙헌제를 소리내어 선포하려무나 이스라엘 자손들아 이것이 너희가 기뻐하는 바니라 주 여호와의 말씀이니라.

여기에 언급된 벧엘, 길갈, 브엘세바는 당시에 유명한 가나안 성소들입니다. 오늘날로 말하면 종교적 명당인 것입니다. 하나님께서는 이스라엘 백성들에게 건물이 아닌 하나님을 찾으라고 말씀하십니다. 아모스 5장 6절을 보겠습니다.

> 너희는 여호와를 찾으라 그리하면 살리라 그렇지 않으면 그가 불 같이 요셉의 집에 임하여 멸하시리니 벧엘에서 그 불들을 끌 자가 없으리라.

당시 사람들은 하나님을 찾는 것을 하나님의 성소에 나아가 하나님께 예배드리는 것으로 이해했습니다. 그러나 하나님께서는 성소에 와서 빈번한 예배를 드리는 것이 하나님을 찾는 것과 아무런 상관이 없음을 지적하십니다. 진정 하나님을 찾는다는 것은 일상의 삶 속에서 하나님과 동행함을 통하여 하나님의 백성다운 삶을 살아내는 것을 의미합니다. 예배를 자주 드린다고 해서 삶이 변화되는 것은 아닙니다. 하나님의 말씀에 절대 순종하겠다는 다짐과 결단이 없이는 삶은 절대로 바뀌지 않습니다. 사람들은 하나님을 사랑하는 손쉬운 방법을 만들어냅니다. 자신의 죄 된 삶은 변화시키지 않으면서도 하나님을 사랑할 수 있는 방법을 만들어내는데 그것이 바로 종교의식의 강조입니다. 이것을 강조한 자들이 성소를 통해 생활을 영위한 제사장들입니다. 제사장들의 교육의 결과 이스라엘은 성소에 와서 제사를 지내는 것을 하나님을 찾는 일이라고 생각했습니다. 그러나 예배의 모습은 일상의 삶을 통해 확장되고 완성되어야 합니다. 안타깝게도 이스라엘에게는 그러한 모습이 보이지 않았습니다. 그것을 하나님께서 책망하고 계신 것입니다. 하나님께 드리는 제사가 범죄 행위에 지나지 않는다고 규정된 이유는 이스라엘 백성들이 하나님께서 기뻐하시는 공의는 실현하지 아니하고 그저 하나님의 진노를 가리기 위해서 제물로 대신하려고 하는 행위에 대한 책망입니다. 여기서 중요한 표현은 '너희'라는 표현입니다. 하나님의 뜻에는 전혀 관심을 기울이지 않는 '너희'의 희생과 '너희'의 십일조를 하나님은 거부하십니다. 하나님은 헌제자의 제물보다 헌제자의 삶을 더 주목하시는 분임을 기억해야 합니다.

11 아모스 5장의 애가에서 아모스는 이스라엘이 살 수 있는 유일한 길이 하나님을 찾는 것이라고 말합니다. 하나님을 찾는다는 것이 무엇인지 구체적으로 알고 싶습니다.

A 아모스 5장은 이스라엘의 멸망에 대한 아모스의 심정을 담은 애가입니다. 애가는 슬픈 노래로 사람이 죽었을 때 부르는 조가 또는 장송곡을 뜻합니다. 이스라엘의 멸망을 예견하고 부르는 노래입니다. 아모스는 공동체의 몰락에 대해 애통해하고 있습니다. 예언자는 하나님을 대변하는 자입니다. 따라서 예언자의 애통함은 하나님의 애통함을 대변하는 것이라고 할 수 있습니다. 애가를 통해 아모스는 이스라엘이 멸망을 피할 수 있는 유일한 해결책을 제시하고 있는데 그것은 바로 하나님을 찾는 것입니다. 아모스 5장 4~5절을 보겠습니다.

> 여호와께서 이스라엘 족속에게 이와 같이 말씀하시기를 너희는 나를 찾으라 그리하면 살리라 벧엘을 찾지 말며 길갈로 들어가지 말며 브엘세바로도 나아가지 말라 길갈은 반드시 사로잡히겠고 벧엘은 비참하게 될 것임이라 하셨나니.

하나님을 찾는다는 것은 이스라엘 백성들이 자행하고 있는 모든 불의와 죄악에서 떠나 하나님이 기뻐하시는 모습으로 돌아오는 것으로 드러나야 합니다. 아모스는 길갈과 벧엘이 아닌 하나님을 찾으라고 선포합니다. 하나님을 찾는 것과 길갈과 벧엘을 찾는 것은 전혀 다른 차원의 모습입니다. 이 둘을 동일하게 생각했던 이들에게는 아모스의 이러한 말씀이 아주 충격적으로 다가왔을 것입니다. 하나님께서는 하늘에서와 같이 이 땅 위에서도 당신의 뜻이 온전히 이루어지기를 바라십니다. 그 하나님 나라의 삶을 이루어내는 곳에서 우리는 하나님을 만날 수 있습니다. 하나님을 찾으라는 것은 하나님의 뜻에 따라 살고자 노력하며 정의로운 삶을 실천하라는 것입니다. 이것이 이스라엘 백성들이 살 수 있는 유일한 길입니다. 공의와 정의의 실천은 악을 미워하고 선을 사랑하는 것과 공의와 정의를 세상에서 강같이 흐르게 하는 것으로 드러나야 합니다(5:6, 8, 24). 하나님을 찾는다는 것은 선을 찾는 것이며 그것은 정의를 건설하는 일로 드러나게 되어 있습니다(5:14~15).

12 아모스 5장 13절을 이해하기가 쉽지 않습니다. 이 구절의 의미에 대해 알고 싶습니다.

A 아모스 5장 13절을 보겠습니다.

> 그러므로 이런 때에 지혜자가 잠잠하나니 이는 악한 때임이니라.

본문은 두 가지 의미로 해석할 수 있습니다. 하나는 사회에서 일어나고 있는 잘못된 현상을 비판적으로 풍자하는 것으로 보는 것입니다. 지혜자들이 악한 때에 침묵을 지킨 것을 비난하는 조롱 신탁이라고 할 수 있습니다. 아모스 5장 10절을 보겠습니다.

무리가 성문에서 책망하는 자를 미워하며 정직히 말하는 자를 싫어하는
도다.

10절과 연결해서 해석하면 '악한 때일수록 더욱 소리를 높여야 하지 않는가, 어두울수록 더욱 빛을 발해야 하는 것이 아닌가' 라고 생각할 수 있습니다. 세상이 악하고 정의가 땅에 떨어졌을 때 더욱 소리 높여 하나님의 공의를 선포하는 것이 하나님의 백성들의 자세라고 할 수 있습니다. 다른 하나의 해석은 여기에 사용된 단어의 의미를 다르게 해석하는 것입니다. 여기에 '잠잠하다' 는 하나님의 심판을 받아 벌 받는 모습을 묘사할 때 사용되는 단어입니다(삼상 2:9; 애 2:10; 암 8:3). '악한 때' 라는 것은 '재앙의 때' 로 번역할 수 있습니다. 문제는 '지혜자' 인데 이를 해결하기 위해서는 히브리어 '아룸' 의 뜻을 살펴봐야 합니다. 13절을 '간교한' 으로 바꾸게 되면 여기서 간교하다는 것은 강한 자를 지칭하는 용어가 됩니다. 이렇게 해석하게 되면 '그러므로 이제는 강한 자가 잠잠해지나니 이는 심판의 때임이니라' 가 됩니다. 이렇게 13절을 해석할 수도 있습니다.

13 아모스에서 가장 유명한 구절은 5장 24절이 아닐까 생각됩니다. 이 구절의 의미에 대해 알고 싶습니다.

🅐 아모스 5장 24절에 대한 해석은 앞부분에 나오는 5장 21~23절에 대한 연장선상에서 해석해야 합니다. 아모스 5장 21~23절을 보겠습니다.

내가 너희 절기들을 미워하여 멸시하며 너희 성회들을 기뻐하지 아니하나니 너희가 내게 번제나 소제를 드릴지라도 내가 받지 아니할 것이요 너희의 살진 희생의 화목제도 내가 돌아보지 아니하리라 네 노랫소리를 내 앞에서 그칠지어다 네 비파 소리도 내가 듣지 아니하리라.

본문은 의식주의적 또는 형식주의적 종교 행위에 대한 책망을 담고 있습니다. 이스라엘은 하나님과 인격적 만남 없이 자신들의 종교적인 감정이나 분위기에 젖어 형식적이고 습관적인 예배를 드렸습니다. 안타까운 것은 그들의 신앙적 열심이 공의로운 삶으로 이어지지 못했다는 것입니다. 그들은 신앙의식에 있어서는 열심을 드러내면서도 사회에서 비윤리적으로 살아가는 모순된 삶을 살았습니다. 이것은 하나님 앞에서 너무나 큰 죄악입니다. 대부분의 신앙인들이 사회에서 일어나고 있는 살인, 강포, 포학, 부정, 약자에 대한 착취 등이 하나님의 관심 밖에 있다는 선입견 속에서 살아갑니다. 그러나 우리 하나님께서는 사회적인 불의와 악행을 범하는 자들이 드리는 제의를 결코 받지 않으십니다. 아모스는 하나님의 백성들의 철저한 사회적 책임과 고차원적인 윤리를 강조하면서 무조건적으로 하나님이 그의 백성들과 함께하신다는 확신을 뒤집어엎고 있습니다. 아모스에서 하나님을 찾는 행위는 일상의 삶에서 의로운 삶을 살아가는 것을 의미합니다. 윤리적 삶으로 이어지지 않는 종교 생활은 무가치할 뿐만 아니라 하나님의 미움과 멸시의 대상이 될 뿐입니다. 삶과 유리된 형식적인 종교의식에 대한 책망 이후에 하나님이 진정 원하시는 것이 무엇인지를 5장 24절이 알려주고 있습니다. 아모스 5장 24절을 보겠습니다.

오직 정의를 물 같이, 공의를 마르지 않는 강 같이 흐르게 할지어다.

하나님이 진정 원하시는 것에 우리는 주목해야 합니다. 참된 예배는 예배자의 마음속에 공법과 정의가 자리 잡고 있을 때에만 가능합니다. 예배의 규모와 화려함이 아닌 진정 하나님을 만나고자 하는 그 마음이 예배의 진정성을 결정합니다. 진정 하나님을 경외하는 자는 이스라엘 공동체에서 만나는 지체들에 대해 온전한 사랑을 행할 수밖에 없습니다. 다른 사람들과의 관계에서 발현되지 않는 신앙은 실상 하나님이 아닌 자기들이 만든 신을 찾는 것에 불과합니다. 야웨 신앙의 핵심은 예배의식 자체보다는 공동체 의식을 실천하는 삶에 있습니다. 진정한 신앙은 이웃에 대하여 정직하게 행하며 특별히 곤궁한 자를 보살피는 일이 수반되어야 합니다. 본문은 크게 두 가지로 해석이 가능합니다. 공법과 정의를 하나님의 것으로 본다면 하나님의 공법과 정의가 물처럼 흘러서 이스라엘 공동체를 심판하신다는 의미가 되고, 다른 하나는 공법과 정의를 이스라엘 공동체가 시행해야 할 것으로 보는 것입니다. 한글 번역 성경은 후자의 해석을 선호하고 있습니다.

14 이스라엘의 권력자들과 부유층들이 하나님의 심판을 받게 된 가장 중요한 이유가 무엇인지 궁금합니다.

🅐 아모스 6장 4~7절을 보겠습니다.

상아 상에 누우며 침상에서 기지개 켜며 양 떼에서 어린 양과 우리에서 송아지를 잡아서 먹고 비파 소리에 맞추어 노래를 지절거리며 다윗처럼 자기를 위하여 악기를 제조하며 대접으로 포도주를 마시며 귀한 기름을 몸에 바르면서 요셉의 환난에 대하여는 근심하지 아니하는 자로다 그러므로 그들이 이제는 사로잡히는 자 중에 앞서 사로잡히리니 기지개 켜는 자의 떠드는 소리가 그치리라.

여기서 권력자들과 부유층들의 사교 클럽이 등장하는데 이것을 마르제아흐 제도라고 부릅니다. 7절의 '떠드는 소리'로 번역된 것이 마르제아흐 제도입니다. 이것은 기득권을 고수하며 서로 도움을 주고받고 주기적으로 모여 연회를 베풀며 연대를 강화하는 사회 특권층의 조직입니다. 마르제아흐는 어떤 사회적, 종교적 제도나 결사체의 이름 그리고 그 모임의 회원들을 지칭하는 이름이기도 하고 그들이 모이는 집회 장소를 뜻하기도 합니다. 이 결사체의 회원은 대부분 군사 엘리트인 남성들과 약간의 여성 지배 계층(4:1), 대지주, 사회 고위층들로 구성되었는데 이 결사체의 기본적인 성격은 사회 엘리트들의 결속에 있습니다. 그들은 주기적으로 모였으며 모임에서는 술을 마시며 연회를 즐겼습니다. 그들의 관심은 자신들의 욕망을 위해 먹고, 마시고, 지절거리며, 기뻐하는 사치와 향락에 있었고 가난하고 힘없는 이웃의 운명에 대해서는 근심하지 않았습니다. 하나님께서 아브라함과 그 후손을 선택하신 목적인 정의로운 언약 공동체를 이루는 것에는 전혀 관심이 없었던 것입니다(창 18:19).

6절이 말하는 것처럼 이들은 가난하고 소외된 자들의 삶에 대해서는 전혀 관심을 두지 않았습니다. 이스라엘 공동체의 정체성의 핵심인 체데크에 대해서 전혀 관심이 없었던 것입니다. 그들은 자신들의 향락적 욕구를 충족시키는 일에만 전념했습니다. 그들이 하나님의 심판을 받게 된 가장 중요한 이유는 요셉의 환난을 인하여 근심하지 않았기 때문입니다. 요셉의 환난은 이스라엘의 환난을 가리킵니다. 이스라엘이 공동체적으로 겪고 있는 환난에 대해서는 전혀 근심하지 않고 자신들의 안락한 삶을 누려가는 것에만 관심을 기울이는 자들에게 하나님께서 화를 선포하고 계십니다. 공동체가 어떻게 되든 나 혼자 잘 살고자 하는 자들에 대해 하나님께서 심판을 시행하시는 것입니다. 하나님 외에는 그 누구에게도 호소할 길이 없는 사회적 약자들은 자신들의 억울한 상황에 대하여 하나님께 울부짖게 됩니다. 하나님은 그들의 울부짖음에 귀를 기울이시고 그들에 대한 깊은 연민과 사랑을 발동하셔서 그들의 눈에서 피눈물을 뽑아낸 자들을 향해 분노를 발하십니다. 악행을 저지른 강하고 부유한 자들에 대한 하나님의 분노는 곧 연약하고 가난한 자들에 대한 하나님의 사랑임을 기억해야 합니다.

15 아모스 7장에 나오는 환상 가운데 다림줄 환상에서는 아모스가 중보기도를 드리지 않습니다. 앞의 두 환상에서는 중보기도를 드렸는데 다림줄 환상에서는 이스라엘을 용서해달라는 중보기도를 드리지 않은 이유가 무엇인지 궁금합니다.

A 아모스 7~9장에는 다섯 개의 환상이 등장합니다. 메뚜기 재앙(7:1~3), 불과 가뭄(7:4~6), 다림줄(7:7~9), 여름 과일 광주리

(8:1~3), 주님에 의한 성전 붕괴(9:1~4)에 대한 내용입니다. 하나님의 심판 경고를 듣고 예언자는 하나님 앞에서 이스라엘을 위해 중보기도를 드립니다. 아모스 7장 2절을 보겠습니다.

> 메뚜기가 땅의 풀을 다 먹은지라 내가 이르되 주 여호와여 청하건대 사하소서 야곱이 미약하오니 어떻게 서리이까 하매.

예언자는 하나님 앞에서는 백성들을 변호하고 백성들 앞에서는 하나님을 대변하는 존재입니다. '야곱이 미약하오니'에서 야곱은 이스라엘 중에서 평민들, 즉 억압받고 학대받는 사람들을 가리킵니다. 예언자는 지금 "왕이 풀을 벤 후에 이제는 평민들의 차례인데 이러한 재앙을 내리시면 어떡합니까 하나님!"이라고 하면서 심판을 철회해 주실 것을 간청하고 있습니다. 아모스가 이런 간청을 할 수 있는 근거는 하나님이 약한 자에게 특별한 관심과 돌보심을 베푸시는 분임을 알고 있기 때문입니다(출 22:22; 신 10:18; 시 146:9). 아모스의 중보기도를 들으시고 하나님은 당신의 심판 계획을 철회하십니다. 우리 하나님은 기계와 같은 존재가 아니라 인격적인 존재입니다. 그러나 다림줄 환상에서는 아모스가 중보기도를 드리지 않습니다. 다림줄은 담을 쌓을 때 수직을 맞추기 위해서, 즉 담이 똑바로 되었는가 안 되었는가를 확인하기 위해서 사용하는 도구입니다. 아모스 7장 8절을 보겠습니다.

> 여호와께서 내게 이르시되 아모스야 네가 무엇을 보느냐 내가 대답하되 다림줄이니이다 주께서 이르시되 내가 다림줄을 내 백성 이스라엘 가운

데 두고 다시는 용서하지 아니하리니.

여기서 '다시는 용서하지 아니하리니'라는 말씀은 이제는 담이 너무 기울어져 쓸모가 없어졌음을 표현하는 것입니다. 현재 이스라엘은 하나님 앞에서 온전히 서 있지 못했습니다. 이런 상태를 방치하는 것이 아무런 의미가 없음을 아모스는 받아들입니다. 그래서 중보기도를 드리지 않습니다. 중보기도를 드려야 할 때와 하나님의 공의로우신 심판을 수용해야 할 때를 분별한 것입니다. 이스라엘 스스로가 회개의 길을 걷지 않는 한 하나님의 심판은 불가피함을 알 수 있습니다.

16 아모스 7장에 나오는 벧엘의 제사장 아마샤를 어떻게 바라봐야 할지 궁금합니다.

🅐 참 예언자 아모스와 거짓 예언자 아마샤의 대결이 아모스 7장 10~17절에 나옵니다. 아마샤는 국가에 고용되어 있던 고위 성직자입니다. 7장 10~11절을 보겠습니다.

> 때에 벧엘의 제사장 아마샤가 이스라엘의 왕 여로보암에게 보내어 이르되 이스라엘 족속 중에 아모스가 왕을 모반하나니 그 모든 말을 이 땅이 견딜 수 없나이다 아모스가 말하기를 여로보암은 칼에 죽겠고 이스라엘은 반드시 사로잡혀 그 땅에서 떠나겠다 하나이다.

아마샤는 아모스의 설교를 정치적 선동으로 간주하고 규탄합니다. 참 예언자에 대해 적대적인 태도를 취하고 있는 아마샤는 정권의 현상유지를 위해 봉사하는 어용 제사장입니다. 그는 하나님으로부터 예언자로 부름 받았지만 어느 순간부터 왕권의 시녀로 전락하여 세속적 부귀영화를 누리고 권력을 행사하는 존재로 추락해 버렸습니다. 벧엘 성소를 왕의 소유지라고 하면서(13절) 하나님이 개입할 수 없는 영역으로 규정해버립니다. 정치와 손잡은 어용 신학자나 성직자의 전형적 모습을 보여주고 있는 것입니다. 참 예언자들은 왕이 언약에 충실하지 못할 때 말씀에 근거하여 왕들을 비판하였습니다. 다윗에 대한 나단의 태도가 그러합니다. 하나님의 제사장이었던 아마샤도 어느 순간부터 여로보암의 제사장으로 변절되어 마침내 참 예언자를 거절하는 모습을 보여주고 있습니다. 참 예언자에 대한 거부는 곧 그를 보내신 하나님에 대한 거부입니다. 국가 권력에 고용된 중앙 예언자인 아마샤는 결국 하나님과 맞서는 자가 되었습니다. 그리하여 결국 아마샤는 하나님의 심판을 받게 됩니다.

아모스 7장 17절을 보겠습니다.

여호와께서 이와 같이 말씀하시기를 네 아내는 성읍 가운데서 창녀가 될 것이요 네 자녀들은 칼에 엎드러지며 네 땅은 측량하여 나누어질 것이며 너는 더러운 땅에서 죽을 것이요 이스라엘은 반드시 사로잡혀 그의 땅에서 떠나리라 하셨느니라.

'네 땅은 측량하여 나누어질 것'이라는 말씀을 통해 아마샤가 대토지 소유자임을 알 수 있습니다. '성읍 가운데서'는 공공연하게 아마샤의 아내가 욕을 당하게 된다는 것입니다. 참 하나님의 종의 사역을 막고 방해하던 종교 지도자 아마샤 한 사람의 잘못으로 인해 하나님의 심판이 그의 아내, 자녀, 땅, 그 자신 및 그의 나라에까지 미치고 있음을 알 수 있습니다. 거룩의 위계질서 사회에서 지도자들의 책임이 얼마나 막중한가를 여기서 볼 수 있습니다.

17 아모스 8장 11~12절이 말하는 말씀의 기근이 무엇을 말하는 것인지 알고 싶습니다.

A 아모스 8장 11~12절을 보겠습니다.

> 주 여호와의 말씀이니라 보라 날이 이를지라 내가 기근을 땅에 보내리니 양식이 없어 주림이 아니며 물이 없어 갈함이 아니요 여호와의 말씀을 듣지 못한 기갈이라 사람이 이 바다에서 저 바다까지, 북쪽에서 동쪽까지 비틀거리며 여호와의 말씀을 구하려고 돌아다녀도 얻지 못하리니.

본문은 예언자가 없는 비극적인 상황을 보여줍니다. 예언자가 하나님의 말씀을 전할 때는 듣는 자들이 없었는데 반대로 하나님의 말씀을 듣고자 하는 사람들은 많은데 정작 예언자가 없어서 하나님의 말씀을 들을 수 없는 상황이 도래하게 된 것입니다. 이것을 말씀의 기근 상태라고 할 수 있습니다. 예언서를 보게 되면 중요한 공식을 하나 발견하게 됩니다. 순종하고자 하지 않는 자에게 하나님의 말씀은 들리지 않습니다. 그리하여 오랜 시간 하나님의 말씀을 공급받지 못하게 되면 그 사람은 말씀의 기근에 시달리게 됩니다. 말씀의 기근에 시달리게 되면 하나님의 뜻이 무엇인지 사탄의 뜻이 무엇인지에 대해 분별력을 상실하게 됩니다. 분별력을 상실하게 되면 자기 욕망에 부합하는 것들을 하나님의 뜻으로 붙잡게 됩니다. 그리하여 오랜 시간 자기가 만든 하나님을 만들고 그것을 믿게 됩니다. 그것은 자기가 만든 하나님이지 실제 하나님의 뜻이나 모습과는 아무런 상관이 없습니다. 그렇게 오랜 시간 자기가 만든 가짜 하나님을 붙들게 되면 진짜 하나님이 자기에게 다가오셨을 때 가짜의 이름으로 진짜를 배척하게 됩니다. 이것이 구약 이스라엘 백성들이 살았던 부정적 삶의 악순환이었습니다.

18 아모스 9장 7절의 말씀에서 하나님께서 블레셋 사람과 아람 사람도 구원하셨다는 것을 어떻게 받아들여야 할지 난해합니다. 설명 부탁드립니다.

A 아모스 9장 7절을 보겠습니다.

여호와의 말씀이니라 이스라엘 자손들아 너희는 내게 구스 족속 같지 아니하냐 내가 이스라엘을 애굽 땅에서, 블레셋 사람을 갑돌에서, 아람 사람을 기르에서 올라오게 하지 아니하였느냐.

본문의 말씀은 출애굽 구원과 가나안 땅 정착이라는 이스라엘의 특권적 의식을 뒤흔드는 말씀입니다. 구스 족은 에티오피아인을 가리킵니다. 그들은 흑인들로 주변 민족들로부터 경멸을 받아 왔습니다. 그런데 하나님께서는 이스라엘 백성들을 구스 족과 동등한 위치에 놓음으로써 이스라엘이 하나님 앞에 자랑할 만한 것이 하나도 없음을 지적하고 있습니다. 또 하나는 이스라엘만 경험했다고 생각한 출애굽 구원 사건이 다른 민족들에게도 존재했음을 밝혀줍니다. 이스라엘 백성들을 애굽에서 출애굽 시켜주신 것처럼 하나님께서는 블레셋 사람들을 갑돌에서, 아람 사람들을 기르에서 구원해 주셨습니다. '올라오게 하였다'는 말은 구원해주셨다는 말입니다. 이는 이스라엘의 선민의식에 도전하는 말씀입니다.

그렇다면 왜 하나님께서는 블레셋 사람들과 아람 사람들을 구원해 주신 것일까요? 그들이 인식하지 못하고 인정하지 못한다고 하더라도 이 땅에 있는 모든 사람들은 하나님과 본질적인 관계를 맺고 있습니다. 그 관계는 창조주와 피조물의 관계입니다. 이 땅에 있는 모든 사람들은 하나님께서 당신의 형상대로 창조하신 존재입니다. 그들이 그것을 깨닫지 못하고 인정하지 못한다고 하더라도 하나님과 본질적 관계를 모든 존재는 맺고 있습니다. 하나님께서는 당신의 형상대로 지음 받은 사람들이 존귀한 삶을 살아가지 못하고 신음하며 절규하게 될 때 그들을 도우시고 구원해 주십니다. 이것이 블레셋 사람들과 아람 사람들에게도 나타난 것입니다. 그렇다면 이스라엘의 차별성은 어디에 있는 것일까요? 이스라엘도 하나님과 본질적인 관계를 맺고 있습니다. 더불어 하나님과 언약적 관계도 체결했습니다. 본질적 관계 위에 언약적 관계를 맺은 것입니다. 오늘날 신앙인들의 정체성도 바로 그러합니다. 하나님의 백성으로 살아가고자 한 그 언약적 다짐과 결단을 매순간 기억하며 하나님의 사람으로 신실한 걸음을 내딛는 것이 너무나 중요합니다.

백문백답 예언서 **6** 강-2

아모스, 오바댜, 요나

01 오바댜의 핵심적인 주제가 무엇인지 궁금합니다.

A 오바댜는 구약에 존재하는 유일한 한 장짜리 본문입니다. 분량으로는 구약 성경에서 가장 짧은 본문입니다. 책의 저자인 오바댜는 '섬기다'를 뜻하는 아바드와 여호와의 합성어로 '하나님의 종', '하나님을 섬기는 사람', '하나님의 예배자' 등의 이름의 뜻을 가지고 있습니다. 구약에서 12명 정도가 이 이름을 갖고 있을 정도로 당시 이스라엘 공동체 안에서는 매우 흔한 이름입니다. 오바댜는 유다 백성들의 죄악이나 멸망의 원인을 지적하는 대신 환난의 때를 틈타 형제 나라인 유다를 노략했던 에돔의 죄악과 그에 대한 하나님의 심판과 유다의 회복을 강조하는 예언서입니다. 에돔에 대한 오바댜의 심판 예언은 유다 백성들이 바벨론에서 유배 생활을 하고 있던 주전 587년과 538년 사이에 선포되어졌을 것으로 봅니다.

02 이스라엘과 에돔의 관계가 역사적으로 어떻게 전개되었는지 알고 싶습니다.

🅐 에돔 족의 조상은 야곱의 형인 에서(창 25:29~34)입니다. 에돔은 '붉은'이라는 형용사 '아돔'과 관련이 있습니다. 아돔은 에서가 태어났을 때 그의 몸의 특징이었고(창 25:25), 그가 장자권을 판 팥죽의 색깔이기도 하며(창 25:30), 에돔 나라가 위치한 지형의 색깔이기도 합니다. 에돔의 남쪽 경계는 아카바 만이고 북쪽은 사해와 함께 세렛 시내를 사이에 두고 모압과 경계를 이루고 있습니다. 에돔 족속이 살았던 지역은 이름 그대로 붉은 색을 띤 흙과 울퉁불퉁한 바위와 산으로 둘러싸인 험준한 곳이었습니다. 에돔과 이스라엘의 분쟁은 어머니 리브가의 뱃속에서부터 시작되었다고 할 수 있습니다(창 25:23). 두 형제 사이의 분쟁은 야곱이 형 에서의 장자권을 빼앗음으로써 현실화되었으며 이후에 두 사람이 화해했지만(창 33장) 그들의 자손들은 지속적으로 전쟁을 치르며 적대관계로 남게 됩니다. 다윗과 솔로몬 시대 이스라엘은 에돔을 지배하였고 그 이후로는 에돔의 영토는 그 소유권을 둘러싸고 자주 전쟁이 벌어졌습니다. 이것은 아카바 만으로 통하는 주요 교역로가 에돔의 영토를 통과하고 있었기 때문입니다. 신명기 23장 7절은 이스라엘 백성에게 에돔 사람을 미워하지 말라고 명합니다. 그 이유는 에돔 사람이 이스라엘의 형제이기 때문입니다.

그러다가 남유다 백성들과 에돔 사람들 사이의 관계가 악화된 사건이 일어났습니다. 유다와 예루살렘이 바벨론 제국의 군대에 의해서 멸망당하던 주전 586년에 에돔 족은 유다를 배신하고 유다를 약탈하는 일에 가담합니다. 에돔인들은 유다의 멸망을 고소한 듯이 바라보았고(12~13절), 예루살렘을 약탈하였으며 제비뽑기를 하여 약탈한 물건들과 노예들을 나누어 가졌고(11절), 도망가는 유다 백성들을 사로잡아 노예로 팔기도(14절) 하였습니다. 남유다의 패망 이후에 에돔 사람들은 남부 유다로 이주하였고 헤브론을 그들의 수도로 삼았습니다. 이곳이 포로 후기에 이두메아로 불렸습니다. 페르시아 시대 나바테아인들은 에돔의 남쪽과 동쪽에서 에돔 땅을 압박해 왔고 주전 4세기경(주전 312년) 페트라를 그들의 수도로 정하고 새로운 나라를 세우게 됩니다. 이때 많은 에돔 사람들이 이두메아로 이주하여 생활하게 됩니다. 자연스럽게 남유다 공동체 안에서 에돔의 영향력이 확대되기 시작한 것입니다.

아모스, 오바댜, 요나

01 요나에 기술된 모든 내용들은 실제로 일어난 사건에 대한 기록인지 궁금합니다.

A 성경은 일차적으로 하나님의 계시의 책입니다. 하나님의 뜻이 무엇인지를 우리에게 알려주는 것이 성경을 기술한 일차적 목적입니다. 하나님의 뜻을 알려주는 도구는 어느 하나로 제한되지 않습니다. 요나의 장르에 대해서도 다양한 견해들이 제시되고 있습니다. 역사적 기록으로 보는 견해, 선지자적 전설로 보는 견해, 교훈적 스토리로 보는 견해, 유대 미드라쉬로 보는 견해, 알레고리로 보는 견해, 문학 작품으로 보는 견해, 비유로 보는 견해, 풍자로 보는 견해, 예언으로 보는 견해 등 참으로 다양합니다. 중요한 것은 하나님의 뜻을 알려주기 위해 어떤 매개를 사용하였는가 보다는 이를 통해 우리에게 전달되고자 한 하나님의 뜻이 무엇인지를 주목하는 것입니다. 요나는 이스라엘 백성들의 배타적 선민사상을 비판하는 예언서로 이방인에게도 하나님의 구원이 있음을 깨우쳐주는 책입니다. 요나는 다

른 예언서와 달리 예언자의 메시지가 아니라 예언자에게 초점을 맞추고 있습니다. 예언자 요나의 삶의 이야기가 하나님께서 그의 백성에게 주시고자 하는 메시지인 것입니다. 요나가 보여주고 있는 삶의 모습들을 주목함으로써 오늘 우리에게 주시고자 하는 하나님의 뜻을 잘 파악해야 하겠습니다.

02 예언자 요나에 대해 우리는 어떤 이해를 가져야 할지 알고 싶습니다.

🅐 예언자 요나는 열왕기하 14장 25절에 나오는 실존 인물입니다. 열왕기하 14장 25절입니다.

> 이스라엘의 하나님 여호와께서 그의 종 가드헤벨 아밋대의 아들 선지자 요나를 통하여 하신 말씀과 같이 여로보암이 이스라엘 영토를 회복하되 하맛 어귀에서부터 아라바 바다까지 하였으니.

요나는 여로보암 2세가 이스라엘의 옛 영토를 하맛 어귀에서부터 아라바 바다까지 회복할 것을 예언한 예언자입니다. 그는 민족주의적 관점으로 이스라엘 백성들이 환호할 만한 예언을 했고 실제 그 예언이 성취되었기에 그는 참 예언자로 존경과 신망을 받는 자였습니다. 요나라는 이름은 히브리어로 '비둘기'를 의미합니다. 아버지가 요나라는 이름을 지어주었을 때는 비둘기같이 순결하고 말씀에 순종하는 자로 살아가기를 기대했을 것입니다. 그러나 요나서에서 보게 되는 요나의 모습은 비둘기의 다른 측면인 어리석거나 고집 센 모습을 드러내고 있습니다.

요나서에서 발견하게 되는 예언자 요나의 모습은 크게 세 가지로 말할 수 있습니다. 첫째로 순종하지 않는 예언자입니다. 예언자들 가운데 이스라엘 땅을 벗어나 이방에 사명을 띠고 보냄을 받은 경우는 요나와 엘리야가 있습니다. 하지만 자신이 받은 메시지를 전하기도 전에 도망친 예언자는 요나가 유일합니다. 요나는 당대 최강의 도시인 니느웨에 가서 그 나라의 죄악을 규탄하고 심판을 예고하라는 명령을 받았습니다. 요나에게 주어진 명령은 당대의 시각에서는 매우 낯선 명령이었는데 요나는 이 명령에 순종하기를 거부합니다. 요나는 불순종하는 예언자의 모습을 드러내고 있습니다. 둘째로 요나는 배타적 선민사상에 빠져 있는 이스라엘을 대표합니다. 요나의 이름의 뜻은 '비둘기'입니다. 비둘기는 성경에서 이스라엘에 대한 비유로 자주 사용되었습니다. 특히 주전 8세기 문서인 호세아에 자주 나타납니다(호 7:11; 11:11). 요나는 고유명사로 예언자 한 개인을 지칭하는 것일 수도 있고 집단적으로 이스라엘을 상징하는 인물일 수도 있습니다. 셋째로 요나는 하나님의 마음에 전혀 교감하지 못한 인물입니다. 요나서에서 보여지는 요나의 모습은 마태복음 20장에 나오는 주인의 자비에 분개하는 품꾼과 같은 모습입니다. 하나님의 무한 자비하심을 기뻐할 만큼 그 마음의 폭을 넓혀가지 못한 이스라엘의 한계를 요나는 잘 보여주고 있습니다.

03 하나님께서 요나에게 가라고 하신 니느웨라는 도시는 어떤 곳인가요?

🅐 니느웨는 주전 8세기 당시 세계 최강의 도시입니다. 니느웨는 주전 8세기 고대 근동 사회의 절대 강자였던 앗수르의 제4수도였습니다. 니느웨는 주전 705년 앗수르 제국의 수도가 됩니다. 나훔 3장 1절에는 니느웨를 '피 성'이라고 부르고 있습니다. 수많은 약소민족들의 피 흘림을 통해 쌓아 올려진 거대한 성이라는 뜻입니다. 앗수르인들은 오래전부터 잔인함과 오만함으로 그 유명세를 떨쳤습니다. 그들은 잔혹함과 공포를 대외 정책의 일환으로 삼았습니다. 앗수르 왕이었던 아슈르나시르팔 2세는 이렇게 말합니다. "나는 엄청난 학살을 일으켰다. 파괴했고 허물었고 불태웠다. 그들의 용사들을 포로로 잡았고 그들의 성읍 앞에서 말뚝에 꿰뚫었다. 많은 포로들을 불태웠다. 살려 준 많은 사람들 가운데 일부는 손목을 잘랐고 일부는 코, 귀, 손가락을 잘랐다. 많은 군인들의 눈을 뽑았다. 그들의 젊은 남녀들을 불태워 죽였다." 자신의 포악함에 대해 자랑스럽게 떠벌리고 있는 모습을 볼 수 있습니다. 앗수르는 당시 이스라엘에게 가장 극심한 피해를 입힌 원수의 나라였습니다. 니느웨 사람들은 이스라엘 사람들을 포로로 잡아가서 죽인 다음에 그들의 가죽을 벗겨서 니느웨 성벽에 진열해 놓았다고 합니다. 페르시아 기념비를 보면 앗수르는 정복지 백성들을 잡아 그들의 입을 강제로 벌리고 혀를 뽑았다고 합니다. 잔악함과 폭력으로 쌓아 올린 거대한 피의 성 그것이 바로 주전 8세기 니느웨의 얼굴이었습니다.

04 하나님께서는 요나에게 니느웨로 가라고 명령하시는데 요나는 다시스로 가는 배를 탑니다. 순종하지 않고자 한다면 이스라엘 땅에 그대로 남아 있어도 될 것 같은데 굳이 요나가 다시스로 도망치고자 한 이유가 무엇인지 알고 싶습니다.

A 요나 1장 3절을 보겠습니다.

> 그러나 요나가 여호와의 얼굴을 피하려고 일어나 다시스로 도망하려 하여 욥바로 내려갔더니 마침 다시스로 가는 배를 만난지라 여호와의 얼굴을 피하여 그들과 함께 다시스로 가려고 배삯을 주고 배에 올랐더라.

요나의 모습은 사명 망각, 사명 회피, 직무 유기의 모습입니다. 하나님께서 가라고 명령하신 곳은 니느웨인데 요나는 정반대 방향인 다시스로 가고자 합니다. 오늘날 하나님의 지시와 명령하심 앞에 온전히 순종하지 못하고 반대 방향으로 달려가고 있는 우리의 모습을 비추는 거울과도 같은 존재가 요나라고 할 수 있겠습니다. 요나가 도망가고자 한 다시스는 오늘날 스페인의 카디즈 항구로 추정됩니다. 이곳은 요나 시대에 배편으로 갈 수 있는 가장 먼 곳으로 당대의 인식 속에서는 니느웨와는 정반대에 위치한 또 다른 땅 끝이라고 할 수 있습니다. 요나는 '여호와의 얼굴을 피하려고' 다시스로 도망칩니다. 요나가 이렇게 행동한 이유는 그가 이스라엘 땅에 머물러 있는 한 하나님의 통치로부터 자유로울 수 없다고 생각했기 때문입니다. 하나님의 통치가 미치지 않는 이방 지역에 가야만 자신이 자유할 수 있다는 생각을 한 것입니다. 이스라엘 백성들은 입으로는 하나님을 천하만국의 하나님으로 고백했지만 실상 하나님을 가나안 땅을 다스리는 신으로 이해했습니다. 가나안 땅을 벗어나면 하나님의 지시와 간섭과 명령으로부터 자유할 수 있다고 생각한 것입니다. 이런 생각 속에서 요나는 배를 타고 이방 지역으로 도망치고자 하였습니다. 하나님이 가라고 명령하시는 니느웨를 향해 담대하게 걸어가지 못하고 자신의 뜻과 생각에 따라 매번 다시스로 도망치는 요나의 모습이 오늘 우리의 모습은 아닌지요?

05 파선의 위기 속에서 잠을 자고 있는 요나의 모습은 무엇을 상징하는 것인지 궁금합니다.

A 요나가 타고 있는 배는 폭풍으로 인한 파선의 위기, 즉 죽음의 위기 가운데 있었습니다. 여기서 배는 한 공동체를 상징합니다. 요나의 불순종으로 인해 공동체 전체에 위기가 찾아온 것입니다. 그런데 정작 위기를 불러일으킨 당사자 요나는 위기 상황을 전혀 감지하지 못하고 배 밑에서 평안하게 잠을 자고 있습니다. 요나 1장 5절을 보겠습니다.

> 사공들이 두려워하여 각각 자기의 신을 부르고 또 배를 가볍게 하려고 그 가운데 물건들을 바다에 던지니라 그러나 요나는 배 밑층에 내려가서 누워 깊이 잠이 든지라.

이방 선원들은 배가 거의 깨어지게 된 상황에서도 포기하거나 절망하지 아니하고 위기로부터 벗어나기 위해 최선을 다하고 있습니다. 그런데 가장 열심히 위기 상황에서 몸부림쳐야 할 요나는 잠을 자고 있습니다. 이방 선원들이 공동체의 위기를 해결하기 위해 몸부림치는 모습과 너무나 대조적인 모습을 보여주고 있는 것입니다. 오늘날 많은 사람들이 지구의 총체적 위기 상황 속에서 그 위기를 돌파하기 위해 최선을 다하고 있습니다. 그러나 정작 이 일에 가장 열심을 내야 할 기독교인들은 배 밑층에 내려가서 위기와 단절된 채 평안하게 잠을 자고 있는 것이 현실입니다. 배 밑층은 흔들림이 가장 적은 곳입니다. 배는 중심점을 밑에 두고 있기 때문에 중심점으로부터 멀어질수록 흔들림은 심해집니다. 잠을 자고 있는 요나의 모습은 예언자로서의 자격상실 조건에 해당된다고 할 수 있습니다. 요나가 배 밑층에서 깊은 잠을 자고 있는 것은 그가 얼마나 영적으로 무감각한 존재인지를 드러냅니다. 예언자가 있어야 할 곳은 배 밑층이 아니라 망루입니다. 망루에 서서 공동체 전체를 조망해야 합니다. 요나와 이방 선원들의 모습을 분명하게 대조시키고 있는 것이 요나의 특징이며 목적입니다. 선원들은 위기 상황을 벗어나기 위해 기도하고 행동합니다. 하나님이 보내신 세상의 위기 상황에 대한 세상 사람들의 눈물겨운 노력들을 상징적으로 보여주고 있는 것입니다. 유대 전통에서는 이 배에 탄 사람들을 70개국을 대표한 사람들로 봅니다. 이 선원들은 여러 민족과 종교를 대표하고 있는 것입니다. 그런데 정작 가장 깨어 있어야 할 요나와 오늘날의 교회는 영적인 수면 상태에 빠져 있습니다. 영적인 침체와 죽음으로부터 이제는 깨어나야 합니다.

06 요나에는 우리의 기대와 전혀 다른 두 가지 양상이 나온다는 이야기를 들었습니다. 그것이 무엇인지 알고 싶습니다.

A 요나 1장 13절을 보겠습니다.

> 그러나 그 사람들이 힘써 노를 저어 배를 육지로 돌리고자 하다가 바다가 그들을 향하여 점점 더 흉용하므로 능히 못한지라.

본문은 요나를 살리고자 하는 이방인들의 적극적인 모습을 보여 주고 있습니다. 공동체를 위기로 몰아넣은 요나에 대한 미운 마음보다는 요나의 생명을 지키고자 애쓰는 사람들의 착한 마음이 잘 드러나 있습니다. 신앙인들은 이들의 자비로움을 주목하고 배워야 합니다. 이들의 자비로움은 4장에서 보여지고 있는 요나의 옹졸함과 뚜렷한 비교가 됩니다. 그런 의미에서 요나는 하나님의 백성들로 하여금 자기를 돌아보도록 만드는 반성 촉구 본문이라고 할 수 있습니다. 요나에는 우리의 기대와 전혀 다른 양상이 두 가지 나옵니다. 하나는 하나님의 말씀에 철저하게 순종할 것 같은 예언자 요나는 하나님께 불순종하고 하나님께 저항할 것 같은 니느웨 사람들은 하나님의 말씀을 듣고 즉각적인 회개를 합니다. 요나 3장 5절입니다.

> 니느웨 사람들이 하나님을 믿고 금식을 선포하고 높고 낮은 자를 막론하고 굵은 베 옷을 입은지라.

다른 하나는 하나님의 백성으로서 하나님의 자비하심을 닮아 못

생명에 대한 측은한 마음이 가득할 것 같은 요나는 뭇 생명의 죽음에 대해 무심한 반면 이방 선원들은 공동체를 위기로 몰아넣은 요나 한 사람을 끝까지 살려내기 위해 최선을 다하고 있다는 것입니다. 요나는 하나님의 백성으로서 수십 년간을 하나님과 함께하며 예배도 드리고 말씀도 묵상하고 기도도 드리며 예언자로서의 사역을 행한 인물입니다. 그러나 그는 하나님의 마음을 전혀 배우지도 못하고 닮지도 못했습니다. 마치 누가복음 15장에 나오는 큰 아들과 유사합니다. 큰 아들은 평생을 아버지와 함께했지만 아버지의 마음을 닮지 못했습니다. 그리고 마지막 순간에 아버지에게 저항합니다. 저항한 이유는 무엇 때문입니까? 아버지의 자비로움에 대한 실족 때문입니다. 안타깝게도 예언자 요나도 하나님의 무한 자비하심에 대해 그러한 모습을 드러내고 있습니다.

07 요나 1장을 보면 바다에 내던져진 요나를 물고기가 삼키는 장면이 나옵니다. 여기에 나오는 물고기는 무엇을 상징하는 것으로 이해해야 하는지요?

A 요나 1장 17절을 보겠습니다.

> 여호와께서 이미 큰 물고기를 예비하사 요나를 삼키게 하셨으므로 요나가 밤낮 삼 일을 물고기 뱃속에 있으니라.

요나를 집어 삼킨 큰 물고기는 범람하는 물결로부터 요나를 보호한 방주와 같은 역할을 하고 있습니다. 물고기는 죽음의 도구가 아니라 구원의 도구인 것입니다. 물고기의 뱃속은 요나에게 있어 죽음의 공간임과 동시에 부활을 잉태하는 공간, 새 존재로 변화되는 공간입니다. 요나가 물고기에게 집어 삼킨 것은 죽음의 경험이지만 물고기에게 집어삼킴을 당하였기에 바다에서 구원받을 수 있었습니다. 현상적으로는 죽음의 경험처럼 보이지만 그것이 실상은 구원의 사건이 된 것입니다. 우리 인생에 찾아온 흑암들, 죽음의 경험들이 때로는 우리를 하나님 앞에서 살리는 구원의 경험이 될 수 있음을 기억해야 합니다. 물고기는 하나님께서 미리 예비하신 것으로 우리가 바다에 던져지기 전까지는 알 수도 없고 보이지도 않습니다. 무엇보다 오늘날 교회는 존재를 새롭게 갱신시켜내는 물고기의 뱃속이 되어야 합니다. 불순종으로 가득했던 우리의 옛 자아가 죽임당하는 곳, 하나님 앞에서 새로운 존재로 거듭 태어나는 곳, 그 물고기 뱃속이 오늘날 교회가 되어야 합니다.

08 요나 2장에는 요나의 기도가 나옵니다. 요나의 기도에서 우리가 주목해야 할 바가 무엇인지 궁금합니다.

A 요나에는 기도가 핵심 모티브로 반복되고 있습니다. 1장은 이방 선원들의 기도, 2장은 물고기 뱃속에서 요나의 기도, 3장은 니느웨 사람들의 기도, 4장은 요나의 기도입니다. 요나서 전체에 걸쳐 요나의 기도와 이방인들의 기도를 대조시키고 이방인들이 요나보다 더 진정성 있는 신앙을 가지고 있음을 부각시키고 있습니다. 2장은 요

나의 기도입니다. 내용은 감사를 말하나 그 형식은 죽음을 애도하는 곡으로 표현되어 있습니다. 요나서 안에서 요나의 모습은 나머지 장에서는 불순종하고 변덕스럽고 심술궂은 모습으로 묘사된 것에 반해 2장에서는 기도를 드리는 경건한 사람으로 나타납니다. 문제는 2장의 기도문이 구원받아서 감사하다는 것인지 자기 경건을 자랑하는 것인지 그 진의를 파악하는 것이 쉽지가 않습니다. 또한 요나가 이 상황을 하나님의 심판으로 받아들인다면 하나님의 낯을 피한 행동에 대한 회개가 언급되어야 하는데 그것이 전혀 등장하지도 않습니다.

    기도는 어떤 상황 속에서도 하나님과의 관계를 포기하지 않겠다는 의지의 표현이자 여전히 하나님만을 신뢰하겠다는 몸부림의 증거입니다. 고난과 고통의 상황 속에서도 우리가 갈망해야 할 바는 하나님에 대한 우리의 믿음이 흔들리지 않는 것입니다. 기도는 하나님께로 돌아가는 것이자 내 뜻을 접고 하나님의 뜻을 받아들이겠다는 결단의 표시입니다. 기도는 하나님의 마음을 깨닫는 시간, 하나님의 마음을 나의 마음으로 수용하는 시간, 하나님의 뜻대로 살겠다는 것을 결단하는 시간입니다. 무엇보다 하나님께 기도한다는 것은 하나님과 기도하는 자 사이에 특별한 관계가 있다는 증거입니다. 2장의 요나의 기도에서 핵심은 2장 4절입니다.

> 내가 말하기를 내가 주의 목전에서 쫓겨났을지라도 다시 주의 성전을 바라보겠다 하였나이다.

요나는 주의 목전에서 쫓겨난 최악의 현실 속에서도 주의 성전을 바라보겠다는 다짐과 결단을 고백합니다. "당신이 나를 돕지 아니하시고 나를 내어 쫓으신다 해도 내가 의지하고 신뢰해야 할 존재는 당신입니다, 내가 돌아가야 할 유일한 근원은 당신입니다, 당신께서 지금까지 베푸신 은혜만으로도 당신은 나의 찬양을 받으시기에 합당하십니다, 우리 존재의 유일한 구원자는 당신입니다"라는 선언을 하는 것입니다. 다니엘의 세 친구가 보여준 '그리 아니하실지라도'의 신앙을 요나가 보여주고 있습니다.

09 요나 4장을 보면 니느웨 백성들의 회개를 받으시고 용서해주시는 하나님에 대해 요나는 불평을 쏟아냅니다. 니느웨 백성들에게 회개를 요청한 결과 그들이 회개하였다면 요나가 기뻐해야 하는 것 아닌가요? 요나가 이런 행동을 한 이유가 무엇인지 궁금합니다.

A 요나 3장 4절을 보겠습니다.

> 요나가 그 성읍에 들어가서 하루 동안 다니며 외쳐 이르되 사십 일이 지나면 니느웨가 무너지리라 하였더니.

앞에 3절을 보면 니느웨는 삼 일을 걸어야 할 만큼 큰 성입니다. 그런데 요나는 단 하루만 말씀을 선포합니다. 그 선포의 내용은 사십 일이 지나면 니느웨가 무너질 것이라는 경고입니다. 3장 4절 말씀은 요나에 나오는 예언자의 유일한 메시지입니다. 요나서는 예언자 요나의 말이 아닌 예언자 요나에 관한 이야기이기에 메시지가 많이 나오지 않습니다. 하나님께서 요나에게 주신 명령은 '일어나 가서 선포하라'는 것입니다. 니느웨 사람을 회개시키는 것이 예언자의 사명은 아닙니다. 예언자의 사명은 하나님께서 맡기신 말씀을 있는 그대로 선포하는 것입니다. 하나님께서 맡기신 일에 최선을 다하였다면 그것이 바로 예언자에게 승리이자 성공이라고 할 수 있습니다. 그러나 요나는 사흘 길의 큰 성인 니느웨에서 단 하루만 말씀을 선포합니다. 그가 자기에게 맡겨진 임무에 대해 적극성을 보이지 않은 것입니다. 요나는 최대한 간략하게 최소한의 임무만 수행합니다. 그런데 놀라운 반전이 일어납니다. 니느웨 사람들 모두가 요나가 선포한 경고의 메시지를 듣고 자신들의 지나온 삶을 회개한 것입니다. 그 결과 하나님께서는 니느웨에 내리고자 하셨던 심판을 철회하십니다. 그때 요나가 보인 반응이 4장 1~2절에 나옵니다.

> 요나가 매우 싫어하고 성내며 여호와께 기도하여 이르되 여호와여 내가 고국에 있을 때에 이러하겠다고 말씀하지 아니하였나이까 그러므로 내가 빨리 다시스로 도망하였사오니 주께서는 은혜로우시며 자비로우시며 노하기를 더디하시며 인애가 크시사 뜻을 돌이켜 재앙을 내리지 아니하시는 하나님이신 줄을 내가 알았음이니이다.

요나는 배타적 선민사상, 특권의식, 국수주의를 가진 선교사 모델이라고 할 수 있습니다. 요나는 이방인의 구원에 대해 무관심할 뿐만 아니라 더 나아가 그것에 대해 불만을 가진 선교사입니다. 자신을 이스라엘만의 구원을 위한 사역자로, 하나님을 북이스라엘만을 위한 하나님으로 오해한 것입니다. 요나 안에는 하나님의 보편적 구원 계획과 요나의 특수주의 간의 대립이 나타납니다. 요나는 인간이 잘못

이해하고 있는 하나님에 대한 생각을 바꿔주는 본문입니다. 요나는 심판이 철회된 것에 대해 분노를 드러냅니다. 그가 분노한 이유는 하나님의 마음에 공명하지 못했기 때문입니다. 이방인에게도 펼쳐지는 하나님의 무한 자비하심에 대해 요나는 상처를 입습니다. 마태복음 20장에 나오는 포도원 품꾼이나 누가복음 15장에 나오는 큰 아들과 같은 모습을 드러냅니다. 이처럼 하나님을 독점하고자 하는 자들에게는 하나님의 무한 자비하심이 실족거리가 됩니다. 오늘날에도 하나님의 은혜로 구원받았다고 하면서도 자신에 대한 하나님의 자비하심에 대해서는 감사하면서도 타자에 대한 하나님의 자비하심에 대해서는 분노를 표하는 신앙인들이 많이 있습니다. 신앙의 연수가 쌓일수록 하나님의 무한 자비하심에 공명할 수 있는 자로서 마음의 품을 넓혀가야 하겠습니다.

10
요나 4장에 박 넝쿨 이야기가 나옵니다. 박 넝쿨 이야기가 말하고자 하는 핵심 교훈이 무엇인지 알고 싶습니다.

A 요나는 히브리 민족주의와 종교적 엘리트주의라는 우상 숭배자의 모습을 드러냅니다. 자기중심적인 배타주의적, 민족주의적 편견은 요나로 하여금 니느웨를 구원하시려는 하나님의 마음을 깊이 헤아리지 못하게 했습니다. 요나의 생각과 마음에는 자비나 긍휼이 조금도 존재하지 않습니다. 요나는 하나님의 사람이라고 하면서도 하나님의 마음을 닮지 못한 것입니다. 이런 요나에게 교훈을 주시고자 하나님께서는 박넝쿨 사건을 일으키십니다. 요나 4장 6절입니다.

하나님 여호와께서 박넝쿨을 예비하사 요나를 가리게 하셨으니 이는 그의 머리를 위하여 그늘이 지게 하며 그의 괴로움을 면하게 하려 하심이었더라 요나가 박넝쿨로 말미암아 크게 기뻐하였더니.

요나는 그늘을 제공해주는 박넝쿨로 인해 매우 기뻐합니다. 4장 7절입니다.

하나님이 벌레를 예비하사 이튿날 새벽에 그 박넝쿨을 갉아먹게 하시매 시드니라.

그런데 하나님께서는 이튿날에 그 박넝쿨을 사라지게 합니다. 그러자 요나는 박넝쿨의 부재로 인해 괴로워하며 죽기를 청합니다. 요나가 진정으로 박넝쿨을 아꼈음을 알 수 있습니다. 그러나 이 박넝쿨은 요나의 것도 아니었고 요나의 것이라고 주장할 수도 없는 것입니다. 문제는 박넝쿨을 아끼는 그 마음이 니느웨에 있는 무수한 생명들의 구원에 대한 간절함으로는 발전하지 못했다는 것입니다. 박넝쿨을 아끼는 것이 요나의 마음이라면 니느웨에 있는 뭇 생명을 아끼는 것은 하나님의 마음입니다. 많은 경우에 신앙인들은 하나님의 자비로움이 자기에게만 임하기를 바랍니다. 하나님의 은혜를 독점하고자 하는 것입니다. 하나님의 은혜를 독점하고자 하는 자들에게는 하나님의 자비하심이 실족거리가 됩니다. 하나님의 생명 사랑을 닮아갈 때만 하나님의 자비하심에 실족하지 않을 수 있습니다. 뭇 생명에 대해 사랑과 자비가 충만하신 하나님의 그 마음을 전하는 것이 선교이고 그들을 살리는 활동이 봉사임을 기억해야 합니다.

미가, 나훔, 하박국, 스바냐

01 예언자 미가에 대해 알고 싶습니다.

A 미가의 표제가 1장 1절입니다.

유다의 왕들 요담과 아하스와 히스기야 시대에 모레셋 사람 미가에게 임한 여호와의 말씀 곧 사마리아와 예루살렘에 관한 묵시라.

표제에는 예언의 말씀이 선포된 시대, 말씀의 수신자인 미가에 대한 소개, 미가에게 전달된 계시의 제공자와 그 내용이 소개되고 있습니다. 그러나 예언자 미가의 아버지가 누구인지에 대해서는 소개되지 않고 있습니다. 소예언서 가운데 절반 정도가 예언자의 아버지 이름이 언급되지 않고 있습니다. 미가, 오바댜, 나훔, 하박국, 학개, 말라기입니다. 미가가 활동한 시기는 요담과 아하스와 히스기야 시대입니다. 요담이 주전 750~735년까지 통치했고, 히스기야는 주전

715~687년까지 통치했으니 미가의 사역 기간은 최소 20년 이상, 최대 60년 가까이 됩니다. 미가는 오랜 시간 예언자로 사역을 신실하게 감당했음을 알 수 있습니다.

미가의 이름은 '미가야후'라는 이름을 줄인 것인데 그 뜻은 '야웨 같은 이가 누구인가'입니다. 미가는 모레셋이라는 시골의 장로였습니다. 모레셋은 유다 서부 저지대에 위치한 가드모레셋과 동일한 곳(1:14)입니다. 미가는 지방의 관점에서 당대를 해석했습니다. 그리고 강력하게 중앙의 죄악에 대해 질타했습니다. 아나돗 제사장이었던 예레미야처럼 지방의 관점에서 중앙의 죄악을 객관적으로 바라볼 수 있는 인식론적 특권을 가지고 있었던 것입니다. 미가와 동시대에 사역한 예언자가 이사야입니다. 이사야는 예루살렘 궁전의 왕실 서기관으로 사역했습니다. 미가 홀로 외로이 분투하지 아니하고 동역하는 자가 있었다는 것이 정말 감사한 일이라고 하겠습니다.

02 예언자 미가 시대에 예루살렘의 가장 큰 문제는 무엇이었는지 궁금합니다.

A 미가 1장 5절을 보겠습니다.

> 이는 다 야곱의 허물로 말미암음이요 이스라엘 족속의 죄로 말미암음이라 야곱의 허물이 무엇이냐 사마리아가 아니냐 유다의 산당이 무엇이냐 예루살렘이 아니냐.

본문에서 그의 백성을 책망하시는 하나님의 모습을 볼 수 있습니다. 하나님은 재판장 석에 앉아 계시고 언약 백성 이스라엘은 피고석에 앉아 있습니다. 하나님이 이스라엘을 책망하시는 가장 중요한 이유는 북이스라엘에서는 사마리아가, 남유다에서는 예루살렘이 죄악의 본부가 되었기 때문입니다. 유다의 산당이라는 말은 유다의 죄라는 말입니다. 즉 유다의 죄악의 본부가 예루살렘이라는 책망을 하고 계신 것입니다. 성전이 있고 왕실이 있는 예루살렘은 거룩의 본부, 순종의 본부가 되어야 합니다. 그런데 지금 그곳이 죄악의 본부가 되어 버렸습니다. 사마리아와 예루살렘으로부터 분출되어 나오는 죄악의 기운, 불순종의 기운, 탐욕의 기운에 영향을 받아 이스라엘 공동체가 하나님의 심판대 앞에 서게 된 것입니다. 거룩의 위계질서 안에서 더 막중한 책임을 져야 하는 곳이 예루살렘입니다.

03 미가와 같은 예언자들의 질타에 대해 당시 이스라엘 백성들은 어떤 태도를 보였는지가 궁금합니다. 그것을 알 수 있는 본문이 있는지요?

A 미가 2장 6절을 보겠습니다.

> 그들이 말하기를 너희는 예언하지 말라 이것은 예언할 것이 아니거늘 욕하는 말을 그치지 아니한다 하는도다.

본문은 미가의 질타에 대한 불의한 권력자들의 반발을 보여주고 있습니다. 이들은 미가의 말에 대해 이것은 예언할 것이 아니라 하면서 미가가 하는 말을 자기들에 대한 욕으로 받아들이고 있습니다. 이러한 반응을 보이면서 이들은 돌이킬 수 있는 마지막 기회를 스스로 박차버리고 말았습니다. 심판에 대한 예고는 회개를 촉구하시는 하나님의 애달픈 음성입니다. 무엇보다 돌이킬 수 있는 기회가 있을 때 돌이키는 것이 중요합니다. 그러나 이들은 회개할 수 있는 기회를 거부하였습니다. 이것이 타락한 인간의 가장 큰 특징입니다. '이것은 예언할 것이 아니다' 라는 말은 이것은 신앙의 영역 바깥에 있는 문제라는 것입니다. 불의한 권력자들이 죄악을 범하는데 담대할 수 있었던 이유 가운데 하나가 그들이 신앙의 영역을 너무나 협소하게 이해하고 있었기 때문입니다. 그들은 신앙의 영역을 예배드리고 기도하고 찬양하는 정도로만 이해했습니다. 오늘날 정교분리를 주장하며 불의한 정치권력에 대해 책망하는 신앙인들에게 문제를 제기하는 사람들도 여전히 신앙의 영역을 협소하게 이해하고 있습니다.

정교분리라고 하는 것은 중세 가톨릭의 지나친 정치 간섭 내지 지배에 대한 반성에서 나온 것입니다. 그 핵심은 정치와 종교의 기능상의 차이를 인정하자는 것입니다. 교회가 선포해야 할 하나님의 말씀에는 정치, 경제, 사회, 문화에 대한 총체적 삶이 포함되어 있고 정치가 통치해야 할 영역 가운데 종교 영역이 포함되어 있습니다. 결코 이것을 명확하게 구분할 수는 없는 것입니다. 430년간 이집트에서 종살이하던 히브리인들을 해방시켜 달라던 모세의 요청은 너무나 정치적인 요구가 아닌가요? 한국 교회의 정교분리적 사고에 따르면 예언서의 대부분의 말씀은 정치, 경제, 군사, 외교, 문화적 내용이기 때문에 삭제해야 할 것입니다. 헤롯의 결혼 문제에 대해 비판하다가 죽임당한 세례 요한은 종교 영역을 뛰어 넘어 정치인의 사생활에 대해 쓸데없는 참견을 하다가 죽임당한 것이 될 것이고 헤롯에게 여우라고 욕했던 예수님도 종교인으로서 해서는 안 될 행동을 한 것이 될 것입니다.

역설적이게도 한국 교회사를 보면 정교분리를 해야 한다고 주장했던 목회자들이 더욱 정치권력과 밀착되어 있었음을 알 수 있습니다. 1969년 박정희 삼선 개헌 지지, 1972년 유신헌법 지지, 1974년 이후에 긴급조치 지지, 1980년 전두환 정권 지지, 1989년 한기총 창립 이후 보수 정치 세력과의 밀착 등, 누구보다 정치권력과 밀착된 자들이 중요한 순간에는 정교분리를 주장하였습니다. 이들은 정치권력의 불의한 행태에 대해서는 한 번도 예언자적 목소리를 내지 않았습니다. 종교인의 이름으로 불의한 정치권력을 인정해주고 그 대가로 많은 유무형의 혜택을 받았습니다. 이들의 머릿속에는 불의한 권력에 대한 지지와 협력은 정치 참여가 아니고 불의한 권력에 대한 저항만이 정치 참여로 보인 것입니다.

정교분리를 주장하는 목회자들이 자주 인용하는 '가이사의 것은 가이사에게, 하나님의 것은 하나님에게' (막 12:17)라는 말씀의 정확한 의미를 아는 것이 필요합니다. 여기서 핵심은 가이사의 것과 하나님의 것이 무엇을 말하는가 하는 것입니다. 정교분리를 주장했던 목회자들과 신학자들은 이 말씀을 가이사의 것은 정치, 하나님의 것은 종교로 해석했습니다. 만약 이 주장이 맞다면 하나님의 것 속에는 가이사의 것, 즉 정치는 포함되지 않는 것이 되어버리는 문제가 발생합니다. 본문은 가이사의 형상이 찍힌 데나리온이 가이사의 것이라면 하나님의 형상이 새겨져 있는 모든 사람은 하나님의 것임을 강조하고 있습니다. 예수님의 의도는 '가이사의 형상이 새겨진 것은 가

이사에게 줘라 그러나 하나님의 형상이 새겨져 있는 모든 존재는 하나님에게 바쳐져야 한다'는 것입니다. 일상의 삶에서의 순종이 부재한 자들일수록 하나님의 영역을 지극히 제한시키고자 합니다. 이제는 좋은 신앙인의 등장이 세상에게도 유익이 되는 것으로 기준을 바꾸어야 합니다. 우리는 피조 세계의 창조자 되신 하나님과 무관한 영역은 존재하지 않는다는 것을 인정하고 선포해야 합니다. 신앙생활의 연수가 깊어질수록 우리 인생에 하나님의 통치 영역이 확대되어야 하는 것입니다.

04 예언서를 보면 매 시대마다 거짓 예언자들이 존재하고 있으며 사람들은 이들에게 큰 영향을 받고 있습니다. 누가 거짓 예언자이며 사람들이 이들에게 영향을 받는 이유가 무엇인지 궁금합니다.

A 매 시대마다 참 예언자와 거짓 예언자의 갈등이 있었습니다. 대표적으로 아합 왕 시대에 엘리야와 850명의 바알과 아세라 예언자의 갈등, 이믈라의 아들 미가야와 거짓 예언자 400인의 갈등, 아모스 7장의 아모스와 아마샤의 갈등 등입니다. 미가 3장 5절은 거짓 예언자들의 모습을 잘 보여주고 있습니다.

> 내 백성을 유혹하는 선지자들은 이에 물 것이 있으면 평강을 외치나 그 입에 무엇을 채워 주지 아니하는 자에게는 전쟁을 준비하는도다 이런 선지자에 대하여 여호와께서 이르시되.

거짓 예언자들은 하나님의 백성들을 유혹하는 자들입니다. 하나님의 뜻이 아닌 곳으로 사람들을 끌고 가는 자들입니다. 따라서 우리에게는 분별이 필요합니다. 그렇다면 어떻게 참 예언자와 거짓 예언자를 분별할 수 있을까요? 거짓 예언자의 특징은 이에 물 것이 있으면 평강을 외치고 무엇을 채워 주지 않는 자에게는 전쟁을 준비한다는 것입니다. 즉 거짓 예언자에게 복과 저주의 기준은 자신에게 어떻게 대우하는가에 달려 있습니다. 자신이 하나님의 자리에 앉아서 하나님을 이용하여 부귀영화를 추구하는 자가 바로 거짓 예언자입니다. 문제는 이들에게 속아 넘어가는 자들이 있기에 거짓 예언자들이 활개치고 있다는 것입니다. 거짓 예언자 주위에는 항상 하나님의 말씀으로부터 이탈된 거짓 신앙인들이 존재하고 있습니다. 거짓 예언자와 그들과 함께하는 자들의 모습은 소경이 소경을 인도하는 모양새를 드러냅니다.

그렇다면 왜 사람들은 거짓 예언자에게 영향을 받으며 그들에게 종속되어 살아가고 있을까요? 크게 네 가지로 말할 수 있는데, 첫째로 그들이 하나님의 뜻을 온전히 알지 못하기 때문입니다. 둘째로 거짓 예언자의 주장이 자신들의 욕망을 종교적으로 합리화시켜주기 때문입니다. 셋째로 거짓 예언자들은 자신들에게 부담스럽지 않은 범위 안에서 신앙생활을 요구하기 때문입니다. 넷째로 거짓 예언자가 선포하는 저주의 말에 대한 두려움을 갖고 있기 때문입니다. 무엇보다 분별력 없고 심약한 사람들일수록 거짓 예언자들의 말에 크게 영향을 받으며 살아갑니다.

05 미가 3장 8절은 일반적인 성령 충만의 모습과는 다른 모습을 드러내고 있습니다. 여기서 말하는 성령 충만에 대해 알고 싶습니다.

A 미가 3장 8절을 보겠습니다.

> 오직 나는 여호와의 영으로 말미암아 능력과 정의와 용기로 충만해져서 야곱의 허물과 이스라엘의 죄를 그들에게 보이리라.

본문에서 참 예언자는 하나님의 영으로 말미암아 능력과 정의와 용기로 충만한 자임을 보여주고 있습니다. 그 결과 성령 충만한 자는 용기백배하여 악인들의 죄를 드러내게 됩니다. 오늘날 한국 교회가 말하는 성령 충만은 종교의식 속에서 감정 충만인 경우가 많습니다. 그러나 미가 3장 8절이 말하는 성령 충만은 조금 다릅니다. 첫째로 성령 충만한 자는 능력으로 충만한 자입니다. 성경이 말하는 능력은 오직 하나님께 순종하는 능력, 하나님의 뜻을 드러내고 구현하는 능력, 자기를 부인하고 낮추고 죽이는 능력, 자신을 비워 타인을 살려내는 능력, 나의 탐욕을 부인하고 하나님 나라를 건설하는 능력, 하나님의 말씀이 내 삶에 충만하도록 하는 능력, 하나님의 통치 아래 온전히 복종하는 능력입니다. 이러한 능력을 하나님으로부터 공급받는 자가 참 예언자입니다.

둘째로 성령 충만한 자는 정의감으로 충만한 자입니다. 하나님의 말씀을 선포하는 예언 사역의 일차적 목적은 청중들로 하여금 하나님 앞에서 자신의 모습을 비추게 하는 것입니다. 그들의 불의함, 거짓됨, 죄악됨을 직시하게 만들면서 하나님 앞에서 삶을 돌이키게 하는 것이 예언 사역의 핵심입니다. 그런 의미에서 참 예언자는 누구보다 정의감으로 충만한 자입니다. 오늘날 누군가가 참 예언자인지 거짓 예언자인지를 알 수 있는 방법 중 하나가 그의 환영자와 대적자들이 누구인가를 보는 것입니다. 진리는 그 존재 자체로 비진리로부터 미움과 배척을 받게 되어 있습니다. 성경을 보면 참 예언자는 고독한 소수이지만 거짓 예언자는 무리를 지어 다니는 다수를 이루고 있습니다. 엘리야와 850명(왕상 18:19), 미가야와 400명(왕상 22:6~9)이 그러합니다. 우리가 기억해야 할 것은 진리는 수에 있지 않고 진실함에 있고 말에 있지 않고 삶에 있다는 것입니다.

셋째로 성령 충만한 자는 용기 충만한 자입니다. 예언자가 경고의 말씀을 선포해야 하는 대상들은 대부분 정치, 경제, 종교, 사법 권력자들입니다. 이들은 힘 있는 자들입니다. 자기들에게 듣기 싫은 이야기를 하는 자를 쥐도 새도 모르게 제거할 수 있는 힘을 가지고 있습니다. 이런 상황에서 예언 사역을 한다는 것은 목숨을 걸어야 하는 행위입니다. 누구나 두렵고 떨릴 수밖에 없습니다. 이때 예언자로 하여금 용기백배할 수 있도록 도우시는 분이 성령 하나님이십니다. 성령이 주시는 그 용기로 인해 예언자는 이스라엘의 죄를 그들에게 보일 수 있는 것입니다.

06 미가 당시 남유다 공동체의 가장 심각한 문제는 무엇이었는지 궁금합니다.

🅐 미가 3장 9~11절을 보겠습니다.

야곱 족속의 우두머리들과 이스라엘 족속의 통치자들 곧 정의를 미워하고 정직한 것을 굽게 하는 자들아 원하노니 이 말을 들을지어다 시온을 피로, 예루살렘을 죄악으로 건축하는도다 그들의 우두머리들은 뇌물을 위하여 재판하며 그들의 제사장은 삯을 위하여 교훈하며 그들의 선지자는 돈을 위하여 점을 치면서도 여호와를 의뢰하여 이르기를 여호와께서 우리 중에 계시지 아니하냐 재앙이 우리에게 임하지 아니하리라 하는도다.

미가 시대 가장 심각한 문제는 정치 사회 지도자들이 사회 정의에 무관심하고 뇌물에 눈이 멀어 있었다는 것입니다. 더욱 안타까운 것은 이들의 죄악을 질타해야 할 종교 지도자들도 돈에 눈이 멀어 그들과 함께 타락했다는 것입니다. 미가는 시온을 피로 예루살렘을 죄악으로 건축한 자들이 야곱 족속의 우두머리들과 이스라엘 족속의 통치자들임을 폭로합니다. '피'는 지도자들의 악행으로 인해 백성들이 흘린 무고한 희생을 의미합니다. 하나님의 도성은 하나님의 성품이 반영되어야만 합니다. 그러나 안타깝게도 평화의 도시가 되어야 할 예루살렘은 피의 도성이 되었습니다. 야곱 족속의 우두머리라는 말을 풀면 남의 발을 걸려 넘어지게 하는 자의 우두머리, 속이는 자의 우두머리라는 말이 됩니다. 소위 지도자라는 자들이 백성들을 기만하고 속이는 자들임을 폭로하고 있습니다. 미가 당대의 남유다 공동체는 속임이 지배하는 사회, 속임이 만연한 사회였습니다.

11절에는 정치 지도자와 종교 지도자들의 두 가지 죄악이 기록되어 있습니다. 하나는 하나님 중심이 아닌 돈 중심의 사역을 했다는 것이고, 다른 하나는 죄악 된 삶을 스스로 정당화하고 합리화하는 자기 옹호적 신앙 이해를 가졌다는 것입니다. 본문에 나오는 뇌물, 삯,

돈 모두가 맘몬입니다. 말씀의 종이 되어야 할 자들이 정당한 노동의 대가로서 돈이 아닌 윤리성이 담보되어 있지 않은 돈, 즉 맘몬에 마음을 빼앗겨 버린 것입니다. 그런데 이들은 자기들에게 심판이 임하지 않을 것이라는 거짓 확신을 가지고 있었습니다. 위기의 순간에도 "여호와께서 우리 중에 계시지 아니하냐"고 소리치고 있습니다. 평소에 하나님이 존재하지 않는 자처럼 실천적 무신론자의 삶을 살았음에도 위기의 순간에는 경건한 신앙인인 것처럼 멋들어진 신앙고백을 하고 있는 것입니다. 이것이야말로 하나님의 이름을 망령되이 일컫는 행위입니다. 하나님의 이름을 부를만한 자가 부를 때 하나님은 영광을 받으십니다.

07 주전 8세기 미가와 주전 6세기 예레미야가 비슷한 메시지를 선포했다고 들었습니다. 그들이 선포한 메시지의 공통점이 무엇인지 궁금합니다.

🅐 미가는 예언자로서 최초로 예루살렘의 멸망과 성전의 무너짐을 선언했습니다. 미가 3장 12절입니다.

> 이러므로 너희로 말미암아 시온은 갈아엎은 밭이 되고 예루살렘은 무더기가 되고 성전의 산은 수풀의 높은 곳이 되리라.

이 본문은 예레미야 7장과 아주 유사합니다. 미가와 예레미야 모두 예루살렘에 대한 파괴적 심판을 선포했다는 것, 동시대인들의 안전의식의 근거가 된 시온 신학을 거부하고 비판했다는 것, 예루살렘 성전에 대한 비판과 윤리적 비판을 연결시킨 점에서 유사함을 드러내고 있습니다. 두 예언자는 하나님의 현존과 성전을 구분하면서 성전의 탈신성화를 주장한 것입니다. 예루살렘의 멸망은 실상 예루살렘이 죽어 있었음을 확인시켜주는 사건에 불과합니다. 피로 세운 것은 무너져야 합니다. 피로 세운 예루살렘에 하나님은 거하시지 않습니다. 피로 건축한 예루살렘이 무너지는 것이 하나님의 뜻입니다. 오늘날에도 세속의 가치로 세워지고 번영을 누리고 있는 이 땅의 교회가 있다면 그 교회는 무너져야 합니다. 그것이 무너지는 것이 하나님의 뜻입니다. 무엇보다 타락한 교회가 무너지는 것이 하나님의 무너짐과는 아무런 상관이 없음을 기억해야 합니다. 구약 시대 하나님께서는 타락한 이스라엘을 친히 심판하심을 통해 이스라엘의 무너짐이 예루살렘의 파괴가 다윗 왕조의 몰락이 하나님의 추락과는 아무런 상관이 없음을 명확하게 하셨습니다.

08 미가 4장 1~3절 말씀을 어떻게 이해해야 하는지 궁금합니다.

A 미가 4장 1~3절을 보겠습니다.

끝날에 이르러는 여호와의 전의 산이 산들의 꼭대기에 굳게 서며 작은 산들 위에 뛰어나고 민족들이 그리로 몰려갈 것이라 곧 많은 이방 사람들이 가며 이르기를 오라 우리가 여호와의 산에 올라가서 야곱의 하나님의 전에 이르자 그가 그의 도를 가지고 우리에게 가르치실 것이니라 우리가 그의 길로 행하리라 하니니 이는 율법이 시온에서부터 나올 것이요 여호와의 말씀이 예루살렘에서부터 나올 것임이라 그가 많은 민족들 사이의 일을 심판하시며 먼 곳 강한 이방 사람을 판결하시리니 무리가 그 칼을 쳐서 보습을 만들고 창을 쳐서 낫을 만들 것이며 이 나라와 저 나라가 다시는 칼을 들고 서로 치지 아니하며 다시는 전쟁을 연습하지 아니하고.

본문은 심판을 경험한 후에 새로워진 예루살렘이 '이랬으면 좋겠다'는 소망의 내용을 담고 있습니다. 본문에 기술된 모습은 매 시대 모든 교회가 꾸어야 할 꿈이고 실현시켜야 할 과제입니다. 본문의 내용은 이사야 2장 2~4절과 매우 유사합니다. 미가에서 말하는 예루살렘은 오늘날 하나님 백성들의 모임인 교회를 가리킵니다. 2절은 우리가 꿈꾸는 미래의 모습입니다. 이방인들이 하나님의 도를 배우기 위해 하나님의 전을 향해 찾아옵니다. 참된 생명의 삶을 살기 위해서 어떻게 살아야 하는지, 그 길을 배우고자 성전으로 나아오고 있는 것입니다. 백성들이 배운 결과 어떤 변화가 일어납니까? 3절이 말하는 것처럼 그들은 살상용 도구들을 생산용 도구들로 전환시켜 냅니다. 하나님의 말씀에 순종하는 자들의 가장 뚜렷한 변화의 모습이 남을 해치는 무기의 폐기와 전쟁을 준비하는 군사 훈련의 중지로 드러납니다. 보습을 쳐서 칼을 만들고 낫을 쳐서 창을 만드는 시대에 하나님의 사람은 칼을 쳐서 보습을 만들고 창을 쳐서 낫을 만드는 자입니다. 하나님의 자녀들은 타인을 죽이는 살상용 무기를 생산용 도구로 전환시켜 내는 자입니다. 우리 안에 있는 폭력성, 파괴성, 남을 아프게 만드는 것들을 과감하게 벗어던지고 평화를 만드는 자로 살아가는 것, 그것이 신앙의 길이며 거듭난 자의 모습입니다.

09 미가가 말하는 남은 자는 어떤 사람을 말하는 것인지 궁금합니다.

A 미가 4장 7절을 보겠습니다.

> 발을 저는 자는 남은 백성이 되게 하며 멀리 쫓겨났던 자들이 강한 나라가 되게 하고 나 여호와가 시온 산에서 이제부터 영원까지 그들을 다스리리라 하셨나니.

여기 남은 자에 대한 언급이 나옵니다. 하나님의 징계를 받아 고통받고 있는 자들이 구원의 씨앗인 남은 자로 초대를 받고 있으며 그들을 통해 하나님이 영원히 통치하시는 하나님 나라가 건설될 것입니다. 남은 자 사상은 누가 참 이스라엘이며 족장 그리고 이스라엘 공동체에게 주어진 약속을 누가 상속받을 것인가를 묻는 과정에서 등장한 사상입니다. 북이스라엘의 멸망 이후에 발생한 여러 질문들에 대한 주전 8세기말 예언자의 신학적 응답이 '남은 자 사상'입니다. '남은 자'가 누구인가에 대해서는 몇 가지로 말할 수 있습니다. 첫째로 남은 자는 하나님의 대파국적 심판의 필연성을 인정하는 사람들입니다. 둘째로 남은 자는 하나님의 거룩한 심판의 불길을 통과한 사람들입니다. 셋째로 남은 자는 하나님의 아직 성취되지 않은 약속의 상속자들입니다. 넷째로 남은 자는 하나님과 함께 만들어갈 미래의 구속사의 동역자로 부름 받았음을 기억하는 사람들입니다. 남은 자 의식을 갖는 것은 하나님의 구속 역사의 동반자로서 소명감을 갖는 것을 의미합니다. 하나님께서는 남은 자들을 통하여 원래 이스라엘을 통하여 행하시고자 한 구원사적 계획을 계속적으로 이루어가실 것을 믿으며 그 일에 하나님의 동역자로서 최선을 다할 것을 다짐하는 자가 남은 자입니다.

10 미가 5장 2절의 말씀은 메시아 예언 중 하나로 알려져 있습니다. 베들레헴에서 메시아가 탄생한다는 것의 의미가 무엇인지 알고 싶습니다.

Ⓐ 미가 5장 2절을 보겠습니다.

> 베들레헴 에브라다야 너는 유다 족속 중에 작을지라도 이스라엘을 다스릴 자가 네게서 내게로 나올 것이라 그의 근본은 상고에, 영원에 있느니라.

본문은 예루살렘이 초토화된(3:12) 후에 새로운 통치자가 베들레헴에서 나온다고 말하고 있습니다. 왜 베들레헴을 '베들레헴 에브라다야'라고 부르고 있을까요? 여기에 대해서는 두 가지 견해가 있습니다. 하나는 에브라다를 베들레헴의 옛 지명으로, 베들레헴을 당시의 지명으로 보는 견해가 있고, 다른 하나는 스불론 땅에 위치한 베들레헴과 구분하기 위해 사용했다는 견해가 있습니다. 칠십인경은

'에브라다의 집 베들레헴'으로 번역하고 있습니다. 에브라다가 베들레헴보다 클 뿐만 아니라 좀 더 오랜 된 지명으로 보는 것이 일반적입니다. 베들레헴은 헤브론에서 예루살렘으로 올라가는 길 동편에 위치한 조그마한 성읍입니다. 하나님께서 보내시겠다고 약속하신 메시아가 베들레헴, 즉 작고 보잘 것 없는 마을, 아무도 주목하지 않았고 기대하지 않았던 동네에서 태어날 것입니다. 이처럼 하나님께서는 크고 거대하고 화려한 곳이 아닌 너무나 작고 눈에 띄지 않는 곳에서 새 일을 시작하십니다. 하나님의 새 일은 지금도 사람들의 눈에 띄지 않는 작은 곳에서 이루어지고 있습니다. 인간의 기대와 예상을 뒤집는 방식으로 하나님께서 역사를 섭리하고 계심을 여기서 볼 수 있습니다.

　베들레헴은 사람들의 눈으로는 작은 곳이었지만 그곳은 하나님과 동행했던 사람들을 배출해 낸 영적 광맥과 같은 곳입니다. 야곱의 사랑하던 아내 라헬이 묻힌 곳(창 35:16 이하), 룻이 나오미를 따라와서 이삭을 줍고 보아스를 만난 곳(룻 2:3), 다윗의 고향(삼상 16:1; 17:12)입니다. 특별히 베들레헴에서 메시아가 출생한다는 것은 그 왕이 다윗의 후손임을 강조하는 것입니다. 메시아는 다윗과 같이 공평과 정의로 통치할 새로운 왕이 될 것입니다. 그의 출현으로 인해 가장 먼저 드러나는 일은 그 형제, 곧 남은 자가 돌아오는 것입니다. 흩어진 이스라엘 공동체를 하나 되게 하는 핵심이 바로 다윗 같은 참 지도자의 출현임을 본문은 말하고 있습니다.

11 미가에서 가장 알려진 말씀이 미가 6장 6~8절의 말씀입니다. 이 말씀이 말하고자 하는 핵심을 알고 싶습니다.

A 미가 6장 6~8절을 보겠습니다.

> 내가 무엇을 가지고 여호와 앞에 나아가며 높으신 하나님께 경배할까 내가 번제물로 일 년 된 송아지를 가지고 그 앞에 나아갈까 여호와께서 천천의 숫양이나 만만의 강물 같은 기름을 기뻐하실까 내 허물을 위하여 내 맏아들을, 내 영혼의 죄로 말미암아 내 몸의 열매를 드릴까 사람아 주께서 선한 것이 무엇임을 네게 보이셨나니 여호와께서 네게 구하시는 것은 오직 정의를 행하며 인자를 사랑하며 겸손하게 네 하나님과 함께 행하는 것이 아니냐.

본문은 하나님과 만남의 순간에 무엇을 준비해야 하는지에 대한 백성들의 질문과 예언자의 대답으로 구성되어 있습니다. 6~7절은 이스라엘 백성들이 하나님께 가까이 나아가는 방법으로 생각한 것들입니다. 예배자의 말은 경건한 용어로 포장되어 있으나 하나님께 나아가는 것은 번거로운 일이라는 불평이 묻어나 있습니다. 일 년 된 송아지는 번제물 중 가장 귀한 것입니다. 수천의 숫양은 엄청난 양으로 헌제자가 얼마나 지극 정성의 예물을 드리는지를 누구나 공감할 만한 숫자입니다. 강물 같은 기름도 상상을 초월하는 규모의 예물입니다. 맏아들을 신에게 바치는 것은 고대 근동에서는 보편적으로 시행되던 제사 행위로 공동체가 절체절명의 위기에 처했을 때 신에게 바칠 수 있는 가장 큰 제물이 맏아들 제사입니다. 그러나 하나님께서는 이러한 인신제사를 철저하게 금하셨습니다(레 18:21; 20:2~5; 신 12:31). 그럼에도 아하스 왕(왕하 16:3)과 므낫세 왕(왕하 21:6)은 맏아들 제의를 드렸을 뿐만 아니라 예레미야 7장 31절에 "힌놈의 아들 골짜기에 도벳 사당을 건축하고 그들의 자녀들을 불에 살랐나니 내가 명령하지 아니하였고 내 마음에 생각하지도 아니한 일이니라"는 구절을 보면 맏아들 제의가 이스라엘 공동체에서 상당히 보편적으로 시행되었음을 알 수 있습니다.

　사람들은 하나님께 무엇을 가지고 나아가야 하는지를 모르는 것처럼 말합니다. 제시된 제물은 일종의 점층법을 사용하여 양적으로 질적으로 점점 증가하고 있음을 보여줍니다. 이들은 하나님과 만남에 있어서 만남의 주체인 존재보다는 만남의 매개물인 제물에 더욱 신경 쓰고 있는 모습을 보이고 있습니다. 무엇보다 하나님이 원하시는 일상의 삶을 살아내는 것에는 관심을 두지 않고 자신들이 바치는 제물로 자신들의 죄의 문제를 해결하고자 하였습니다. 이런 상황에서 하나님께서 진정 원하시는 것이 무엇인가를 8절이 말하고 있는데, 첫째로 하나님이 원하시는 것은 일상의 삶에서 정의롭게 살아가는 것입니다. 정의는 사회를 더불어 살아가는 공동체로 유지시켜 주는 구체적이고 실천적인 기준입니다. 정의가 파괴되고 부재하다면 한 사회의 가장 연약하고 주변화된 지체들의 아우성이 울려 퍼지게 될 것입니다. 둘째로 하나님이 원하시는 것은 인자를 사랑하는 것입니다. 여기서 인자는 헤세드, 즉 한결같은 사랑인 신실한 사랑입니다. 헤세드는 이웃을 경쟁이나 착취의 대상이 아닌 베풂과 사랑의 대상으로 바라보는 것입니다. 셋째로 하나님께서 원하시는 것은 겸손하게 하나님과 함께 행하는 것입니다. '겸손하게'는 '신중하게', '주의 깊게', '조심스럽게'라는 뜻입니다. 8절의 말씀을 통해 하나님의 백성들은 하나님이 원하시는 바를 아는 자이며 그것에 동의하는 자이며 삶을 통해 순종하는 자임을 알 수 있습니다. 무엇보다 하나님을 향한 참된 예배는 눈에 보이는 사람들을 향한 돌봄과 섬김으로 구체화되어야 함을 기억해야겠습니다.

12 미가 6장 16절이 말하는 오므리의 율례가 무엇인지 알고 싶습니다.

Ⓐ 미가 6장 16절을 보겠습니다.

> 너희가 오므리의 율례와 아합 집의 모든 예법을 지키고 그들의 전통을 따르니 내가 너희를 황폐하게 하며 그의 주민을 사람의 조소거리로 만들리라 너희가 내 백성의 수욕을 담당하리라.

이스라엘은 하나님을 믿고 섬기는 자여야 합니다. 그러나 미가 당시 하나님을 경외하지 않은 이스라엘이 진짜 경외하며 따른 자는 오므리와 아합입니다. 16절이 말하는 오므리의 율례는 토지 집중 소유제를 가리킵니다. 오므리가 만든 토지 집중 소유제는 자유농민들의 땅을 빼앗아 거대한 영지를 만들고 그곳에서 이스라엘의 3대 수출품인 밀과 포도주와 기름을 생산하여 그것을 내다 팔자는 것입니다. 그러면 이스라엘 전체가 부자가 될 수 있다는 것이었습니다. 그러나 3대 수출품을 팔아 생긴 돈으로 지배계층은 자신들이 원하는 사치품과 군사 무기들을 수입하였습니다. 그 과정에서 땅을 빼앗긴 자유농민들은 사법부에 호소하였지만 이미 가진 자들과 한편이 되어버린 사법부는 농민들의 아우성을 들어주지 않았습니다. 결국 농민들은 하나님께 직소하였고 하나님께 타전된 농민들의 아우성을 들으시고 하나님께서 부자들을 심판하시게 된 것입니다. 오므리와 아합은 소위 말하는 강대국, 선진국이 되기 위해 하나님의 말씀을 저버린 자들을 대표합니다. 이것을 세상은 복이라고 말하지만 성경은 이것을 배교라고 말합니다. 안타깝게도 이스라엘은 이들의 길을 추종하고 따라갔습니다. 들어야 할 음성을 듣지 않고 듣지 말아야 할 음성에 귀를 기울인 것입니다(시 1:1~2). 누구의 음성을 들을 것인가? 이것이 신앙의 핵심임을 기억해야겠습니다.

13 미가 7장 5절의 말씀을 어떻게 이해해야 하는지 궁금합니다.

A 미가 7장 5절을 보겠습니다.

> 너희는 이웃을 믿지 말며 친구를 의지하지 말며 네 품에 누운 여인에게라도 네 입의 문을 지킬지어다.

본문의 말씀은 시대를 초월하여 어떤 상황에서든 우리가 순종해야 할 하나님의 말씀인가요? 5절이 말하고 있는 현실은 받아들여야 할 현실이 아니라 극복되어야 할 현실입니다. 예언자가 5절의 말씀을 하게 된 이유가 2절에 있습니다.

> 경건한 자가 세상에서 끊어졌고 정직한 자가 사람들 가운데 없도다 무리

가 다 피를 흘리려고 매복하며 각기 그물로 형제를 잡으려 하고.

이스라엘은 현재 경건한 자가 세상으로부터 사라지고 정직한 자가 한 명도 남지 않았으며 모두가 서로를 잡아먹으려고 하는 세상을 만들었습니다. 이러한 세상이기에 예언자는 아무도 의지하거나 신뢰하거나 믿지 말라고 말하는 것입니다. 서로 믿고 신뢰하며 기댈 수 있는 사람 하나 없는 곳, 그곳이 바로 지옥이 아닐까요? 지옥과 같은 상황을 극복해야 할 과제가 우리 앞에 있습니다. 서로 믿고 신뢰하는 관계를 창조함을 통하여 하나님의 마음을 기쁘시게 하는 삶이 되어야 합니다.

백문백답 예언서 7 강-2

미가, **나훔**, 하박국, 스바냐

01 나훔의 저작 시기와 핵심 메시지에 대해 알고 싶습니다.

A 예언자 나훔은 하박국, 스바냐, 예레미야, 에스겔과 함께 유다의 패망 직전에 사역한 예언자입니다. 나훔의 저작 시기는 므낫세 통치기 후반부나 아몬의 통치가 끝나고 요시야의 통치가 시작된 주전 640~630년경으로 추정합니다. 좀 더 넓게 보면 테베가 파괴된 주전 663년과 니느웨가 패망한 612년 사이 어느 시기로 추정합니다. 만일 나훔의 저작 시기를 므낫세 통치기라면 니느웨의 멸망을 선포했던 나훔의 예언은 므낫세에게는 치명적인 공격이 되었을 것입니다. 왜냐하면 우상 숭배의 대명사인 므낫세는 앗수르를 정치적 종교적으로 추종하고 있었기 때문입니다. 반대로 요시야 시대에 선포되었다면 요시야에게 큰 위로와 격려가 되었을 것입니다. 나훔의 예언이 앗수르로부터 독립을 꾀하고자 한 요시야의 정책을 종교적 이념적으로 지원하는 것이 되었기 때문입니다.

요시야 시대에 유다는 일시적이나마 앗수르로부터 독립을 누리게 됩니다. 나훔은 본문을 통하여 유다 백성들로 하여금 이집트의 테베가 멸망당한 것 같이 하나님께서 니느웨를 반드시 멸망시킬 것이라는 확신을 주고 있습니다(2:1). 나훔은 산헤립 때부터 앗수르 제국의 수도였던 니느웨의 몰락에 대해 예언하며 이스라엘을 위로하는 책입니다. 나훔의 핵심 메시지는 크게 세 가지입니다. 첫째는 니느웨는 멸절될 것이므로 야웨께서 다시는 유다를 괴롭히지 않을 것이고, 둘째는 야웨께서 유다에게 지운 멍에를 깨뜨리고 결박을 끊을 것이므로 다시는 니느웨가 일어서지 못하며 유다 가운데로 통행하지 않을 것이고, 셋째는 그러므로 유다 백성들은 야웨께서 명하신 절기를 지키고 서원을 갚으라는 것입니다(1:15).

02 나훔 1장 2절의 말씀은 우리가 흔히 알고 있는 하나님 이해와 충돌하는 듯 보입니다. 이 말씀을 어떻게 이해하는 것이 좋을지 설명 부탁드립니다.

🅐 나훔 1장 2절을 보겠습니다.

여호와는 질투하시며 보복하시는 하나님이시니라 여호와는 보복하시며 진노하시되 자기를 거스르는 자에게 여호와는 보복하시며 자기를 대적하는 자에게 진노를 품으시며.

본문은 하나님을 질투하시고 진노하시며 보복하시는 분으로 소개하고 있습니다. 오늘날 교회는 하나님의 진노와 심판을 망각하고 메시지의 무게 중심이 너무나 사랑, 긍휼, 평안, 축복에만 편중되어 있습니다. 그래서 하나님의 이러한 모습이 조금은 낯선 것이 사실입니다. 그러나 나훔 1장 2절이 말하고 있는 그 모습도 하나님의 모습 중 하나임을 기억해야 합니다. 하나님 나라가 이 땅 가운데 건설되기 위해서는 하나님께 대적하는 악의 세력은 반드시 멸망되어야 합니다. 죄에 대해 단호하게 심판하시는 하나님에 대한 이해를 거부하고 하나님을 용서하시는 분으로만 이해하는 것은 하나님에 대한 지극히 편협한 사고임을 기억해야 합니다. 물론 인간의 죄에 대해 관대하시고 오래 참으시는 것은 하나님의 선하심의 한 증표라고 할 수 있습니다. 그러나 하나님의 오래 참으심은 죄 된 길로부터 돌이키기를 원하시는 긍휼하심의 모습이지 더 이상 기회를 주어도 돌이킬 가능성이 없을 때 하나님께서 단호하게 심판을 시행하십니다. 문제는 하나님의 심판의 때와 우리가 소망하는 심판의 때가 다를 수 있다는 것입니다. 종교 개혁자 루터는 "주께서 지금 당장 복수해 주시기를 원하는 것이 우리의 약점 중 하나이다"라고 말하기도 했습니다.

'질투'란 단어는 히브리어 '카나' 동사에서 유래한 것으로 그 의미는 결혼 관계에서 발생하는 질투와 관련이 있습니다. 질투란 본질적으로 경쟁자를 용납할 수 없음을 의미합니다. 이스라엘이 우상을 숭배하는 것은 하나님에 대하여 간음 행위를 하는 것이며 그로 인하여 이스라엘은 파멸의 형벌을 받게 될 것입니다. 또한 하나님은 보복하시는 분이십니다(신 32:35, 41). 현대 사회에서 복수에 대한 인식은 매우 부정적이며 구약 시대 원시적인 율법 조항 정도로 취급받고 있는 실정입니다. 그러나 구약에서 복수의 개념은 야만적인 피의 보복에서 법치적 보복으로 발전됩니다. 복수해 주시는 하나님에 대한 신뢰와 믿음은, 억울함을 당하고도 호소할 곳도 복수할 힘도 없는 자들에게 유일한 희망의 근거가 됩니다. 하나님께서 이스라엘을 괴롭힌 앗수르와 같은 제국을 복수해 주신다는 인식은 이스라엘에게 큰 위로와 소망이 됩니다. 하나님께서 복수를 통해 정의를 구현해 주심을 믿는다면 인간의 개인적인 복수의 필요성은 사라지게 될 것입니다.

03 니느웨가 하나님의 심판을 받게 된 결정적인 이유가 무엇인지 궁금합니다.

A 나훔 3장 1절을 보겠습니다.

> 화 있을진저 피의 성이여 그 안에는 거짓이 가득하고 포악이 가득하며 탈취가 떠나지 아니하는도다.

본문은 니느웨가 하나님의 심판을 받을 수밖에 없는 이유를 설명해주고 있습니다. 니느웨는 무수한 약자들의 피로 쌓아 올린 거대한 피의 성입니다. 또한 거짓과 포악과 탈취로 충만한 곳입니다. 전쟁을 준비하면서도 '우리는 평화를 원한다'고 타민족들을 속여 그들을 공격하고 그들의 것을 빼앗은 악행을 하나님께서는 낱낱이 기억하시고 니느웨를 심판하고자 하십니다. 3장 4절입니다.

이는 마술에 능숙한 미모의 음녀가 많은 음행을 함이라 그가 그의 음행으로 여러 나라를 미혹하고 그의 마술로 여러 족속을 미혹하느니라.

본문에서 니느웨를 여러 나라를 미혹케 한 마술에 능숙한 미모의 음녀로 규정합니다. 요한계시록에서도 하나님의 심판을 받을 로마를 음녀로 규정하고 있습니다(계 17:1).

미가, 나훔, 하박국, 스바냐

01 하박국의 특징과 선지자 하박국이 사역하던 당시에 남유다 공동체가 처해 있던 상황에 대해 알고 싶습니다.

Ⓐ 일반적으로 예언자들은 하나님께서 주신 말씀을 받아 있는 그대로 선포하였으나 하박국은 자신이 품던 의문을 먼저 하나님께 아룁니다. 그래서 하박국을 이스라엘이 낳은 사색가 또는 종교 철학자라고 부릅니다. 하박국은 욥기처럼 의인의 고난 문제를 다루고 있습니다. 하박국은 의로운 공동체의 고난 문제에 관심을 두고, 욥은 의로운 사람의 고난 문제에 집중합니다. 하박국은 유다 왕국에 횡행하는 불의와 강포로 인하여 하나님께 부르짖습니다. 하나님께서는 이에 대해 하나님의 의가 반드시 승리할 것을 말씀해 주십니다. 궁극적인 승리를 기다리는 의인의 삶을 찬송하는 것으로 하박국은 마무리하고 있습니다.

하박국은 다른 예언서와는 달리 예언자 개인에 대한 정보와 그가 활동한 시대에 관한 정보를 제공하지 않습니다. 보통은 하박국이 사역했던 시기를 여호야김 시대로 봅니다. 동시대 사역자였던 나훔과 스바냐는 요시야 시대, 하박국은 여호야김 시대에 사역했던 예언자로 이해하는 것입니다. 하박국이 사역하던 당시에 남유다는 국내외적으로 두 가지 큰 어려움에 직면해 있었습니다. 국내적으로는 경건한 사람들과 사악한 무리들과의 갈등이었고, 국제적으로는 신바벨론 세력의 등장으로 인한 정치적 군사적 위협이었습니다. 하박국은 하나님의 백성으로 하여금 위기의 순간에도 끝까지 야웨 하나님에 대한 신실함을 지킬 것을 요청하고 있습니다. 하나님의 계획과 세상을 향한 그분의 뜻을 깨닫게 해주는 책이 하박국입니다. 악이 창궐한 중간기 시대를 살아가면서 물이 바다를 덮음같이 여호와의 영광을 인정하는 것이 세상에 가득할 그 날을 사모하는 자들에게 하박국은 큰 위로를 주는 책입니다.

02 하박국을 잘 이해할 수 있는 구조가 있는지요? 구조가 있다면 간략하게 설명해주시면 감사하겠습니다.

A 하박국의 구조는 크게 네 가지로 구분합니다. 표제(1:1), 예언자 하박국의 두 번의 호소하는 기도(1:2~4; 1:12~2:1), 그에 대한 하나님의 두 번의 응답(1:5~10; 2:2~20), 하박국의 결단과 찬양의 기도(3장)입니다. 하박국의 첫 번째 호소하는 기도의 내용은 '주님, 왜 이토록 악한 유다 백성을 심판하지 않으십니까' 라는 것입니다. 하박국 1장 2절입니다.

여호와여 내가 부르짖어도 주께서 듣지 아니하시니 어느 때까지리이까
내가 강포로 말미암아 외쳐도 주께서 구원하지 아니하시나이다.

하박국은 유다 사회 안에 만연해 있는 불의와 율법의 해이함, 강포함에 대해 왜 정의의 하나님께서 심판하지 아니하고 침묵하시는지에 대해 분노어린 질문을 던집니다. 여기에 대해 하나님께서는 '내가 두렵고 무서운 바벨론 사람들을 사용하여 이 백성을 심판할 것이다'라고 대답해 주십니다. 하나님의 답변을 듣고 하박국은 두 번째 문제 제기를 합니다. 하박국 1장 12~13절입니다.

선지자가 이르되 여호와 나의 하나님, 나의 거룩한 이시여 주께서는 만세 전부터 계시지 아니하시니이까 우리가 사망에 이르지 아니하리이다 여호와여 주께서 심판하기 위하여 그들을 두셨나이다 반석이시여 주께서 경계하기 위하여 그들을 세우셨나이다 주께서는 눈이 정결하시므로 악을 차마 보지 못하시며 패역을 차마 보지 못하시거늘 어찌하여 거짓된 자들을 방관하시며 악인이 자기보다 의로운 사람을 삼키는데도 잠잠하시나이까.

하박국의 두 번째 호소하는 기도의 내용은 '거룩하신 하나님께서 택한 백성을 심판하시기 위하여 악한 도구인 바벨론을 사용하실 수가 있습니까' 라는 것입니다. 여기에 대해 하나님은 '교만한 자(바벨론 사람들과 악한 유다 사람들)를 물리치시고 의인은 신실함으로 살 것이다' 라고 대답하십니다. 하박국이 하나님께 올려드린 두 번의 기도와 이에 대한 하나님의 두 번에 걸친 대답이 하박국의 주요 내용을

이루고 있는 몸통입니다.

03 하박국의 대표적인 말씀이 2장 4절입니다. 이 말씀에서 이신칭의가 나왔다는 이야기를 들은 적도 있습니다. 2장 4절 말씀의 정확한 의미가 무엇인지 알고 싶습니다.

A 하박국 2장 4절을 보겠습니다.

> 보라 그의 마음은 교만하며 그 속에서 정직하지 못하나 의인은 그의 믿음으로 말미암아 살리라.

성경에서 의롭다는 것은 관계 안에서 마땅히 해야 할 바를 신실하게 감당한 자에게 사용되는 표현입니다. 하나님의 뜻을 알 수 없는 그 순간에도 하나님에 대한 신뢰를 포기하지 않는 자를 의인이라고 말하고 있습니다. 그러한 의인은 하나님의 심판의 순간에도 살 수 있음을 본문은 분명하게 말하고 있습니다. 그러나 본문과 관련하여 학자들 사이에는 많은 논쟁이 있습니다. 논쟁의 핵심은 '의인은 그의 믿음으로 말미암아 살리라'에서 '그'가 누구인가 하는 것입니다. 본문의 그는 하나님을 지칭할 수도 있고 의인을 지칭할 수도 있습니다. 하나님을 지칭할 경우 본문의 의미는 '의인은 하나님의 믿음, 즉 그의 신실하심으로 말미암아 살리라'는 뜻이 됩니다. 하나님의 신실하심을 붙잡는 사람이 의인이 되는 것입니다. 의인으로 해석할 경우에 본문의 의미는 '의인은 그 자신의 믿음 안에서 살리라'는 뜻이 됩니다. 이 믿음은 히브리어 '에무나'로 하나님의 말씀을 믿고 순종하는 것을 의미합니다. 의인이 믿는 믿음의 내용은 하나님이 이행하실 묵시의 내용입니다. 하나님이 바벨론인들을 징벌하시고 악인과 압제자를 멸망시키실 것을 믿으며 신실하게 사는 것을 의미하는 것입니다. 하박국에서 믿음은 단순한 지적 동의를 넘어 하나님의 은혜를 경험한 의인이 그 은혜를 기반으로 공의를 행하는 신실한 모습을 의미하며 이러한 삶의 모습에는 사회경제적 차원의 공의가 당연히 포함됩니다. 본문은 '의인은 하나님의 신실하심을 신뢰함으로 살 것이다'라는 말씀으로 이해하면 되겠습니다. 이 말씀은 로마서 1장 17절, 갈라디아서 3장 11절, 히브리서 10장 38절에도 인용되고 있습니다.

백문백답 예언서 **7** 강-4

미가, 나훔, 하박국, 스바냐

01 예언자 스바냐는 요시야 왕의 종교 개혁을 도운 협력자로 알고 있습니다. 요시야의 종교 개혁을 통해 어떤 변화가 있었는지 궁금합니다.

A 스바냐의 이름은 '야웨가 보호하는 자'라는 뜻입니다. 그는 요시야 시대 비교적 짧은 기간 동안 활동했지만 그의 메시지로 인하여 요시야가 종교 개혁을 일으키는데 많은 영향을 미쳤다고 봅니다. 요시야는 종교 혼합주의가 득세했던 므낫세와 아몬의 뒤를 이어 왕위에 등극합니다. 당시 유다는 매년 앗수르에 조공을 바치는 위성 국가로 전락했습니다. 예루살렘 성전 앞마당에는 강대국 앗수르 신에게 바쳐진 제단이 세워져 있었습니다. 많은 사람들이 하나님과 앗수르 신들을 겸하여 숭배하던 시기입니다. 대표적인 우상 숭배가 일월성신 숭배입니다. 일월성신 숭배는 므낫세와 아몬의 통치 기간을 거쳐 요시야 통치 초기까지 이어진 제의입니다(왕하 21:3, 5, 21; 23:5, 12). 속국인 유다가 앗수르의 별을 숭배함으로써 정치적 종교적으로 예속되었다는 것을 나타냈습니다.

이런 상황에서 예언자 스바냐의 메시지를 듣고 요시야는 종교 개혁을 단행합니다. 그가 단행한 개혁은 크게 네 가지로 요약할 수 있습니다. 첫째로 솔로몬 이후 이방 종교가 침투해 들어와 있던 예루살렘 성전을 정화한 것입니다. 둘째로 우상 숭배의 소굴로 전락한 지방 성소인 산당을 제거한 것입니다. 셋째로 신명기 법 정신을 강화하여 성전 중심의 예배의 중앙집권화를 꾀한 것입니다. 넷째로 해안 평야와 북쪽의 사마리아에 이르기까지 영토를 확장하여 정치의 중앙집권화를 도모한 것입니다.

02 스바냐도 여호와의 날을 강조한 것으로 알고 있는데, 그가 강조한 여호와의 날의 의미가 무엇이었는지 알고 싶습니다.

A 스바냐 1장 14~16절을 보겠습니다.

여호와의 큰 날이 가깝도다 가깝고도 빠르도다 여호와의 날의 소리로다 용사가 거기서 심히 슬피 우는도다 그날은 분노의 날이요 환난과 고통의 날이요 황폐와 패망의 날이요 캄캄하고 어두운 날이요 구름과 흑암의 날이요 나팔을 불어 경고하며 견고한 성읍들을 치며 높은 망대를 치는 날이로다.

당시 이스라엘 백성들은 여호와의 날을 여호와께서 나타나셔서 이스라엘의 원수들을 심판하시고 이스라엘을 적들의 억압에서 건져 주시며 이스라엘의 구원을 완성하시는 날이라고 믿고 있었습니다.

자신들에게는 승리와 구원과 영광의 날로 원수들에게는 심판과 멸망과 수치의 날로 여긴 것입니다. 여호와의 날은 죄악으로 충만한 삶을 살아온 모든 자들에 대한 여호와의 분노와 심판의 날입니다. 문제는 언약 백성이기는 하였지만 이방 백성들과 다르지 않은 삶을 살아온 이스라엘의 운명은 어떻게 될까요? 이스라엘도 여호와의 날에 하나님의 심판을 피할 수 없습니다. 그 이유는 그들의 삶이 이스라엘답지 못했기 때문입니다. 하나님의 언약 백성이라는 신분이 결코 구원을 보장해주지 못합니다. 하나님의 백성다운 삶을 살아내는 자가 진정 하나님의 백성임을 기억해야 하겠습니다.

03 여호와의 날에 이스라엘이 구원받기 위해서 무엇을 행해야 하는지요?

A 스바냐 2장 3절에 그 해답이 있습니다.

> 여호와의 규례를 지키는 세상의 모든 겸손한 자들아 너희는 여호와를 찾으며 공의와 겸손을 구하라 너희가 혹시 여호와의 분노의 날에 숨김을 얻으리라.

여호와의 날에 구원받을 수 있는 요건 중 가장 중요한 것은 미쉬파트를 행하는지의 여부입니다. 여기서 미쉬파트는 야웨의 법을 의미합니다. 야웨의 법을 실행하는 자만이 구원받을 수 있습니다. 여호와의 날을 피할 수 있는 자는 미쉬파트를 행하는 자이고 미쉬파트를 행하는 자는 겸손한 자이며 남은 자입니다. 여호와를 찾는 자는 공의와 겸손의 삶을 사는 자입니다. 여호와의 날을 심판의 날로 경험할지 구원의 날로 경험할지는 스스로가 자신의 삶을 깊이 있게 성찰하는 것밖에 없습니다. 여호와의 날이 악인에게는 철저한 파멸의 날이요 하나님을 경외하는 자에게는 구원의 날이 됨을 기억해야 합니다.

백문백답 예언서 **8** 강-1

학개, 스가랴, 말라기

01 학개가 사역했던 시대적 상황에 대해 알고 싶습니다.

A 학개, 스가랴, 말라기는 포로기 이후에 사역한 예언자들입니다. 당시 유다는 하나의 국가로 존재하지 못했고 페르시아의 한 속주로 전락했습니다. 포로기 이후에 이스라엘 백성들은 포로기 예언자들이었던 제2이사야나 에스겔이 예언한 회복과 희망의 메시지가 성취될 것을 기대하고 있었습니다. 그러나 이러한 기대는 성전 건축을 시작하면서 겪게 된 사마리아인들의 반대 때문에 실망과 좌절로 바뀌게 되었고(스 4장), 포로기 이후 세대는 하나님의 약속 성취에 대한 회의와 의심 가운데 삶을 영위하게 되었습니다. 16년간 지연된 성전 건축 사역은 주전 520년에 새로운 국면을 맞이하게 됩니다. 고레스의 칙령을 확인하고 다리오가 조서를 내려 성전 건축을 위한 경제적 후원을 하게 되고 학개와 스가랴의 격려로 주전 516년에 성전 재건이 마무리 됩니다(스 6장). 성전이 무너진 해가 주전 586년, 성전이

재건된 해가 주전 516년으로 예레미야가 말한 70년 바벨론 포로 생활과 맞아 떨어지게 된 것입니다.

02 예언자 학개는 어떤 사람이고 학개의 특징이 무엇인지 궁금합니다.

A 학개는 소예언서 중에서 오바댜를 제외하고는 장절수가 가장 짧습니다. 예언자 스가랴가 2년 이상 사역한 것에 비해 학개는 4개월도 못 되는 짧은 기간 활동했다고 봅니다(1:1; 2:10, 20). 그렇게 보는 근거는 학개가 전한 말씀에는 날짜가 정확하게 적혀 있기 때문입니다. 학개는 다리오 왕 제2년에 학개가 받은 네 개의 신탁으로 구성되어 있습니다. 주요 메시지는 성전 재건과 그로 인하여 일어날 중요한 일들입니다. 첫 번째 신탁은 6월 1일에 받은 것으로 1장 1~11절입니다. 백성들이 학개의 권고를 듣고 여호와를 두려워한 시점은 6월 24일(1:15)입니다. 두 번째 신탁은 7월 21일에 받은 것으로 2장 1~9절이고, 세 번째 신탁은 9월 24일에 받은 것으로 2장 10~19절, 네 번째 신탁은 같은 날 받은 것으로 2장 20~23절입니다. 6월 1일에 시작하여(1:1) 같은 해 9월 24일(2:18, 20)에 학개의 예언 사역은 종료됩니다. 예언자 학개의 약 4개월이라는 짧은 기간 동안 예언 활동과 내용이 수록된 것이 학개입니다. 이 날짜들을 통해 예언이 단기간에 집중되었으며 각 날짜별로 상이한 메시지가 아닌 동일한 메시지를 반복하여 전달하였음을 알 수 있습니다.

학개의 이름의 뜻은 '나의 축제', '축제일에 태어난'이라는 뜻입니다. 탈무드 전승에 따르면 학개는 스가랴와 말라기와 함께 회당의 창시자로 알려져 있습니다. 학개는 성전을 뜨겁게 사랑했고 신정 국가의 제사의식을 고취시킨 인물입니다. 학개는 예언자에 대해서는 아무런 정보를 제공하지 않고 그 예언자의 발언과 그의 발언이 청중에게 미친 영향을 주로 다루고 있습니다. 학개의 메시지는 백성들에게 큰 영향력을 미쳤습니다. 학개는 바벨론 포로지에서 돌아온 귀향민 명단(스 2장; 느 7장)에 등장하지 않고 고향의 농경문화에 지대한 관심을 표명하는 것으로 볼 때(학 1:6, 10~11; 2:16, 19) 유다 땅에 머물러 있었던 정착민이었을 것으로 추정합니다.

03 학개의 핵심 메시지는 무엇입니까?

A 고대 사회에서는 새로운 왕이 즉위했을 때 자신의 즉위와 통치를 정당화하기 위해 신전을 건축 또는 재건했습니다. 성전은 일반적으로 신에 의해 지상 통치를 위임받은 왕에 의해 건립됩니다. 학개의 핵심 메시지는 새로운 시대의 도래가 성전 건축과 더불어 시작된다는 것입니다. 성전은 회복의 시대가 도래했다는 가시적인 상징물입니다. 성전에서 떠났던 하나님의 영광이 다시 성전으로 돌아왔음을 가시적으로 보여주는 것이 성전 재건입니다. 그러나 성전 건축 자체가 백성의 삶을 자동적으로 정결하게 만들어주는 것은 아닙니다. 학개는 정결하지 못한 백성들의 삶 때문에 성전이 부정할 수도 있음을 지적하고 있습니다(2:10~19). 하나님의 약속의 성취와 축복에서 백

성들의 책임과 중요성을 강조하고 있는 책이 학개입니다.

04 학개가 성전 건축에 몰두한 특별한 이유가 있는지 궁금합니다.

A 예언자 학개에게 있어서 성전 건축은 하나님 나라를 건설하는 것과 동일한 의미를 갖습니다. 학개가 추구하는 것은 성전 중심의 하나님 나라의 건설입니다. 학개서를 묵상하면서 학개의 성전 건축을 예배당 건축이라는 좁은 의미보다는 하나님 나라를 건설하라는 더 큰 의미로 적용하는 것이 바람직합니다. 당시 팔레스타인 땅에 남아 있던 자들과 귀환자들 사이에는 많은 갈등이 있었습니다. 대표적인 것이 토지와 가옥 소유권 문제로 인한 갈등입니다. 이것에 더하여 권력의 주도권 쟁탈전으로 인해 대결 국면이 지속되고 있었습니다. 이런 갈등 상황을 타개할 수 있는 유일한 길을 학개는 성전 건축에서 찾았습니다. 학개가 볼 때 성전 재건은 나누어진 백성들의 마음을 하나로 모을 유일한 대안이었습니다. 학개는 성전이라는 건물 자체보다는 성전 건축을 통해 세워질 하나님 나라의 백성들에 더 많은 관심이 있었습니다. 학개는 솔로몬의 성전과 같이 화려하고 고급스러운 성전을 건축하라고 주장하지 않습니다. 학개 1장 8절입니다.

> 너희는 산에 올라가서 나무를 가져다가 성전을 건축하라 그리하면 내가 그것으로 말미암아 기뻐하고 또 영광을 얻으리라 여호와가 말하였느니라.

두로의 백향목이 아닌 산에 있는 나무를 가져다가 성전을 건축하라고 말합니다. 성전의 핵심은 외형이 아닌 그 안에 담겨 있는 본질이기 때문입니다. 학개는 성전 건축을 통하여 하나님이 원하시는 삶의 본질을 회복하기를 갈망한 것입니다.

05 학개에서 가장 알려진 말씀이 2장 9절입니다. 이 말씀이 나오게 된 배경과 의미에 대해 알고 싶습니다.

A 학개 2장 9절입니다.

> 이 성전의 나중 영광이 이전 영광보다 크리라 만군의 여호와의 말이니라 내가 이 곳에 평강을 주리라 만군의 여호와의 말이니라.

학개의 메시지를 듣고 포로 귀환 공동체는 성전 재건에 열심을 내게 됩니다. 그러나 성전 재건이 진행되면서 다시금 그들은 절망감에 사로잡히게 됩니다. 그들이 재건하고 있는 성전의 모습이 이전의 솔로몬 성전과 비교할 때 너무나 초라해 보였기 때문입니다. 학개는 '이 성전의 나중 영광이 이전 영광보다 크리라'고 하면서 백성들을 격려합니다. 학개가 이렇게 백성들에게 선포한 이유는 장차 도래할 더 큰 하나님의 영광 때문입니다. 2장 7절입니다.

> 또한 모든 나라를 진동시킬 것이며 모든 나라의 보배가 이르리니 내가 이 성전에 영광이 충만하게 하리라 만군의 여호와의 말이니라.

예루살렘에서 약탈되어 열방에 흘러간 보배가 이제는 열방들에 의하여 성전으로 들어오는 일이 하나님의 현현과 함께 발생할 것입니다. 이스라엘 사람들이 이집트를 떠날 때 이집트 사람들이 건네는 물품을 받았고(출 12:35~36), 그 물품이 성막 건축에 유용하게 활용된 사실과 매우 유사합니다. 새로운 성전은 열방의 참여를 포함함으로써 솔로몬 성전보다 더 장엄함을 갖추게 될 것입니다. 유대인들만 예배하던 성전이 이제는 세계만민이 하나님을 예배하는 곳이 될 것입니다. 학개가 역설하는 제2성전 재건은 단순히 무너진 첫 성전 건물을 다시 세우는 작업이 아니라 머지않은 장래에 도래할 메시아 시대를 위한 전초 작업이었던 것입니다.

학개, 스가랴, 말라기

01 스가랴는 묵시문학이자 메시아에 대한 예언으로 가득한 책이라는 이야기를 들었습니다. 제가 알고 있는 이해가 맞는지 궁금합니다.

🅐 네 맞습니다. 스가랴는 묵시문학으로 환상과 상징들을 통해 궁극적으로 도래할 종말의 현실을 미리 알려주고 있습니다. 스가랴는 '여호와께서 기억하신다'는 뜻으로 신약에서는 사가랴로 표기(눅 1:5)되고 있습니다. 그는 에스겔과 예레미야처럼 제사장 가문 출신으로 예언 사역을 감당했습니다. 스가랴는 다리오 왕 제 이년에 예언 활동을 시작하였고(1:1), 다리오 왕 제 사년까지 사역했습니다(7:1). 스가랴의 활동 시기는 주전 520~518년으로 보고 있습니다. 일반적인 묵시문학과 같이 스가랴는 천사와 같은 중간 해석자들이 등장하여 계시의 의미들을 설명해줍니다. 현실은 암울하고 악의 세력이 우세하여 더 이상 개선이나 개혁의 가능성을 기대할 수 없는 상황이지만 하나님께서 초자연적인 힘으로 이 역사에 개입하셔서 결국 악의 세력이 멸망하고 하나님이 유일한 왕으로서 다스리시며 악의 세력

아래에서 고난당하던 주의 백성들이 기쁨과 평안을 누리며 살게 될 날이 반드시 올 것을 선포하는 책이 스가랴입니다.

  스가랴는 소예언서 가운데 가장 긴 책이며 가장 메시아적인 책으로 불립니다. 스가랴에는 메시아 예언들이 곳곳에 숨겨져 있습니다. 예수 그리스도의 초림과 그의 겸손을 예언하며(6:12), 은 삼십으로 그가 배척당하여 팔릴 것도 예언하며(11:12~13), 그리스도의 제사장직(6:13), 왕권(9:9; 14:9), 제자들에게 부인당하심(13:7), 재림(14:4) 등도 예언되어 있습니다. 학개의 예언이 성전 재건을 중심으로 한 현실적인 이슈들을 다루었다면 스가랴의 메시지는 장차 오실 메시아와 주의 백성들을 괴롭히던 열방의 멸망을 선포함으로써 주의 백성에게 미래에 대한 소망과 기대를 갖도록 하는 것이 주된 목적입니다.

02 스가랴를 제1스가랴, 제2스가랴로 구분한다는 이야기를 들었는데 이 말이 무슨 의미인지 알고 싶습니다.

A 학자들은 보통 스가랴 1~8장을 제1스가랴로, 스가랴 9~14장을 제2스가랴로 부릅니다. 두 작품 사이에 내용과 문체 그리고 언어에서 차이를 보이기 때문에 서로 다른 시대적 배경에서 쓰였다고 보는 것입니다. 그러면서 제1스가랴의 저자는 예언자 스가랴로, 제2스가랴의 저자는 그의 제자들이나 추종자들로 봅니다. 제1스가랴와 달리 제2스가랴에서는 구체적인 역사적 상황이 드러나지 않고 환상에 대한 보도가 없습니다. 다리오 왕 시대에 진행된 예루살렘 성전 재건과

신앙공동체의 회복이라는 주제가 나오지도 않고 여호수아와 스룹바벨에 대한 언급도 없기 때문에 주전 4세기경 헬레니즘 시대에 쓰여진 것으로 추정합니다. 그러나 최근의 학문적 경향은 최종 형태의 스가랴를 인정하는 것입니다. 완성된 한 권의 책으로 스가랴의 편집 의도를 묻는 것에 집중하고 있습니다.

03 스가랴는 읽기가 난해한 본문으로 알려져 있습니다. 스가랴의 이해를 돕기 위한 구성이 있다면 알고 싶습니다.

A 스가랴는 여덟 가지 환상과 금식(1~8장), 메시아를 통한 회복(9~14장)에 관한 메시지로 구성되어 있습니다. 네 개의 주제로 분류할 수 있는 여덟 가지의 환상은 예루살렘에 관한 주제(1:8~17; 2:1~13), 지도자들에 관한 주제(3:1~10; 4:1~14), 심판에 관한 주제(1:18~21; 5:1~11; 6:1~8), 귀환에 관한 주제(2:6~13)로 나눌 수 있습니다. 이 환상의 목적은 예루살렘과 이스라엘의 미래가 어떻게 전개될 것인가에 관한 것입니다. 밤과 관련되어 있는 여덟 가지 환상이 초저녁에 시작되어 새벽 여명이 밝아오는 밤의 마지막 부분에서 끝나고 있음도 주목해야 합니다. 이런 밤 시간대의 설정은 당시 이스라엘 백성들이 경험하고 있는 역사 현실의 암울함과 그 속에서 새롭게 시작되는 하나님 나라에 대한 희망과 기대를 극대화시키고 있습니다. 어두움으로 상징되는 당대의 암울한 부정적 현실에서 시작하여 하나님께서 열어 가시는 새로운 시대의 긍정적 희망으로 나아가는 구조를 나타내기 때문입니다. 전통적으로 밤은 이스라엘이

경험하는 고난과 역경을, 새벽의 여명은 이스라엘을 향한 하나님의 구원을 상징합니다.

환상들은 대체적으로 소개의 말씀, 예언자가 본 내용, 예언자가 천사에게 묻는 질문, 천사의 답변이라는 네 가지 패턴으로 구성되어 있습니다. 그 내용들을 살펴보면 첫 번째 환상(1:8~17)은 말 탄 정탐꾼들, 두 번째 환상(1:18~21)은 네 뿔과 네 대장장이, 세 번째 환상(2:1~13)은 측량줄 잡은 자, 네 번째 환상(3:1~10)은 대제사장 위임식, 다섯 번째 환상(4:1~14)은 순금 등대와 두 감람나무, 여섯 번째 환상(5:1~4)은 날아가는 두루마리, 일곱 번째 환상(5:5~11)은 에바 속의 여인, 여덟 번째 환상(6:1~15)은 네 병거에 대한 내용입니다. 스가랴의 환상 속에는 '넷'이라는 숫자가 많이 등장합니다. 네 말(1:8), 네 뿔과 네 대장장이(1:18, 20), 사방 바람(2:6), 네 병거(6:1) 등입니다. 여기에 넷은 전 세계를 의미하는 상징적 숫자로 묵시문학에서는 완전함과 포괄성을 뜻하는 숫자입니다. 넷이라는 숫자가 여덟 개의 환상들 중 여섯 개의 환상 속에 나타나고 있습니다. 이는 하나님의 관심이 유다의 영토에만 국한되지 않고 그 활동 범위가 우주적이고 전 세계적임을 보여주는 것입니다. 이를 통해 하나님께서는 온 세계를 다스리시는 만유의 왕이심을 강조하고 있습니다.

04 스가랴의 중심 메시지가 무엇인지 궁금합니다.

🅐 스가랴의 중심 메시지는 1장 3~4절에 잘 나타나고 있습니다.

그러므로 너는 그들에게 말하기를 만군의 여호와께서 이처럼 이르시되 너희는 내게로 돌아오라 만군의 여호와의 말이니라 그리하면 내가 너희에게로 돌아가리라 만군의 여호와의 말이니라 너희 조상들을 본받지 말라 옛적 선지자들이 그들에게 외쳐 이르되 만군의 여호와께서 이같이 말씀하시기를 너희가 악한 길, 악한 행위를 떠나서 돌아오라 하셨다 하나 그들이 듣지 아니하고 내게 귀를 기울이지 아니하였느니라 여호와의 말이니라.

여기서 중심적인 단어는 돌아오라는 '슈브'입니다. 돌아오라는 것은 하나님과 바른 관계를 유지하라는 것으로 율법 앞에 순종하라는 말입니다. 이스라엘이 이미 고토로 돌아왔다는 사실을 고려해 볼 때 여기 돌아오라는 것은 이스라엘의 마음 자세와 행동을 통하여 구체적으로 나타나야 하는 삶의 변화로서의 회개를 가리킵니다. 스가랴는 공동체를 향해 더 이상 조상들의 죄 된 삶을 본받지 말라고 권고하고 있습니다. 바벨론 포로라는 불의 용광로를 통과했음에도 불구하고 다시금 회개의 촉구가 나타나고 있음을 주목해야 합니다. 만일 이스라엘의 남은 자들이 회개하지 않고 계속해서 그들의 열조와 같이 악한 길을 고집한다면 그들도 하나님의 심판에 직면할 수 있음을 경고하고 있는 것입니다. 이스라엘이 시온으로 돌아왔다고 해서 하나님께서도 자동적으로 이스라엘로 돌아오시는 것이 아닙니다. 공간적 돌아옴보다 중요한 것은 죄악 된 삶을 청산하는 진정한 돌이킴임을 기억해야 합니다. 스가랴의 기록 목적은 귀환한 백성들이 열조를 본받지 말고 하나님께 돌아올 것을 호소하고 성전을 재건하는 유대인들을 격려하고 위로하는데 있습니다.

05 스가랴 4장에서 말하는 두 감람나무나 기름 부음 받은 자 둘은 누구를 말하는 것인가요? 한국 교회사에 등장한 이단 교주들이 여기 감람나무가 자기를 가리킨다는 표현을 많이 사용한 것으로 알고 있습니다.

A 스가랴 4장 11~14절입니다.

> 내가 그에게 물어 이르되 등잔대 좌우의 두 감람나무는 무슨 뜻이니이까 하고 다시 그에게 물어 이르되 금 기름을 흘리는 두 금관 옆에 있는 이 감람나무 두 가지는 무슨 뜻이니이까 하니 그가 내게 대답하여 이르되 네가 이것이 무엇인지 알지 못하느냐 하는지라 내가 대답하되 내 주여 알지 못하나이다 하니 이르되 이는 기름 부음 받은 자 둘이니 온 세상의 주 앞에 서 있는 자니라 하더라.

두 감람나무는 하나님을 섬기도록 기름 부음 받은 두 사람, 곧 대제사장인 여호수아와 다윗의 후손인 스룹바벨을 가리킵니다. 등잔대는 여호와의 임재를, 감람나무는 하나님의 지상 대리자를 상징합니다. 등불이 계속 빛을 내려면 기름이 필요하듯이 하나님의 일을 하기 위해서는 하나님으로부터 힘을 공급받아 사역을 행할 사람들이 필요합니다. 그들이 바로 하나님의 지상 대리자입니다. 등불과 감람나무는 상호의존적인 관계를 맺고 있는 것입니다. 스가랴 6장 12절에는 여호수아를, 학개 2장 20~23절에는 스룹바벨을 하나님께서 택하신 지도자로 기술하고 있습니다. 포로 귀환 이후에 누가 이스라엘 공동체의 최고 지도자가 될 것인지에 대한 논란이 있었음을 알 수 있습니다. 이것은 이스라엘이 정치적인 왕을 중심으로 하는 일반 국가가 될 것인지, 대제사장을 최고 지도자로 하는 신정 국가가 될 것인지에 대한 논쟁과 연관이 있습니다. 4장 1~14절의 네 번째, 다섯 번째 환상은 이스라엘 사회의 지도자 문제를 다루고 있습니다. 네 번째 환상이 대제사장 여호수아에게 집중되어 있는 반면에 다섯 번째 환상은 성전 재건을 실제적으로 주도했던 총독 스룹바벨에게 집중되어 있습니다.

06 스가랴 7장에는 금식과 관련된 백성들의 문제 제기와 하나님의 책망이 나옵니다. 금식의 주제가 갑자기 등장하게 된 배경이 무엇인지 알고 싶습니다.

Ⓐ 스가랴 7장 2~3절을 보겠습니다.

> 그 때에 벧엘 사람이 사레셀과 레겜멜렉과 그의 부하들을 보내어 여호와께 은혜를 구하고 만군의 여호와의 전에 있는 제사장들과 선지자들에게 물어 이르되 내가 여러 해 동안 행한 대로 오월 중에 울며 근신하리이까 하매.

본문에서 금식 문제가 제기된 배경을 볼 수 있습니다. 당시 유대인을 일꾼으로 고용하고 있던 고용주들에게 연중 네 차례의 금식 준수는 사회 경제적으로 큰 부담이 되었습니다. 그래서 벧엘에서 온 대표자들이 예루살렘에 있는 제사장들과 선지자들에게 그동안 종교의식으로 지켜왔던 5월 금식을 계속 지켜야 하는지에 대해 질문하고 있습니다. 당시 5월 금식은 예루살렘 성전과 왕궁이 바벨론의 공격으로 무너진 사건(왕하 25:8~9; 렘 52:12~14)을 기념하여 지켜 온 금식입니다. 금식을 통하여 표현되었던 예루살렘 멸망과 성전 파괴의 비극이 포로 귀환과 성전 재건으로 인하여 어느 정도 극복되었다고 판단되었기 때문에 이들은 5월 금식을 계속 지켜야하는지에 대해 질문한 것입니다. 이스라엘은 바벨론에 의한 예루살렘의 멸망과 관련하여 네 차례의 금식을 행하였습니다. 예루살렘 성이 포위된 것을 기억하는 10월 금식(왕하 25:1; 렘 39:1), 예루살렘 성의 함락을 기억하는 4월 금식(왕하 25:2~3; 렘 39:2), 예루살렘 성전의 파괴를 기억하는 5월 금식(왕하 25:8), 그달랴 총독의 암살을 기억하는 7월 금식(왕하 25:25; 렘 41:1~2)입니다. 이에 대한 하나님의 답변이 스가랴 7장 4~6절에 나옵니다.

> 만군의 여호와의 말씀이 내게 임하여 이르시되 온 땅의 백성과 제사장들에게 이르라 너희가 칠십 년 동안 다섯째 달과 일곱째 달에 금식하고 애통하였거니와 그 금식이 나를 위하여, 나를 위하여 한 것이냐 너희가 먹고 마실 때에 그것은 너희를 위하여 먹고 너희를 위하여 마시는 것이 아니냐.

하나님께서는 이스라엘 백성들이 그동안 행해 온 금식 준수가 실상은 하나님과 상관없이 자신들을 위해 행한 것이라고 책망하고 계십니다. 하나님께서 기뻐하시는 금식은 철저하게 이웃과의 관계와 사회적 약자에 초점을 맞추는 것입니다(사 58:6~7). 즉 밥을 굶는 것이 아닌 배고픈 자에게 먹을 것을 주는 것이 참된 금식입니다. 하나님과의 관계가 상실된 가운데 행하는 외적인 종교적 준수를 하나님은 절대 열납하지 않으십니다. 하나님께서는 듣고 순종하는 마음에서 비롯되지 않는 어떤 경건의 행위도 받아들이지 않으십니다. 금식의 행위보다 중요한 것이 금식의 동기와 목적입니다. 하나님 앞에서의 겸손과 하나님을 향한 충성과 헌신의 삶 자체가 중요합니다. 하나님의 영광을 위한 것이 근본 목적이 되어야 하고 반드시 사람들과의 관계 속에서 사회 윤리적 삶의 실천이 동반되어야 합니다.

07 메시아 예언으로 잘 알려진 스가랴 9장 9~10절의 의미를 알고 싶습니다.

A 스가랴 9장 9~10절을 보겠습니다.

> 시온의 딸아 크게 기뻐할지어다 예루살렘의 딸아 즐거이 부를지어다 보라 네 왕이 네게 임하시나니 그는 공의로우시며 구원을 베푸시며 겸손하여서 나귀를 타시나니 나귀의 작은 것 곧 나귀 새끼니라 내가 에브라임의 병거와 예루살렘의 말을 끊겠고 전쟁하는 활도 끊으리니 그가 이방 사람에게 화평을 전할 것이요 그의 통치는 바다에서 바다까지 이르고 유브라데 강에서 땅 끝까지 이르리라.

본문은 종려주일에 자주 인용되는 구절입니다. 새로운 왕의 모습은 하나님을 전적으로 의존하는 모습으로 드러납니다. 그의 권력은 오직 하나님에 의한 것이고 그런 의미에서 그의 왕권은 인간적으로는 매우 무력한 것처럼 보입니다. 이러한 새로운 왕의 모습은 당시의 리더십에 대한 날카로운 비판이라고 할 수 있습니다. 양떼 같은 백성들을 버려두는 목자 같은 지도자들에게 하나님께서는 분노하시고 그들을 벌하시겠다고 말씀하고 계십니다(슥 10:3). 9절에서 메시아는 나귀를 타는 겸손한 왕이며 직무와 책임은 있으나 특권은 배제된 왕의 모습으로 나타납니다. '공의로운'이라는 말은 하나님과 사람과의 관계에서 마땅히 행할 바를 행한다는 것입니다. 왕은 하나님과의 계약을 지키고 그의 백성들을 의로 다스리는데 그것에는 가난한 자를 위한 정의가 포함되어 있습니다. '겸손한'은 자만하거나 자랑하지 않고 온화하다는 의미입니다. 10절에서 메시아는 평화를 실천하는 왕으로 드러납니다. 모든 전쟁의 기구와 도구들을 파괴하고, 민족들에게 평화를 선포하고, 전 우주적인 통치를 시행하고 있습니다. 이것이 에스겔 신학과의 차이입니다. 에스겔이 바라보는 회복은 이스라엘의 회복으로만 한정되어 있는데 반해 스가랴는 이방 나라에게도 평화를 전하는 회복을 말하고 있습니다.

학개, 스가랴, 말라기

01 구약의 마지막 책인 말라기는 어떻게 구성되어 있는지 궁금합니다.

A 말라기는 표제(1:1)와 결론(4:4~6) 사이에 여섯 가지 논쟁이 담겨 있습니다. 그 논쟁의 내용은 하나님의 사랑에 대하여(1:2~5), 제사장의 타락에 대하여(1:6~2:9), 백성들의 잡혼과 이혼에 대하여(2:10~16), 하나님의 심판과 공의에 대하여(2:17~3:6), 십일조와 헌물에 대하여(3:7~12), 악인의 형통에 대하여(3:13~4:3)입니다. 논쟁은 야웨와 예언자의 주장, 제사장과 백성들의 반문, 반문에 대한 설명, 논쟁의 결론 등으로 구성되어 있습니다. 이처럼 말라기는 여호와와 그의 백성들 간의 질문과 대답의 형식으로 벌어지는 여섯 개의 논쟁을 중심 내용으로 진행됩니다. 말라기는 어렵고 곤고한 상황에 직면하여 하나님을 원망하고 있는 그의 청중들에게 그들이 경험하고 있는 모든 어려움의 원인은 그들이 이행해야 할 가장 기본적인 언약을 준수하지 않은 데서 비롯되었다고 선언합니다. 이스라엘에게

여호와 하나님에 대한 신앙을 쇄신시키는 일이 말라기의 사명인 것입니다.

02 말라기 3장에서 십일조 문제를 언급하는 이유가 무엇인지 궁금합니다.

Ⓐ 말라기 3장 7~12절을 보겠습니다.

만군의 여호와가 이르노라 너희 조상들의 날로부터 너희가 나의 규례를 떠나 지키지 아니하였도다 그런즉 내게로 돌아오라 그리하면 나도 너희에게로 돌아가리라 하였더니 너희가 이르기를 우리가 어떻게 하여야 돌아가리이까 하는도다 사람이 어찌 하나님의 것을 도둑질하겠느냐 그러나 너희는 나의 것을 도둑질하고도 말하기를 우리가 어떻게 주의 것을 도둑질하였나이까 하는도다 이는 곧 십일조와 봉헌물이라 너희 곧 온 나라가 나의 것을 도둑질하였으므로 너희가 저주를 받았느니라 만군의 여호와가 이르노라 너희의 온전한 십일조를 창고에 들여 나의 집에 양식이 있게 하고 그것으로 나를 시험하여 내가 하늘 문을 열고 너희에게 복을 쌓을 곳이 없도록 붓지 아니하나 보라 만군의 여호와가 이르노라 내가 너희를 위하여 메뚜기를 금하여 너희 토지 소산을 먹어 없애지 못하게 하며 너희 밭의 포도나무 열매가 기한 전에 떨어지지 않게 하리니 너희 땅이 아름다워지므로 모든 이방인들이 너희를 복되다 하리라 만군의 여호와의 말이니라.

예언자는 백성들이 처한 모든 어려움은 그들이 하나님의 백성으로서 감당해야 할 의무를 준수하지 않는데 대한 하나님의 심판이라고 주장하고 있습니다. 특별히 십일조 문제는 하나님의 규례를 지키지 않는, 즉 언약적 관계에 신실하지 못한 모습을 단적으로 보여주는 예로 제시되고 있습니다. 십일조를 드리는 목적은 물질적 축복을 받기 위함이 아니라 언약적 관계의 갱신과 유지를 위한 것입니다. 십일조 권면에는 하나님과의 관계 및 인간과의 관계에서 우리가 마땅히 행해야 할 바가 담겨 있습니다. 십일조 납부는 이스라엘이 율법 준수의 삶을 살아가고 있는지를 보여주는 신실함의 지표가 됩니다(신 26:14). 백성들이 야웨께 돌아오는 것을 가시적으로 보여주는 것이 십일조 납부입니다. 말라기에서 말하는 십일조는 레위인, 과부, 고아, 나그네를 돌보는 십일조로 삼년마다 드리는 것입니다(신 14:28~29). 당시 백성들이 십일조를 드리지 않음으로 인해 레위인들이 자신의 생활을 영위하기 위해 밭으로 나가 일하는 일이 벌어지게 되었습니다(느 13:10). 자신의 삶에만 집중하고 스스로의 힘으로 살아갈 수 없는 자들의 삶을 방치한 것에 대한 책망이 십일조에 대한 강조로 드러나고 있는 것입니다.

03 말라기 4장 4~5절에 율법의 대표인 모세와 예언자의 대표인 엘리야의 이름이 함께 기록되어 있는 특별한 이유가 있는지 궁금합니다.

A 말라기 4장 4~5절을 보겠습니다.

너희는 내가 호렙에서 온 이스라엘을 위하여 내 종 모세에게 명령한 법 곧 율례와 법도를 기억하라 보라 여호와의 크고 두려운 날이 이르기 전에 내가 선지자 엘리야를 너희에게 보내리니.

말씀하신 것처럼 예수님의 변화산상 사건에서 모세와 엘리야가 함께 등장하기 이전에 모세와 엘리야가 함께 등장하는 본문이 말라기 4장입니다.

열왕기상에 나오는 엘리야는 철저하게 제2의 모세로 묘사(신 18:15, 18)되어 있습니다. 하나님과 이스라엘 백성 사이에 중간 매개자의 역할을 신실하게 감당했던 모세의 사역을 가장 완벽하게 계승한 자가 엘리야임을 강조하는 것입니다. 모세와 엘리야의 유비로는 죽음을 맛보지 않고 승천함(신명기에 대한 미드라쉬 하가돌은 죽음을 맛보지 않고 하늘에 올라간 자로 에녹과 모세와 엘리야를 언급함), 유일신 숭배자(이러한 열정은 그 열정에 상응하는 고난을 동반하는데 고난 가운데서 모세와 엘리야는 자신들의 생명을 거두어 달라고 하나님께 탄식의 기도를 드림/ 민 11:15; 왕상 19:4), 하늘로부터 일용할 양식을 공급받음(모세와 백성에게 주신 만나와 메추라기, 엘리야에게 주신 까마귀를 통한 떡과 고기), 여호수아와 엘리사라는 후계자를 세워 자신의 사역을 완성함(모세는 출애굽의 위대한 지도자이지만 자신은 가나안 땅에 들어가지 못하고 죽음을 맞이함, 엘리야 역시 아합과 이세벨에게 맞선 자신의 임무를 제자 엘리사에게 계승함), 강과 바다를 마른 땅처럼 건넘, 대적자를 살해함, 박해자를 피해 하나님의 산 호렙으로의 도피와 그곳에서 신 현현사건을 경험함, 사십 주 사십 야 등을 언급할 수 있습니다. 유대인들은 해마다 유월

절에 엘리야의 잔을 준비하며 그의 출현과 함께 메시아를 맞을 준비를 합니다. 말라기가 엘리야의 파송을 예언함으로 그의 예언을 마감하고 있기 때문에 말라기를 읽는 독자들은 메시아의 오심에 대해 기대하게 되었을 것입니다. 메시아의 길을 준비하는 자로서의 엘리야의 역할은 복음서의 세례 요한에게서 찾아볼 수 있습니다. 성경에서 모세와 엘리야가 한 단락에서 함께 등장하는 곳은 두 곳으로 말라기의 마지막 부분인 4장과 공관복음에 나오는 예수의 변화산상 이야기(마 17장; 막 9장; 눅 9장)입니다.

04 말라기로 소예언서가 마무리됩니다. 소예언서 전체 결론이 무엇인지 알고 싶습니다.

A 말라기 4장 4절을 보겠습니다.

> 너희는 내가 호렙에서 온 이스라엘을 위하여 내 종 모세에게 명령한 법 곧 율례와 법도를 기억하라.

본문이 소예언서 전체의 결론이자 여호수아에서 말라기까지 이어지는 히브리 예언서 전체의 결론입니다. 그 결론은 '모세의 율법을 기억하라'는 것입니다. 이스라엘 백성들이 포로기의 비극을 겪은 것은 하나님이 주신 모세의 율법을 잊어버리고 지키지 않았기 때문입니다. 따라서 이 명령은 단순히 율법적 행위를 가리키는 것이 아니라 언약적 관계에 대한 헌신을 요구하는 것입니다. 히브리 예언서의 첫

장인 여호수아 1장에서는 '내 종 모세의 율법을 지키라'(수 1:7)는 말씀이 나오고 전체 예언서를 마무리하면서 '내 종 모세의 율법을 기억하라'는 말씀이 선포되고 있습니다.